SAMOS

Klaus Bötig

SAMOS

Inhalt

LAND & LEUTE

Erste Begegnung mit Sámos

Wald, Wein und wunderbare Strände	12
Steckbrief Sámos	13
Landschaften und Naturraum	15
Die Türkei ist nahe	15
Hohe Berge, wenig Wasser	15
Artenarme Tierwelt	15
Faszinierende Flora	16
Phrygána	18
Wald in Gefahr	18
Wirtschaft und Umwelt	20
Standbein Fremdenverkehr	20
Standbein Wein	20
Thema: Die samiotischen Weine – Edle Tropfen,	
nicht nur für den Urlaub	21
Öl, Kräuter und Schiffbau	23
Umweltprobleme	23
Geschichte im Überblick	24
Thema: Die samiotische Wirtschaft vor 2600 Jahren	25
Thema: Wer war Polykrates?	26

Kultur und Leben

Griechische Lebensart	32
Im Rhythmus der Ägäis	32
Kleiner ›Griechenland-Knigge‹	33
Thema: Schauplatz Kaffeehaus	34
Die orthodoxe Kirche	37
Thema: Tore zum Himmel – Theologie und Sakralkunst	38
Feste und Feiertage	40
Thema: Die Festtagssuppe gehört immer dazu – Kirchweihfeste	44

Musik und Tanz	45
Kunst und Architektur	46
Epochen der griechischen Kunstgeschichte	46
Thema: Verschlüsselte Botschaften – Wandmalereien und Ikonen	50
Essen und Trinken	52
Das Frühstück	52
Vorspeisen	52
Salate und Suppen	52
Hauptgerichte	53
Desserts	56
Getränke	56
Essenszeiten	57

Tipps für Ihren Urlaub

Sámos als Reiseziel	60
Pauschal oder individuell?	60
Wohin auf Sámos?	60
Hotels mit Flair	60
Urlaub mit Kindern	61
Sport	61
Thema: Die schönsten Strände	62
Organisierte Touren	65
›Alles gratis‹	65
Klima und Reisezeit	65

UNTERWEGS AUF SAMOS
Vathí und der Inselosten

Vathí	72
Ankunft in Vathí	72
Jüngere Geschichte	72
Erste Orientierung	74

Inhalt

Stadtrundgang: Ágios Spyrídonas und das Rathaus –
    Archäologisches Museum – Stadtpark – Platía Pythágoras und
    Ágios Nikólaos – Byzantinisches Museum und katholische Kirche 74
Thema: Der Koúros von Sámos 78
Áno Vathí: Rundgang 83
Thema: Das samiotische Kulturfestival 88

Der Inselosten 90
Die Vlamári-Hochebene: Kloster Agía Zóni –
    Kloster Zoodóchos Pigí – Alternativen für die Weiterfahrt 90
Von Vathí nach Agía Paraskeví – Auf der Straße der Spiegel:
    Agía Paraskeví 92
Der äußerste Südosten: Tris Ekklisíes, Paleókastro, Kérveli –
    Posidónio und Klíma – Psilí Ámmos – Mykáli 94
Über Mytilinií und Chóra nach Pythagório: Mytilinií –
    Kloster Agía Triáda – Chóra 98

Von Pythagório in den Inselsüden
Pythagório – Das antike Sámos 104
Der schönste Inselhafen: Kástro und Hafen – Museum 104
Thema: Der Tunnel des Eupalínos 108
Höhlenkirche Spilianí und Tunnel des Eupalínos 110
Antike Stadtmauer 112
Spaziergang zum Hotel Dóryssa Bay:
    Römische Thermen – Hotel Dóryssa Bay 112
Thema: Die Kunst der Therme 113

Von Iréo über das Heraíon nach Mýli 120
Iréo 120
Das Heraíon: Baugeschichte – Die revolutionären Ideen
    der Samioten – Weitere Bauten im Heiligtum – Der Kult und
    die antiken Tempelfeste – Rundgang 122
Thema: Pflanzenwelt und Mythologie 125
Thema: Archäologen-Alltag auf Sámos 128
Zum Pírgos Sarakinís... 131
...und weiter nach Mýli 132

Inhalt

Pírgos und der Inselsüden 133
Von Pythagório nach Pírgos: Kloster Timíou Stavroú – Mavratzéi
   Koumaradéi – Kloster Megális Panagías – Pagóndas –
   Tsópela Beach – Spatharéi – Pírgos 133
Thema: Ölbaum und Olive 138

Dörfer und Strände zwischen Pírgos und Karlóvassi 143
Wo Sámos ganz still ist: Kouméika, Skouréika,
   Péfkos Beach – Bállos 143

Kokkári und der Norden der Insel
**An der Küste und in den Bergen
zwischen Kokkári und Karlóvassi** 148
Kokkári 148
Avlákia 151
Küsten- und Bergdörfer zwischen Avlákia und Karlóvassi:
   Pnáka-Quelle und Vourliótes – Kloster Vrontá – Kámpos – Nachti-
   gallental Valeontátes – Manolátes – Ágios Konstantínos – Ámpe-
   los und Stavrinídes – Ágios Nikólaos – Kontakéika, Ydroússa 152
Thema: Die wundervolle Karriere des Ágios Raffaíl 153

Karlóvassi, Votsalákia und der Inselwesten
Karlóvassi und die Bergdörfer im Hinterland 164
Entdeckungsreisen im Inselwesten 164
Karlóvassi: Sehenswertes in Néo Karlóvassi – Meséo Karlóvassi –
   Paleó Karlóvassi 164
Potámi, die Wasserfälle und die Seitáni-Strände 170
Im Hinterland von Karlóvassi: Plátanos – Ágii Theódori,
   Kastanéa – Nikoloúdes, Kosmadéi, Léka 171

Zwischen Marathókampos, Votsalákia und Drakéi 175
Marathókampos 175
Órmos Marathókampou, Votsalákia 175
Von Votsalákia nach Drakéi: Psilí Ámmos West, Limniónas,
   Patniótes – Agía Kyriakí, Paleochóri, Kloster Eleímonas –
   Kallithéa, Drakéi – Ágios Isídoros, Valsamós-Bucht 179

Inhalt

Thema: Der Landarzt kommt 180

Bootsausflüge

Nach Pátmos, Foúrni und Samiopoúla 186
Pátmos 186
Die drei Inseldörfer: Der Hafenort Skála – Das Kloster der
    Apokalypse – Das Johanneskloster in der Chóra –
    Die Chóra – Wanderung von Chóra nach Gríkos 187
Thema: Apokalypse auf Pátmos 190
Foúrni: Zwei Inseln, drei Dörfer – Der Hauptort Foúrni – Strand von
    Kámbi 197
Samiopoúla 201

Ausflug an die türkische Küste 202
Kuşadası 202
Ephesos: Rundgang 202

REISEINFOS VON A BIS Z

Inhalt 208
Glossar 220
Sprachführer 222
Register 227

SAMOS-ATLAS

231
Abbildungs- und Quellennachweis 240
Impressum 240

LAND & LEUTE

»Samos, der Name ist
eine schwere Frucht,
deren Saft in die Zähne
schießt. Ihre Süße wäre
zu süß, wenn nicht
über den Tälern die
spröde Anmut der
Berge schiene: so aber
bleibt man in
Griechenland.«
Erhart Kästner

Erste Begegnung mit Sámos

In Pythagório

WALD, WEIN UND WUNDERBARE STRÄNDE

Die achtgrößte Insel Griechenlands zählt seit über drei Jahrzehnten zu den beliebtesten Urlaubszielen in Hellas. Trotzdem hat sich das Eiland vor der kleinasiatischen Küste bis heute nicht vom Massentourismus vereinnahmen lassen. Die Strände sind hier schöne Randerscheinungen; wer will, kann in den Dörfern und Bergen von Sámos noch viel Ursprüngliches entdecken.

Sámos ist eine der grünsten Inseln in der Ägäis. Anders als auf Skiáthos und Skópelos, die überwiegend von Kiefern und Pinien bedeckt sind, oder auf Lesbos, das Ölbäume prägen, ist die Vegetation auf Sámos abwechslungsreich. Weingärten, Olivenhaine, Nadel- und Laubwälder bedecken die Insel trotz verheerender Waldbrände in den letzten Jahren noch an vielen Stellen, Macchia-ähnliche Phrygána überzieht nur wenige Regionen.

Sámos ist eine sehr gebirgige Insel. Mit dem 1433 m hohen Kérkis steigt sie nach Kreta, Euböa (griech.: Évia) und Samothráki am vierthöchsten aus der Ägäis auf. Das Kérkis-Massiv und das zweite Inselgebirge, der immerhin 1253 m hohe Ámpelos, tragen mit kahlen, steilen Felswänden und tiefen Tälern teilweise alpine Charakterzüge und erinnern mit ihrer Rauheit ein wenig an Kreta. Im Gegensatz zu jener größten griechischen Insel aber kann man ganz Sámos gut in einem zweiwöchigen Urlaub kennen lernen, denn die größte Entfernung von West nach Ost beträgt nur etwa 45 km Luftlinie, von Nord nach Süd 20 km.

Sámos lebt nicht nur vom Tourismus. Weinanbau, Verwaltung und Kleingewerbe geben fast ebenso vielen Menschen Arbeit wie der Fremdenverkehr. Dadurch bleiben auch die Bergdörfer der Insel voller Leben, verwandeln sich nicht durch Abwanderung in Geisterstätten. Etwa 30 Ortschaften abseits der Küsten bieten dem Besucher noch Gelegenheit, ursprünglichen griechischen Alltag kennen zu lernen, in einfachen Kaffeehäusern fast nur unter Einheimischen zu sitzen, in gemütlichen Tavernen griechisch-ländlich zu essen und zu trinken.

Badeurlauber haben die Wahl zwischen vielen, sehr unterschiedlichen Stränden. Manchmal sind sie fast schnurgerade und kilometerlang wie bei Mykáli und Bállos oder zwischen Pythagório und Iréo. Dann wieder gibt es oft von begrünten Felsen eingerahmte Buchten wie an der Nordküste zwischen Kokkári und Ágios Konstantínos oder wie Kérveli an der Ostküste. Kies- und Kieselsteinstrände überwiegen; feinen Sand findet man nur an zwei Stränden mit gleichem Namen, der auf eben diese Tatsache aufmerksam macht: Psilí Ámmos östlich von Pythagório und Psilí Ámmos westlich von Votsalákia.

Besonders schön ist auf Sámos auch, dass nahezu jedes Küstenstädtchen und jeder Badeort sein eigenes, unverwechselbares Profil besitzt. Vathí und Karlóvassi, die größten Häfen und Städte der Insel, bieten zumindest tagsüber quirliges einheimisches Leben

STECKBRIEF SAMOS

Landesstruktur: Die Griechische Republik (*Ellinikí Dimokratía*) ist mit einer Fläche von 131 944 km^2 gut halb so groß wie die Gesamtheit der alten Bundesländer. Zu Griechenland gehören etwa 110 ständig bewohnte Inseln, auf die 25 042 km^2 der Gesamtfläche entfallen. Der Größe nach steht Sámos mit 476 km^2 an achter Stelle. Hauptstadt von Griechenland ist Athen, dort leben mit über 4 Mio. Menschen etwa 40 % der gesamten griechischen Bevölkerung.

Verwaltungsstruktur: 13 Provinzen, an deren Spitze ein *periferiárchis* steht, bilden die obersten dezentralen Verwaltungseinheiten in Griechenland. Sámos gehört zur Provinz der Ägäischen Inseln mit Rhodos als Hauptstadt. Auf einer zweiten Stufe folgen 51 Regierungsbezirke oder Präfekturen (*nomoi*). Das Volk wählt den jeweiligen Präfekten. Sámos bildet zusammen mit den Inseln Ikaría und Foúrni eine solche Präfektur. Der gegenwärtige Präfekt ist Mitglied der konservativen Partei Néa Dimokratía; Sitz der Präfektur ist die Stadt Vathí. Kleinste Verwaltungseinheit sind die durch Eingemeindung vieler kleiner Gemeinden entstandenen Demen (*dímoi*), deren Bürgermeister (*dímarchos*) ebenfalls vom Volk gewählt wird. Sámos gliedert sich in vier Demen: Vathí, Pythagório, Karlóvassi und Marathókampos.

Regierung: Griechenland ist eine parlamentarische Demokratie. Die Monarchie wurde im Dezember 1974 durch Volksabstimmung abgeschafft. Regierungspartei ist seit den Wahlen vom Herbst 1993 die Panhellenische Sozialistische Bewegung (PASOK). Seit 1996 ist Kóstas Simítis Premierminister; stärkste Oppositionspartei ist die konservative Néa Dimokratía (ND).

Bevölkerung: Griechenland hat ca. 10,9 Mio. Einwohner, weitere 3 Mio. Griechen leben im Ausland. Auf der Insel Sámos leben etwa 31 000 Menschen. Über 99 % von ihnen sind griechisch-orthodox.

Wirtschaft: Ohne Hilfe aus der EU wäre der griechische Staat in den 1990er Jahren bankrott gegangen. Erst Kóstas Simítis hat gegen viele Widerstände die griechische Ökonomie durch eine strikte Sparpolitik und durch zahlreiche Privatisierungen auf einen Kurs gebracht, der dazu führte, dass alle Maastricht-Kriterien erfüllt wurden, die Griechenland zum Beitritt in die Europäische Währungsunion berechtigten. Gegenwärtig ist Griechenland noch das ärmste der 15 alten EU-Länder. Für die kommenden Jahre prognostizieren Wirtschaftswissenschaftler aber ein Wachstum, das doppelt so hoch sein soll wie der EU-Durchschnitt. Probleme gibt es freilich immer noch genug. Die griechische Landwirtschaft exportiert weniger Lebensmittel, als das Land importiert. Die Produktion der einheimischen Industrie deckt noch nicht einmal die Inlandsnachfrage. Wichtigste Einnahmequellen im Außenhandel bleiben die Einnahmen aus Tourismus und Schifffahrt sowie Auslandsüberweisungen ausgewanderter Griechen. Sámos trägt zur Volkswirtschaft fast nur durch Tourismus und Weinproduktion bei.

Blick auf das Kérkis-Massiv im Inselwesten

und sind exzellente Standorte für Ausflüge mit dem Linienbus. Der Nachteil: Zu guten Stränden muss der Vathí-Urlauber fahren, der Karlóvassi-Besucher mindestens 2 km wandern. Das Städtchen Pythagório besitzt den malerischsten Yacht- und Bootshafen der Insel, die meisten Sehenswürdigkeiten und nach Ansicht vieler auch das schönste Ortsbild an der samiotischen Küste. Ein guter Strand beginnt am Ortsrand, einer der beiden Sandstrände ist täglich mit dem Badeboot erreichbar. Dafür aber wirkt Pythagório schon sehr touristisch. Fast völlig vom Fremdenverkehr geprägt erscheint das außerhalb der Saison fast leblose Kokkári. Während des Sommers aber locken die Lokale im Ortskern und an der markanten Hafenbucht, der Strand im Ort und gut erreichbare nah gelegene Strandbuchten. Zu diesen vier Tourismuszentren gesellen sich kleine Strandsiedlungen, die alljährlich im Oktober in den Winterschlaf fallen und im Mai wieder aus ihm erwachen: so das besonders häufig pauschal angebotene Votsalákia im Inselwesten und das bei jungen Individualreisenden besonders beliebte Iréo nahe dem Flughafen.

Kulturell und geschichtlich hat Sámos nicht außergewöhnlich viel zu bieten, dafür aber Interessantes. Die archäologischen Stätten konzentrieren sich auf Pythagório und Umgebung; die bedeutendsten archäologischen Funde sind in Vathí zu sehen. Kirchen und Klöster sind nur von regionaler Bedeutung, dafür jedoch meist idyllisch gelegen. Und schließlich liegt die Türkei nah; Ausflüge führen nach Ephesos, einer der bedeutendsten antiken Städte Kleinasiens. So ist Sámos eine nahezu perfekte Urlaubsinsel für alle, die auf Luxushotels internationaler Ketten, All-inclusive-Anlagen und Ferienclubs verzichten können, aber nicht darauf, Land und Leute kennen zu lernen.

LANDSCHAFTEN UND NATURRAUM

Die Türkei ist nahe

Geologisch gesehen gehört Sámos zur lykisch-karischen Festlandsmasse und könnte also mit gutem Recht erdgeschichtlich als kleinasiatische Insel betrachtet werden. Das freilich hören die Griechen nicht gern, denn daraus könnten unliebsame Schlussfolgerungen im politischen Streit mit der Türkei um die Hoheitsgrenzen in der Ägäis gezogen werden. Die Griechen halten lieber dagegen, die kleinasiatische Küste sei eigentlich griechisch: Vom ersten vorchristlichen Jahrtausend bis 1923 waren schließlich Städte wie das heutige Bergama, Izmir und Bodrum überwiegend von Hellenen bewohnt.

An der schmalsten Stelle trennt eine nur 1300 m breite Meerenge, der Stenón Samoú, die samiotische Südküste von der kleinasiatischen, 1229 m hohen Halbinsel Mykáli (türk.: Samsun Dağı). Mit dem Inselosten ragt Sámos in die Bucht von (türk.: Kuşadası Körfezi) hinein. Die Ufer und Berge der Türkei gehören so sehr zum Landschaftsbild der Insel, dass die trennende, aus Wasser gebildete Grenze zwischen den beiden Kontinenten von vielen Orten auf Sámos aus gar nicht mehr wahrgenommen wird.

Hohe Berge, wenig Wasser

Das Rückgrat der Insel bilden zwei mächtige Gebirgsmassive, der 1433 m hohe Kérkis im Westen und der 1253 m hohe Ámpelos im Inselzentrum. Der wilde Kérkis lässt nur wenig Raum für Weinbau und Landwirtschaft; seinen Reichtum bilden die Wälder. Der Ámpelos hingegen ermöglicht an einem Teil seiner Hänge Weinanbau bis in Höhen von über 800 m. Durch die Berge ist für größere Küstenebenen kaum Platz: am bedeutsamsten sind die von Karlóvassi und Pythagório/Iréo. Im Inselosten läuft das Ámpelos-Massiv in einer relativ niedrigen Hügellandschaft mit maximal 381–433 m hohen Gipfeln aus; zwischen die Hügel sind mehrere kleine Hochebenen eingestreut wie die von Mytilinií, Vlamári und Kamára.

Trotz des Wasserreichtums der Insel gibt es nur wenige ganzjährig Wasser führende Bäche, allen voran den kleinen Potámi westlich von Karlóvassi und den Imvrássos bei Mýli und Iréo. Mit Straßen ist Sámos zwar gut erschlossen; wegen der zerklüfteten Ausläufer der Gebirge lassen sich viele Bergdörfer jedoch nur über steile und kurvenreiche Stichstraßen von der Inselrundstraße aus erreichen. Im äußersten Nordwesten der Insel macht der Kérkis sogar eine Inselumrundung per Fahrzeug unmöglich: von Drakéi nach Karlóvassi gelangt man auf direktem Wege nur zu Fuß.

Artenarme Tierwelt

Vor über 10 Mio. Jahren lebten auf Sámos noch Elefanten und Hyänen,

Ameisenbären, Nashörner, kurzhalsige Giraffen, Antilopen und Gazellen. Das beweisen Skelettfunde, die im Museum von Mytiliní zu sehen sind. Dass diese Tiere in Folge von Klimaveränderungen und der Loslösung der Insel vom Festland ausgestorben sind, ist natürlich. Dass die Insel heute jedoch ausgesprochen arm an frei lebenden Tierarten ist, liegt am Menschen. Die zunehmende Kultivierung und der Tourismus sind daran ebenso schuld wie die Jagdleidenschaft vieler Griechen. Letzterer können heute freilich fast nur noch Rebhühner, Hasen und Kaninchen zum Opfer fallen. Auf leere, nahezu unverrottbare Patronenhülsen stößt der Wanderer auf Pfaden und Feldwegen in großer Zahl; im Frühjahr durchbricht so mancher Schuss die Stille in den Bergen. Ab und an sieht man auf Sámos auch Lockvögel in Käfigen. Der Singvogelmord nahm hier jedoch nie so verheerende Ausmaße an wie beispielsweise in Italien oder auf Malta.

Große Säugetiere leben nicht mehr auf der Insel. So muss der Reisende mit dem Anblick unzähliger Katzen in Städten und Dörfern und dem Bellen herumstreunender, aber äußerst selten bissiger Hunde vorlieb nehmen. Auf dem Lande sind Esel und Maultiere noch nicht gänzlich von Pick-ups und Traktoren verdrängt worden. In sumpfigen Bachmündungen sieht man manchmal noch Schildkröten, darunter die schwarz-braun gefleckte Kaspische Wasserschildkröte. Von Füchsen, Wieseln, Mardern und Eichhörnchen

wird berichtet, zu Gesicht bekommt man sie kaum. Kleinere Greifvögel und ihre Hauptnahrung – Eidechsen, Mäuse und Ratten – sind hingegen zahlreich vertreten. Und in manch grünem Tal erklingt der Gesang der Nachtigall. Öfter, als einem lieb ist, begegnet der Wanderer Schlangen, die normalerweise aber vor Herannahenden davonhuschen.

Faszinierende Flora

Im Gegensatz zur Fauna ist die Flora der Insel wahrhaft faszinierend. Un-

Farbliche Akzente: Mohn im Frühling

vergesslich bleibt der Anblick blühender Wiesen und Straßenränder im Frühjahr. Klatschmohn und wilde Tulpen, Cyclamen, Kalla und Anemonen bilden im März und April dichte Blütenteppiche. Bis in den Juni hinein säumt gelb blühender Ginster viele Bergstraßen oder bedeckt ganze Hänge. Noch im August blüht in den Bachtälern weiß und rot der Oleander. Bougainvillea, Hibiskus, Magnolien und Glyzinien schmücken Dörfer und Städte. Akazien und Eukalyptusbäume säumen Straßen und spenden auf Plätzen Schatten. In Bachtälern, an Quellen und Brunnen gedeihen mächtige, uralte Platanen, in deren Schatten Wirte gern ihre Tische und Stühle aufstellen.

Unter den Kulturpflanzen fallen neben Wein und Ölbaum vor allem die zart rot blühenden Granatapfelbäume mit ihren markanten, wohlschmeckenden Früchten sowie die Johannisbrotbäume auf. Deren erst grüne und dann schwarze Schoten dienen heutzutage nur als Tierfutter, sind aber auch für den Menschen genießbar. In Antike und Mittelalter dienten ihre Kerne als Gewichtseinheit für Edelsteine und Gold, denn sie wiegen konstant dasselbe: exakt ein Karat.

Phrygána

Wo auf Sámos Berghänge mit der Macchia-ähnlichen Phrygána überzogen sind, duftet es meist besonders gut. Hier wachsen zahlreiche Kräuter wie Thymian, Salbei, Majoran, Lavendel und Oregano. Typische Pflanzen dieser Region sind ferner Wacholder und Erdbeerbaum. Letzteren erkennt man am rötlichen Stamm und den rötlichen Zweigen, die scheinbar keine Rinde haben. Im Spätsommer und Herbst tragen die Bäume Früchte, die wie Erdbeeren aussehen. Anfangs sind sie fast weiß, dann verfärben sie sich. Wenn sie dunkelrot sind, kann man sie essen. Die Zweige des Baums werden außerdem als Ziegenfutter geschnitten.

Wald in Gefahr

Aleppokiefern und verschiedene Eichenarten, darunter Stein- und Lusitanische Eiche, prägen den Charakter der Wälder auf Sámos. Hinzu treten vor allem Kastanienbäume und Pappeln. Waldbrände stellen eines der großen Umweltprobleme auf der Insel dar. Immer wieder wird der Reisende durch Gegenden fahren, in denen ihre traurige Hinterlassenschaft sichtbar wird.

In Griechenland gehören Waldbrände zu den allsommerlich wiederkehrenden Katastrophen. Auch auf Sámos ist man daran gewöhnt. Jedes Jahr brennen dort im Durchschnitt 1–13 km² Wälder und Phrygána ab. Besonders

Langsam beginnt die Natur sich von den Waldbränden zu erholen.

betroffen sind in der Regel die Bestände der Aleppokiefer. Mitte Juli 2000 traf es die Insel besonders schwer. Selbst die aus Athen herbeigeeilten Löschflugzeuge konnten das Übergreifen der Brände auf landwirtschaftliche Flächen, Dörfer und sogar ein Kloster nicht verhindern. 300 000 Olivenbäume wurden geschädigt oder vernichtet. Die Weinstöcke blieben hingegen nahezu unversehrt, weil sie saftige Blätter trugen.

Nach dem Erlöschen der letzten Brände wurden schnell die möglichen Langzeitfolgen deutlich. Die Erosion der bewuchslosen Bodenflächen durch Wind und Regen stellte die größte Gefahr dar. Auch eine Verschlechterung des Wasserhaushalts war zu befürchten: Auf bewuchslosen Flächen hat Regenwasser kaum Zeit, in den Boden einzudringen, sondern fließt sturzbachartig ab.

Landwirte und Forstverwaltung haben inzwischen viele Gegenmaßnahmen eingeleitet. Von den 300 000 geschädigten Olivenbäumen konnten 100 000 durch Pflegeschnitte gerettet werden, fast ebenso viele Bäume wurden inzwischen neu gepflanzt. Die Terrassen, auf denen die Bäume stehen, wurden entweder instand gesetzt oder neu angelegt. In den Waldgebieten wurden die Hänge teilweise durch waagerecht gelegte Stämme befestigt, hinter denen sich neuer Boden ansammeln kann. Mit Wiederaufforstungen wurde begonnen. Gepflanzt wird insbesondere eine samiotische Variante der Aleppokiefer, die besonders schnell wächst und nicht künstlich bewässert werden muss. In Siedlungsnähe werden Laubbäume bevorzugt, darunter vor allem Akazien, die als Bienenweide genutzt werden können. Auch Privatfirmen beteiligen sich an der Finanzierung. So hat z. B. der Gerling-Konzern die Anpflanzung von Pinien, Oleander, Steineichen und Eukalyptusbäumen beim Kloster Megális Panagías unterstützt. Der TUI-Konzern fördert wissenschaftliche Begleituntersuchungen durch die Universität Münster. Auch Sámos-Liebhaber beteiligen sich mit Spenden (Infos unter www.samos.de).

Die Natur hilft sich aber auch selbst. In der Phrygána regenerieren sich Steineichen, Erdbeerbäume, Ginster, Brombeeren und Baumheide durch Wiederaustrieb. Rosmarin- und Zistrosenbestände erholen sich durch Samenkeimung. Die Kiefernwälder brauchen allerdings viel mehr Zeit. Die unverbrannten Kiefernzapfen können lange im Boden verschlossen bleiben, bis sie wieder massenhaft keimen. Zwei bis 15 Jahre vergehen, bevor Weinstöcke und Olivenbäume vollkommen regeneriert sind.

Einen Auftrieb haben die Waldbrände der Köhlerei gegeben. Ob die Touristenzahlen unter den Waldbränden gelitten haben, lässt sich nur schwer abschätzen. Die Reiseveranstalter haben jedenfalls ihre Programme voll aufrecht erhalten. Und in der Tat sollte sich niemand durch die Gebiete, in denen die Waldbrandschäden noch immer deutlich zu sehen sind, davon abhalten lassen, nach Sámos zu fahren. Es gibt immer noch genügend Regionen, die üppig grün und angenehm zu durchwandern sind.

19

WIRTSCHAFT UND UMWELT

Ein Blick in den Ausstellungsraum der Handelskammer von Sámos in der Inselhauptstadt Vathí macht deutlich, wie gering die Bandbreite der auf Sámos produzierten und von der Insel ausgeführten Produkte ist. Die kleine Exposition nennt sich ›Permanent Exhibition of Products of Prefecture of Sámos‹, zeigt aber nur Weine, *oúzo* und andere Spirituosen, Honig, getrocknete Kräuter, Keramik und als einzige Industrieprodukte Kohlepapier und Farbbänder.

Standbein Fremdenverkehr

Sámos lebt überwiegend von zweierlei: dem Tourismus und dem Weinanbau. Auf der Insel stehen etwa 11 000 Hotelbetten und zusätzlich mindestens 6000 Betten in Pensionen und Apartmentanlagen. Allein aus Deutschland fliegen pro Jahr etwa 40 000 Urlauber per Charter ein. Die

Sámos-Wein in Deutschland

Samiotische Weine können Sie auch in Deutschland kaufen. Die vollständige Palette bietet das Weinhaus Alte Römerstraße, Sandstraße 4A, 47802 Krefeld, Tel. 02841/627 47, info@weinbecker.de.

Hotellerie befindet sich im Großen und Ganzen in samiotischen und sogar vollständig in griechischen Händen; keine internationale Kette betreibt auf der Insel ein Haus.

Standbein Wein

Eine Rolle spielt der Fremdenverkehr auch für das zweitwichtigste Gewerbe der Insel, den Weinanbau. Etwa 10 % der Gesamtproduktion wird auf der Insel getrunken. Der Rest der jährlich etwa 7 Mio. produzierten Liter geht zu über zwei Dritteln nach Frankreich. Weitere bedeutende Abnehmerländer sind die Benelux-Staaten, Kanada, Schweden und – mit abwärts weisendem Trend – Deutschland.

Alle der rund 4000 Weinbauern der Insel sind in 25 örtlichen Kooperativen zusammengeschlossen, die wiederum Mitglieder in der Vereinigung der Weinbauern-Kooperative von Sámos (*Enosi Oinopoiitikkon Syneterismon Samoú*, kurz: EOSS) sind. Diesen Zusammenschluss hatten die samiotischen Winzer 1933/34 selbst gefordert, weil sich ausländische Weinhandelshäuser im ersten Drittel des 20. Jh. auf Sámos eine enorme Machtstellung erobert hatten. Sie diktierten den Winzern nicht nur die Preise, sondern brachten sie durch hoch verzinsliche Darlehen sogar vollständig in Abhängigkeit. Die Winzer drängten die griechische Regierung, ein Gesetz zu erlassen, das die Gründung der Koope-

DIE SAMIOTISCHEN WEINE – EDLE TROPFEN, NICHT NUR FÜR DEN URLAUB

Die beiden Kellereien der Winzergenossenschaft in Vathí und Karlóvassi produzieren neun verschiedene Weine – genug also, um sich immer mal wieder ein anderes Schlückchen zu gönnen.

Samos Anthemis Vin Doux Naturel heißt der neue Spitzenwein. Ein süßer Jahrgangswein, aus sonnengetrockneten Muskattrauben gewonnen, fünf Jahre lang in Limousin-Fässern gereift. 15 Vol./% Alkohol. Empfohlene Trinktemperatur: 16–17 °C. Ideal als Dessertwein, insbesondere zu Obst und Roquefort.

Samos Nectar Vin Naturellement Doux gilt als ebenso gut. Dieser Jahrgangswein aus ausgewählten überreifen, sonnengetrockneten Trauben ist zwei bis drei Jahre in Eichenfässern gereift; 14 Vol./% Alkohol. Empfohlene Trinktemperatur: 16–17 °C. Klassischer Dessertwein.

Samos Grand Cru Vin Doux Naturel nennt sich ein in Frankreich äußerst beliebter, süßer Wein. Er wird aus überreifen, besonders aromatischen Trauben erzeugt, deren gesamte Produktion 500 kg pro 1000 m² nicht überschreiten darf. Der Zuckergehalt ist hier besonders hoch; er muss im Most mindestens 252 g/l betragen. 15 Vol./% Alkohol. Empfohlene Trinktemperatur: 8–10 °C. Nicht nur als Dessertwein geeignet, sondern auch zu Fleisch und Wildgeflügel ideal.

Samos Vin Doux Naturel ist der preiswerteste Süßwein der Insel. Sein Muskataroma ist besonders ausgeprägt, der Zuckergehalt im Most beträgt mindestens 221 g/l. 15 Vol./% Alkohol. Empfohlene Trinktemperatur: 10–12 °C. Man genießt ihn nicht nur als Dessertwein, sondern auch als Aperitif.

Samaina Vin Blanc Sec bezeichnet einen trockenen Weißwein aus früh geernteten Muskattrauben, die zumeist in größeren Höhenlagen gewachsen sind. Der Zuckergehalt im Most beträgt weniger als 220 g/l, nur 12 Vol./% Alkohol. Empfohlene Trinktemperatur: 8–10 °C.

Samaina Golden ist ein ähnlicher, ebenfalls noch als trocken eingestufter Wein, der aber eine Spur mehr Süße hat. Er hat eine strohgelbe Farbe mit grünen Nuancen. Weinkenner sprechen ihn als ›vollmundig mit langem Final‹ an. 12 Vol./% Alkohol. Empfohlene Trinktemperatur: 8–10 °C. Passt zu jedem Essen, wird aber auch gerne unabhängig von den Mahlzeiten getrunken.

Doryssa, ebenfalls trocken und weiß, ist ein neu eingeführter Wein, der dem Samaina sehr ähnelt. 12 Vol./% Alkohol. Empfohlene Trinktemperatur: 8–10 °C.

Selana heißt der einzige Roséwein der Insel. Er wird nicht aus Muskat-, sondern aus Fokianós- und Ritinós-Trauben gewonnen, deren Zahl immer weiter zurückgeht. Er ist trocken und hat 12 Vol./% Alkohol. Empfohlene Trinktemperatur: 10–12 °C.

Auf dem Markt in Vathí kann man Produkte der Insel erstehen.

rativen vorschrieb und jeden Winzer zur Mitgliedschaft zwang. Damit verloren die ausländischen Händler ihre Macht. Jede der örtlichen Kooperativen entsendet bis heute einen Vertreter in den Verwaltungsrat der EOSS. Die Alltagsgeschäfte leitet ein bezahlter Geschäftsführer. Insgesamt beschäftigt die EOSS 130 Mitarbeiter – nicht nur in der Verwaltung und in den beiden Kellereien in Karlóvassi und in Malagári, einem Stadtteil von Vathí, sondern auch in von ihr betriebenen Supermärkten und landwirtschaftlichen Fachgeschäften.

Wein wird auf insgesamt 14 000 ha bis in 800 m Höhe angebaut. Auf 98 % dieser Fläche reift die Traubensorte ›Weißer samiotischer Muskat‹ (*áspro moscháto Samoú*) heran, von der jährlich etwa 9000 t gelesen werden. Nur in der Umgebung von Iréo und Kokkári wachsen auf niedrig gelegenem Terrain auch die Fokianós- und die Ritinós-Traube, aus denen der Roséwein Selana gekeltert wird. Stets weiß hingegen ist der samiotische Muskatwein; Rotwein gibt es auf der Insel nicht. Der Muskatwein ist keineswegs immer süß: es gibt auch trockene und halbtrockene samiotische Weißweine. Darüber hinaus produziert die EOSS einen geharzten Weißwein, einen *retsína*. Er deckt jedoch nur den Eigenbedarf der Insel und wird von den Weinbauern nicht sonderlich geschätzt, da er kaum Gewinn einbringt. Das Harz für den *retsína* muss vom Festland importiert werden, da das Anritzen der Aleppokiefern zum Zweck der Harzgewinnung auf Sámos gesetzlich verboten ist, um die Bäume zu schonen.

In den beiden hochmodernen Kellereien der EOSS können bis zu 22 Mio. Liter gelagert werden. Ein Teil der Produktion wird an Destillerien auf dem griechischen Festland verkauft: so besteht z. B. der Fünf- und der Sieben-Sterne-Metaxa zum Teil aus samiotischem Wein. Übrigens trinken die Priester in vielen katholischen Kirchen in Belgien, der Schweiz und Österreich sowie im Vatikan Sámos-Wein: Er zählt zu den traditionellen Messweinen beim Heiligen Abendmahl.

Öl, Kräuter und Schiffbau

Neben dem Wein ist für andere landwirtschaftliche Produkte auf Sámos kaum Platz. Nur der Ölbaum spielt noch eine größere Rolle; Oliven und Öl bleiben jedoch fast vollständig in den Privathaushalten. In der Umgebung von Mýli wachsen nach Überzeugung vieler Griechen die besten hellenischen Orangen – und im Bergdorf Koumaradéi hat man sich aufs Kräutersammeln und Kräutertrocknen spezialisiert. Die Wälder der Insel bilden die Grundlage für die Bienenzucht – und liefern zugleich Holz für den Schiffsbau, der im einsam an der Westküste gelegenen Weiler Ágios Isídoros noch von fünf kleinen Werften sowie von einer Werft im Bergdorf Drakéi betrieben wird.

Umweltprobleme

An Geld und Einsicht in die Notwendigkeit für den Umweltschutz mangelt es in Griechenland noch immer. Müll wird generell unter freiem Himmel verbrannt, wenn sorglose Samioten ihn nicht selbst irgendwo am Straßenrand entsorgen. Sondermüllsammlungen gibt es nicht. Viele kommunale Kläranlagen sind erst in Bau oder in Planung, manch ältere verrotten ungenutzt. In Kokkári und Pythagório sollen die Kläranlagen nun endlich fertig gestellt werden. Fast 90 % des Stroms erzeugt ein Dieselkraftwerk bei Kokkári; die beiden Windkraftanlagen bei Pythagório und Marathókampos decken nur 10 % des Energiebedarfs. Dank staatlicher Subventionierung sind Energiesparlampen inzwischen glücklicherweise weit verbreitet; auf Neubauten finden sich zunehmend Sonnenkollektoren. Die Hoteliers investieren kaum in den Umweltschutz. So erhielt auch kein einziges Hotel auf Sámos vom Reiseveranstalter TUI das Prädikat ›umweltschonende Hotelführung‹.

GESCHICHTE IM ÜBERBLICK

Prähistorische Zeit

ab 5000 v. Chr.	Erste Zeugnisse menschlicher Besiedlung der Insel.
ab 2000 v. Chr.	Seeherrschaft des minoischen Kreta in der Ägäis; Gründung vereinzelter minoischer Stützpunkte auf den Inseln.
ab 1450 v. Chr.	Gründung mykenischer Siedlungen auf den Inseln.
ab 1000 v. Chr.	Beginn der ionischen Einwanderung nach Sámos.
8. Jh. v. Chr.	Erstarken der griechischen Stadtstaaten und Beginn der Koloniegründung im Schwarzen Meer und an den Küsten des Mittelmeers.

Antike

ca. 598 v. Chr.	Aufstand der samiotischen Ruderer gegen die samiotische Aristokratie und deren teilweise Entmachtung.
538–522 v. Chr.	Unter dem Tyrannen Polykrates zählt Sámos zu den mächtigsten und blühendsten Inseln der Ägäis.
522 v. Chr.	Eingliederung der ionischen Städte Kleinasiens und der Inseln ins Persische Reich.
500–494 v. Chr.	Letztlich erfolgloser Aufstand der griechischen Städte Kleinasiens gegen die Perserherrschaft, an dem sich auch die Inseln vor der Küste beteiligen.
490 v. Chr.	Schlacht von Marathon zwischen Persern und Athenern sowie deren Verbündetem Platää.
480 v. Chr.	In der Seeschlacht von Sálamis muss Sámos wie die meisten anderen griechischen Inseln auf Seiten der Perser gegen die Festlandsgriechen kämpfen. Nach dem Sieg der Griechen in der Landschlacht von Platää 479 und der Vernichtung der persischen Restflotte im selben Jahr zwischen Sámos und dem Kap Mykale werden die Inseln vom persischen Joch befreit. Jedoch müssen sie sich dem von Athen dominierten Attisch-Delischen Seebund anschließen und Tributzahlungen leisten. Diese verwendet Athen u. a. für neue Tempelbauten auf der von den Persern verwüsteten Akropolis.
431–404 v. Chr.	Peloponnesischer Krieg zwischen Athen und Sparta mit jeweils wechselnden Bündnispartnern.
412 v. Chr.	Enteignung der samiotischen Aristokraten und Einführung einer radikalen Demokratie auf der Insel.
365 v. Chr.	Athen annektiert Sámos, das Land wird an athenische Siedler vergeben.

DIE SAMIOTISCHE WIRTSCHAFT VOR 2600 JAHREN

Sámos ist gebirgig und besitzt nur wenige Ebenen. Getreideanbau in größerem Stil war hier nie möglich. Die Samioten begannen deshalb schon im 8. Jh. v. Chr. die Berghänge zu terrassieren, und spezialisierten sich früh auf den Anbau von Wein und Oliven. Zudem eigneten sie sich Land auf dem gegenüberliegenden Kap Mykale an, wo Ackerbau möglich war. Schon bald trieben die Samioten Handel mit den Produkten, die sie im Überfluss besaßen: Wein und Öl. Getreide importierten sie aus Ägypten und von der Krim. Bäume zum Schiffbau gab es auf ihrer Insel genug. Zudem lag Sámos verkehrsgünstig. Die Schiffer der Antike zogen es vor, die Küsten entlangzurudern und -zusegeln, statt das offene Meer zu durchkreuzen. So führte die Hauptschifffahrtsroute von Ägypten, der Levante und Zypern zu den griechischen Städten Kleinasiens und den griechischen Kolonien am Bosporus und am Schwarzen Meer an Sámos vorbei. Die samiotischen Seefahrer beschränkten sich aber keineswegs auf die sicheren Handelswege. Einer von ihnen, ein gewisser Kolaios, soll als erster Grieche die Straße von Gibraltar durchfahren haben und auf den Atlantik gelangt sein. Der Geschichtsschreiber Thukydides erzählt, ein korinthischer Schiffbauer habe für Sámos die ersten vier Triëren Griechenlands bauen lassen. Bei diesem Schiffstypus saßen die Ruderer auf drei versetzten Ebenen übereinander. Sámos wurde zu einem »Agrarstaat mit bedeutender maritimer Komponente« (H.-J. Gehrke), in dem, wie ein antikes Sprichwort sagte, »selbst die Vögel Milch gaben«.

Die Grundlage für den Handel bildeten Öl und Wein. Deren Produktion oblag Großgrundbesitzern, den adligen Geomoren. Sie schufen den Überschuss für den Export und bildeten als Aristokratie die herrschende Schicht. Der Handel förderte die Entstehung einer Hafenstadt und einer städtischen Bevölkerung, zu der vor allem die Handwerker gehörten, die die Schiffe bauten und die Gefäße töpferten, in denen Öl und Wein transportiert werden konnten. Auf den Schiffen wurden damals noch nicht, wie später in römischen Zeiten, Sklaven als Ruderer eingesetzt, sondern einheimische Kleinbauern, Fischer und Hirten, die zugleich als Fußkämpfer in kriegerischen Auseinandersetzungen fungierten. Diese ›Matrosen‹ zettelten mit anderen kurz nach 600 v. Chr. einen Aufstand gegen die Geomoren an, welcher zu deren teilweiser Entmachtung führte. Noch aber war die Zeit nicht reif für die Demokratie, die sich erst 100 Jahre später in Athen entwickelte. Tyrannen, die durch ihre wirtschaftliche Macht und die Unterstützung der Schiffssoldaten erstarkt waren, übernahmen die Herrschaft. Für Sámos wird als erster Tyrann ein gewisser Demoteles genannt. In den nächsten Jahrzehnten lenkten wechselseitig Tyrannis oder Aristokratie die politische Geschicke auf Sámos, bis ein gewisser Polykrates um 538 v. Chr. die Macht an sich riss. Damit begann die Glanzzeit der Insel.

WER WAR POLYKRATES?

Polykrates entstammte einer angesehenen, durch Handel und Gewerbe reich gewordenen Familie. Er organisierte seinen Staatsstreich während einer großen Opferzeremonie im Heraíon mit angeblich nur 15 Bewaffneten, aber der Unterstützung des Volks. Zunächst teilte er die Herrschaft über die Insel mit seinen Brüdern Pantagnostos und Syloson, doch schon bald ließ er ersteren töten und vertrieb Syloson ins Exil. Wie auch andere Diktatoren erhielt er sich die Gunst seines Volks durch gigantische Baumaßnahmen, die seinen Insulanern Arbeit verschafften und ihren Wohlstand mehrten. In Pythagório sind die Reste mancher Bauten noch eindrucksvoll erhalten: der Tunnel des Eupalínos, die Stadtmauern und eine von zwei Hafenmolen. Im Heraíon zeugen davon eine Säule und Teile des Unterbaus vom Tempel des Polykrates, der der größte Griechenlands werden sollte. Er ließ 100 gewaltige Schiffe mit jeweils 50 Ruderern erbauen, die schneller, wendiger und größer waren als alle bis dahin bekannten Bootstypen. Eine Zeichnung dieses Typus, *samaina* genannt, ist auf dem Etikett jeder Samaina-Weinflasche zu sehen.

Polykrates finanzierte sämtliche Bauprojekte durch die Erhebung von Zöllen, die Erpressung von Schutzgeldern und durch Seeräuberei. Der Geschichtsschreiber Herodot, der um 465 v. Chr. auf der Insel für sein Werk recherchierte, schrieb, dass der Herrscher in aller Welt plünderte, Leute entführte und niemanden verschonte. Kriegsgefangene aus Lesbos beispielsweise mussten, in Ketten gebunden, den Graben um die Stadtmauern des heutigen Pythagório ausheben. Polykrates beraubte selbst seine Verbündeten und Freunde. Er war der Meinung, dass man sie erst recht an sich binde, wenn man ihnen zunächst etwas nehme und ihnen später große Teile der Beute freiwillig zurückgebe.

Wie so viele Gewaltherrscher in späteren Zeiten umgab sich auch Polykrates an seinem Hof gern mit Künstlern und Dichtern, Philosophen und Wissenschaftlern. Zu ihnen zählte der Dichter Anakreon, dessen Hauptthemen die Liebe und die Zechgelage waren. Er wirkte bis in die deutsche Anakreontik des 19. Jh. nach, zu deren Vertretern zeitweise Goethe und Mörike gehörten. Leibarzt des Polykrates war ein gewisser Demokedes von Kroton in Süditalien, einer der bedeutendsten Mediziner seiner Zeit. Ebenfalls aus Unteritalien stammte der Dichter Ibykos von Rhegion, dem Friedrich Schiller in seiner Ballade ›Die Kraniche des Ibykus‹ ein Denkmal setzte. Der aus Sámos stammende Pythagoras, dessen berühmten Lehrsatz $a^2+b^2=c^2$ noch heute jeder Schüler lernt, war hingegen kein Höfling des Polykrates: Er verließ seine Heimatinsel in Richtung Unteritalien, weil er die Tyrannei ablehnte.

Das Ende des Tyrannen war so grausam, wie es ihm wohl gebührte: Vom persischen Satrapen Oroites in Magnesia am kleinasiatischen Fluss Mäander in eine Falle gelockt, starb er am Kreuz auf dem Kap Mykale.

336–323 v. Chr.	Herrschaft Alexanders des Großen: endgültige Befreiung der Inseln vor der kleinasiatischen Küste von den Persern und Eingliederung ins Makedonische Reich.
323–146 v. Chr.	Zeitalter des Hellenismus.
321 v. Chr.	Rückkehr der samiotischen Landbesitzer und Vertreibung der athenischen Siedler von Sámos.
146 v. Chr.	Griechenland wird römischer Provinzialverwaltung unterstellt; Sámos wird der Provinz Asía zugeschlagen.

Spätantike und Mittelalter

49–54 n. Chr.	Der Apostel Paulus unternimmt Missionsreisen durch Griechenland.
95–96	Einem gewissen Johannes, nach orthodoxer Überlieferung identisch mit dem Evangelisten, wird auf Pátmos die Apokalypse offenbart, das letzte Buch der Bibel.
313	Toleranzedikt Kaiser Konstantins, das die Christen vor weiterer Verfolgungen schützen soll.
392	Verbot der vorchristlichen Kulte durch Kaiser Theodosius.
395	Teilung des Römischen Reichs. Griechenland wird nun Teil des Oströmischen Reichs, das im Byzantinischen Reich seine Fortsetzung findet. Reichshauptstadt ist Konstantinopel (das heutige Istanbul).
1204	Aus ökonomischen und machtpolitischen Interessen lenken die Venezianer den vierten Kreuzzug nach Konstantinopel um. Die Kreuzfahrer plündern die Stadt und teilen das Reich in zahlreiche kleine Fürstentümer auf. Von Nicäa in Kleinasien aus versuchen die byzantinischen Kaiser ihr Territorium zurückzuerobern, dies gelingt aber nur teilweise. Venedig erhält Stützpunkte in der gesamten Ägäis.
1261	Die Byzantiner erobern Konstantinopel zurück.
1346	Genuesische Kaufleute landen auf der Insel Chíos, arrangieren sich mit dem byzantinischen Kaiser und dem einheimischen Adel und gründen die Handelsgesellschaft Maona.
1414	Die genuesische Maona von Chíos dehnt ihren Machtbereich auf Sámos aus.
1453	Die Türken erobern Konstantinopel. Das Byzantinische Reich geht endgültig unter.
1475	Sámos wird Teil des Osmanischen Reichs. Die meisten Insulaner verlassen die Insel, die ein Jahrhundert lang nahezu unbewohnt bleibt.
1562	Sámos wird von verschiedenen griechischen Inseln aus neu besiedelt.

Neuzeit

1821–30 Griechenland erhebt sich gegen die türkische Herrschaft und erkämpft für den Peloponnes, Attika, Mittelgriechenland, die Nördlichen Sporaden und die Kykladen die Unabhängigkeit. Erster König des neugriechischen Staats wird der Wittelsbacher Otto I., verheiratet mit der Oldenburgerin Amalia. Die übrigen Teile des Festlands und die restlichen Inseln der Ägäis verbleiben im Osmanischen Reich.

1830 Sámos gewinnt eine gewisse innere Autonomie, weil fortan ein einheimischer, vom Sultan ernannter Fürst die Insel regiert.

1864 Die Ionischen Inseln, seit 1815 britisches Protektorat, werden mit dem freien Griechenland vereint.

1881 Der Südzipfel von Epirus und Thessalien werden griechisch.

1908 Kreta, das seit 1897 unter türkischer Oberhoheit autonom ist, erklärt seinen Anschluss an Griechenland.

1912/13 Balkankriege: Zunächst Krieg Griechenlands und anderer Balkanstaaten gegen die Türkei, später Krieg zwischen Bulgarien und Griechenland. Die Hellenen verdoppeln nahezu ihr Staatsgebiet. Der Epirus, große Teile Makedoniens und die noch unfreien Ägäischen Inseln inklusive Sámos – aber mit Ausnahme des Dodékanes – werden griechisch.

1917 Griechenland tritt auf Seiten der Alliierten in den Ersten Weltkrieg ein und wird dafür 1919 mit der Angliederung West-Thrakiens belohnt.

1919–22 Kleinasiatische Katastrophe: Griechenland greift die Türkei an, um Istanbul, Ost-Thrakien und die kleinasiatische Küste zu erobern, erleidet jedoch eine katastrophale Niederlage. Viele in der Türkei lebende Griechen flüchten angesichts türkischer Massaker ins Mutterland.

1923 In Lausanne schließen Griechenland und die Türkei einen Friedensvertrag und vereinbaren einen groß angelegten Bevölkerungsaustausch. In Griechenland müssen über 1,5 Mio. Griechen aus der Türkei neu angesiedelt werden, über 500 000 Muslime siedeln in die Türkei über.

1938–41 Bürgerliche Diktatur mit faschistoiden Zügen unter General Ioánnis Metaxás.

Nov. 1940 Italien greift von Albanien her Griechenland an, das dadurch zum Kriegseintritt auf Seiten der Alliierten gezwungen wird. Als die italienische Offensive ins Stocken gerät, greift die deutsche Armee ein und erzwingt die griechische Kapitulation. Die zahlreichen Aktivitäten griechischer Partisanen gegen die deutsche Besatzung 1941–45 werden mit grausamen Vergeltungsmaßnahmen wie Massenerschießungen und Zerstörung ganzer Dörfer beantwortet.

1943 Nach der Kapitulation Italiens und dessen Wechsel auf die Seite der Alliierten besetzen am 23. November deutsche Truppen das bis dahin von Italien kontrollierte Sámos und entwaffnen die dort zusammengezogenen 6000 italienischen Soldaten.

1946–49 Griechischer Bürgerkrieg zwischen den von Briten und Amerikanern unterstützten bürgerlichen und von der Sowjetunion unterstützten linken Partisanenverbänden. Auch auf Sámos finden Kämpfe statt.

1947 Rhodos und die Inseln des Dodékanes, auf denen 1912 Italiener die Türken als Fremdherrscher ersetzt hatten, werden Teil des freien Griechenland: Hellas hat damit seine heutige Ausdehnung erreicht.

1952 Griechenland tritt der NATO bei.

1967–74 Militärdiktatur in Griechenland. Nach dem Sturz der Militärjunta über den Zypernkonflikt sprechen sich 70 % der griechischen Bevölkerung in einer Volksabstimmung im Dezember 1974 für die Abschaffung der Monarchie aus. Griechenland wird Republik.

seit 1974 Griechenland wird eine Demokratie im modernen Sinn. Zwei Volksparteien entstehen: die konservative Néa Dimokratía (ND) und die sozialdemokratische PASOK. Bis 1981 stellt die ND die Regierung, zunächst unter Karamanlís, dann unter Rállis. 1981 wird Griechenland Vollmitglied der EU. Im selben Jahr gewinnt die PASOK die Wahlen und stellt mit Andréas Papandréou den Regierungschef. 1989–93 regiert wieder die ND, dann wird sie erneut von der PASOK abgelöst. Nach dem Tod von Andréas Papandréou übernimmt Kóstas Simítis 1996 das Amt des Ministerpräsidenten. Ihm gelingt es, Staat, Verwaltung und Wirtschaft so weit zu reformieren, dass Griechenland die Bedingungen für einen Beitritt zum Schengener Abkommen (ab 1. Januar 2000) und zur Europäischen Währungsunion (2001) erfüllt.

1999 Im Herbst gewährt die EU-Gipfelkonferenz der Türkei mit Zustimmung Griechenlands den Status eines EU-Beitrittskandidaten.

2000 Griechenland stellt am 9. März den Antrag auf Mitgliedschaft in der Europäischen Währungsunion (EWU) ab dem 1. Januar 2001. Der amtierende Ministerpräsident Kóstas Simítis gewinnt mit seiner sozialistischen Partei PASOK am 9. April vorgezogene Parlamentswahlen und wird in seinem Amt bestätigt.

2002 Der Euro ersetzt die Drachme als griechische Landeswährung.

2004 In Athen finden vom 13.–29. August die 28. Olympischen Sommerspiele statt.

Kultur und Leben

Abendstimmung in Psilí Ámmos Ost

GRIECHISCHE LEBENSART

Im Rhythmus der Ägäis

Ein Urlauber, der sich nicht dem vom mediterranen Klima geprägten griechischen Tagesrhythmus anpassen möchte, bekommt vom Leben der Hellenen nur die Hälfte mit. Wer erst um 10 Uhr mit dem Frühstück fertig ist, hat nur noch wenig Zeit für Besichtigungen (Museen und Ausgrabungsstätten schließen meist schon um 15 Uhr) und kann auch die betriebsamsten Stunden auf den Märkten nicht mehr miterleben. Wer abends schon um 18 oder 19 Uhr Hunger verspürt, speist unter anderen Mittel- und Nordeuropäern; wer schon um 23 Uhr müde wird, beginnt zu gähnen, wenn das Leben in Musiklokalen und Diskotheken erst langsam erwacht.

Die meisten Griechen stehen zwischen 6 und 7 Uhr morgens auf und arbeiten bis 14 oder 15 Uhr. Nach einem leichten Mittagessen steht die Siesta, die nachmittägliche Ruhepause, auf dem Programm, die bis 17 oder 18 Uhr andauern kann. Ab 19 oder 20 Uhr ist es in den Städten dann Zeit für die *vólta*: In kleineren oder größeren Gruppen flanieren Männer und Frauen (häufig nach Geschlechtern getrennt) auf den Hauptstraßen und der *platía* auf und ab. Man ist gut gekleidet, hat, wenn man die Familie mitnimmt, die Kinder fein herausgeputzt, will sehen und gesehen werden. Erst gegen 21 oder 22 Uhr lässt man sich dann zum üppigen Abendessen nieder. Spätestens gegen 24 Uhr ist der Tag aber beendet, man geht zu Bett. Hat man jedoch Gäste oder etwas zu feiern, sucht man vielleicht noch eine *bouzoúkia* auf, ein traditionelles Musiklokal mit griechischer Live-Musik. Solch ein Besuch wird freilich teuer, da man in der *bouzoúkia* Getränke normalerweise nicht glas-, sondern gleich flaschenweise bestellt – und nicht etwa Wein oder *oúzo*, sondern bevorzugt Whisky (die Flasche für etwa 70–100 €). Dafür kann beim Orchester aber auch die Musik gewünscht werden, zu der man tanzen möchte.

In den Dörfern ersetzt ein Besuch im *kafeníon* den Männern die abendliche *vólta*. Die Frauen sitzen derweil im Haus oder vor der Haustür mit Verwandten und Nachbarinnen zusammen, unterhalten sich und erledigen nebenbei fleißig ihre Handarbeiten.

Das *kafeníon* ist ein guter Ort, um mit Griechen ins Gespräch zu kommen. Die einst viel gepriesene griechische Gastfreundschaft (*philoxénia*) lernt man dort allerdings nur noch selten kennen. Gehörte man früher als *xénos* (Fremder und Gast zugleich) einer seltenen Spezies an, ist man heute als Tourist Massenware – da kann und will es sich kein Grieche mehr leisten, der Zufallsbekanntschaft einen Kaffee zu spendieren. Man ist *pelátis* geworden: Kunde.

Noch nicht in den Bereich der Legende gehört die Feststellung, dass die Kriminalitätsrate in Griechenland äußerst niedrig ist. Panzerglas sieht man in keiner griechischen Bank. Auch als Ausländer ist man nachts um vier in den Straßen von Sámos sicherer als in denen von Göttingen oder Hoyerswerda. Allein reisende Frauen werden zwar häufig angesprochen, mehr aber nicht.

Das soll freilich nicht heißen, dass die griechische Gesellschaft gewaltfrei wäre. Videospiele, bei denen jeder Tote den eigenen Kontostand erhöht, sind ausgesprochen beliebt; in den Kinos laufen massenweise asiatische und amerikanische Actionfilme. Auf den Straßen und Plätzen sieht man häufig, wie Eltern ihren sonst so verhätschelten Kindern beim geringsten Ungehorsam Ohrfeigen versetzen oder ihnen die Ohren im wahrsten Sinne des Wortes ›lang ziehen‹. Legosteine und Teddybären kennen sehr viel weniger griechische Kinder als Maschinenpistolen aus Plastik. Der Standardfeind für die Kleinen ist – wen wundert's – in der Regel ein Türke. Schließlich war dieser Nachbar bis zur Verbesserung der Be-ziehungen in diesem jungen Jahrtausend für die Hellenen der Erbfeind Nummer Eins.

Kleiner ›Griechenland-Knigge‹

Das Leben in Griechenland wirkt auf viele Urlauber herrlich unkompliziert, scheint es doch bar jeglicher Reglementierungen einem produktiven Chaos zu entspringen. Gleichwohl existieren viele ungeschriebene Regeln, deren Kenntnis den Umgang mit Griechen sehr erleichtert.

Das Ehrgefühl achten

Ein ganz wesentlicher Begriff zum Verständnis der griechischen Mentalität ist

Entspanntes Dorfleben: auf der Platía in Mytiliní

SCHAUPLATZ KAFFEEHAUS

Kaffeehäuser, auf Griechisch in der Einzahl *kafeníon (kafenío),* in der Mehrzahl *kafenía* genannt, gibt es in jeder griechischen Stadt und in jedem griechischen Dorf. Sie sind der soziale Mittelpunkt der Gemeinde, in denen ›Mann‹ sich trifft, miteinander diskutiert und spielt, Neuigkeiten vermeldet und vernimmt. Die meisten Dörfer haben mehrere *kafenía,* die sich bis in die 80er Jahre des 20. Jh. hinein häufig vor allem durch die parteipolitische Grundeinstellung ihrer Wirte voneinander unterschieden. In *kafenía* mit roten Türen und Fensterrahmen trafen sich die Anhänger der Kommunisten, in denen mit grünen die der Sozialdemokraten, in denen mit blauen die der Konservativen. Heute haben sich diese klaren Unterscheidungen verwischt.

Viele *kafenía* in den Dörfern sind zugleich Gemischtwarenhandlungen *(pandopolía).* Auf ein paar Regalen steht das ›Notwendigste zum Überleben‹: Tunfisch, Sardinen und dänisches Frühstücksfleisch in Dosen, Salz, Öl und Essig, Kekse und Bonbons, Servietten und Toilettenpapier. Zigaretten hingegen werden in *kafenía* fast nie verkauft; dafür ist der Dorfkiosk zuständig.

Ursprünglich waren die Öffnungszeiten der *kafenía* auf den Dörfern dem bäuerlichen Lebensrhythmus angepasst. Sie öffneten morgens um 6 oder 7, schlossen dafür abends oft schon gegen 21 Uhr. Manche *kafenía* haben sich diesen Rhythmus bewahrt; andere passen sich eher dem Tourismus an, öffnen erst gegen 8 oder 9 Uhr und halten dafür abends länger geöffnet. Tagsüber sieht man in traditionellen *kafenía* vor allem Rentner und Pensionäre; jüngere Leute schauen nur in Arbeitspausen kurz herein. Richtig voll werden die meisten ländlichen *kafenía* erst nach der Siesta gegen 17 oder 18 Uhr. Viele der Gäste setzen sich dann an die speziellen Spieltische, über die fast jedes *kafeníon* verfügt. Oft sind sie mit grünem Filz bespannt; sich an sie als Nicht-Spieler zu setzen gilt als schwerer Faux-pas.

Konsumzwang herrscht in den *kafenía* nicht. Inzwischen wissen die Wirte freilich, was Fremde erwarten, und kommen schnell an deren Tisch, um die Bestellung aufzunehmen. Früher galt das als unhöflich. Auch heute sitzen die griechischen Stammgäste oft im Kaffeehaus, ohne etwas zu verzehren, oder begnügen sich stundenlang mit einem einzigen griechischen Kaffee.

Das griechische *kafeníon* wird oft als eine Domäne der Männer beschrieben. In der Tat sind die Stammgäste nahezu ausschließlich männlichen Geschlechts. Für Frauen besteht jedoch kein Zutrittsverbot. Sie ziehen es nur vor, zu Hause zu bleiben oder vor ihren Häusern mit anderen Frauen bei Handarbeiten zusammenzusitzen, um sich nicht das ewig gleiche Geschwätz der Männer anhören zu müssen und um ihnen die Freiheit zu gewähren, sich für wichtig halten zu dürfen, bevor sie zu Hause wieder der Frau gehorchen müssen (so erzählt man es sich zumindest in Hellas).

Griechisches Kommunikationszentrum: das *kafenion*

In vielen kleinen Dörfern erfüllt eines der *kafenía* immer auch halbamtliche Auf-
gaben. Briefträger tragen die Post nicht im Dorf aus, sondern legen sie in einem
der Kaffeehäuser ab. Dort liegen die Briefe dann auf einem Tisch aus oder stehen
in einem Karton; jeder, der vorbeikommt, schaut nach, ob etwas für ihn dabei ist.
Ebenso werden hier Telefon- und Stromrechnungen deponiert, meist noch an Ort
und Stelle gelesen und dann öffentlich diskutiert. Wer sie nicht lesen kann, findet
hier immer einen willigen (und neugierigen) Vorleser. Auf Sámos werden in manchen Dörfern auch die aus der Apotheke angelieferten Arzneimittel im Kaffeehaus
deponiert. Die Kosten legt der Wirt aus.

Dörfliche *kafenía* sind in der Regel ausgesprochen preiswert, denn man kann
die Stammgäste ja nicht verprellen. Die Preise für die wichtigsten Getränke sind
auf einer Wandtafel notiert; Speise- und Getränkekarten gibt es nicht. Trinkgelder
sind hier völlig unüblich. Essen wird in *kafenía* fast nie serviert; nur in häufig von
Urlaubern aufgesuchten Dorf-Kaffeehäusern bereitet der Wirt manchmal einen Salat, ein Omelett oder ein Spiegelei zu. Wenn kleine Tellerchen mit Essbarem auf
den Tischen stehen, dann handelt es sich im Allgemeinen um *mezédes*, Kleinigkeiten zum Anisschnaps *oúzo*, zum samiotischen Tresterschnaps *soúma* oder zum
Wein. In *kafenía* wird fast immer offener Wein und nur selten Flaschenwein serviert.

das *philótimo*, mit **Ehrgefühl** nur unzureichend übersetzt. Der Grieche entwickelt es nicht nur für seine eigene Person, sondern für seine Familie, sein Dorf und die Nation. Im privaten Bereich heißt das: sie geben Fehler ungern zu, werden nicht gern auf ihre Schwächen aufmerksam gemacht. Deshalb nutzt es beispielsweise wenig, in Hotels oder Restaurants lautstark zu reklamieren. Besser ist es vielmehr, an das Ehrgefühl des Gegenübers zu appellieren, ihn um Hilfe zu bitten, ihm zu signalisieren, dass man Schwierigkeiten hat und ihm zutraut, sie beseitigen zu können. Im Gespräch mit Griechen wird oft die Frage gestellt, wie einem denn das Dorf, in dem man gerade ist, oder die Insel, auf der man seinen Urlaub verbringt, gefällt. Wer da – vielleicht ehrlich – eine unangenehme Wahrheit sagt, verletzt das Ehrgefühl seines Gesprächspartners und darf nicht mit abwägendem Verständnis rechnen. Wer also auf Sámos sagt, eine andere griechische Insel, Mallorca oder gar die Türkei seien schöner, macht sich unbeliebt.

Stressfreier leben

Eine grundverschiedene Einstellung zu **Zeit und Pünktlichkeit** ist eines der Hauptmerkmale des griechischen Alltags. Hetze und Terminstress sind den meisten Hellenen ein Graus. Im Privatleben ist es durchaus üblich, sich nicht auf eine bestimmte Uhrzeit zu verabreden, sondern allgemein für den Vormittag, den Nachmittag oder den Abend. Der Vormittag reicht dabei bis zum Beginn der Mittagspause (14 Uhr),

der Nachmittag schließt sich ab etwa 17 Uhr an und endet, wenn es dunkel wird. Danach beginnt der Abend. Die Mittagspause selbst ist heilig, wer sie stört, darf kaum mit Verständnis rechnen. Im Berufsleben sieht es anders aus: Wer Termine nicht einhält, gilt als unhöflich. Busse, Bahnen und Schiffe sind immer um Pünktlichkeit bemüht, auch wenn Staus, Bauarbeiten und Stürme den Fahrplan häufig durcheinander bringen. Von der Endstation aus fahren Busse und Schiffe aber eher zwei Minuten zu früh als zu spät ab.

Ungeschriebene Regeln

Abends sieht man Griechen nur selten allein oder bloß zu zweit speisen. Essen ist für sie ein geselliges Ereignis, das sich über Stunden hinziehen kann. Die *paréa*, die gute Tischgemeinschaft, ist ebenso wichtig wie die Qualität der Speisen. Am Ende zahlt meist einer für alle. Getrennte Rechnungen zu verlangen nennt man in Hellas die ›deutsche Art‹. Die gemeinsame Rechnung schließt ja nicht aus, dass man anschließend den Betrag nicht doch noch aufteilt. Statt ständig neue Tavernen auszuprobieren, gehen die meisten Hellenen lieber in ihre Stammlokale, in denen man sie und ihre Gewohnheiten kennt und sie nett begrüßt. Hat man als Urlauber sein Stammlokal gefunden, sollte man einen Fehler unbedingt vermeiden: Eines Tages die direkte Nachbartaverne auszuprobieren. Der Wirt des bisherigen Stammlokals wird dies als schwere Beleidigung auffassen. Ein anderer Faux-pas wäre es, sich in einer Taverne an einen schon besetzten

Tisch zu gesellen: Bei aller Freundlichkeit und Offenheit mögen die Griechen das gar nicht, denn dadurch entsteht plötzlich eine unfreiwillige *paréa*. Gleiches gilt übrigens auch beim Tanzen auf griechischen Festen und in echt griechischen Musiklokalen. Der Tanz gehört immer der *paréa,* die ihn bestellt hat; sich unaufgefordert anzuschließen, käme keinem Hellenen in den Sinn.

Die orthodoxe Kirche

Priester (*papádes*) sind auf griechischen Straßen und Plätzen ein alltäglicher Anblick. Sie tragen lange, meist schwarze oder dunkelblaue Gewänder und eine hohe, schwarze Kopfbedeckung, die *kalimáfki*. Sie haben lange Rauschebärte und binden ihre Haare meist im Nacken zu einem Knoten.

Die Kirche spielt in Griechenland noch immer eine große Rolle. Sie ist stolz darauf, in den Zeiten der türkischen Fremdherrschaft als einzige Institution das hellenische Bewusstsein am Leben erhalten und oft genug auf Seiten von Aufständischen und Freiheitskämpfern gestanden zu haben. Bis heute ist sie eng mit dem Staat liiert, der den Priestern inzwischen die Gehälter bezahlt. 98 % aller Hellenen sind griechisch-orthodox, Kirchenaustritte nahezu unbekannt. Schließlich zahlt man ja keine Kirchensteuer.

Die Kirche verlangt den Gläubigen nicht besonders viel ab. Soziales Engagement ist selten gefragt, Nächstenliebe ein in Hellas kaum gehörter Begriff. Die sonntäglichen Gottesdienste dauern zwar zwei bis drei Stunden,

doch erwartet kein Priester (*papás*) von seinen Gemeindemitgliedern, dass sie die ganze Zeit über in der Kirche anwesend bleiben. Ein Kurzbesuch reicht. Absolute Stille während des Gottesdiensts ist ebenfalls nicht erforderlich, man darf ruhig einmal miteinander tuscheln, Kinder können auch lauter sein.

Die Predigt (*homília*) spielt, obwohl die orthodoxe Kirchengeschichte durchaus große Prediger kennt, eine untergeordnete Rolle oder entfällt vollständig. Der Gottesdienst dient nicht der Ermahnung und Erziehung der irdischen, sondern allein dem Lobpreis der himmlischen Wesen. Von denen gibt es, theologisch eindeutig von der Heiligen Dreifaltigkeit geschieden, eine ganze Reihe: neben Engeln, Seraphinen und Cherubinen vor allem eine große Anzahl Heiliger. Sich mit ihnen in der gemeinsamen, im Himmel wie auf Erden zelebrierten Feier der Eucharistie, also des Abendmahls, mystisch zu vereinen, dient die Liturgie. Auf diese Vereinigung deutet auch die Innenausstattung der Kirchen mit Ikonen und Wandmalereien hin (s. S. 38f.). Am Abendmahl teilnehmen können nur Getaufte. Durch die Taufe können sie wie einst die Eingeweihten der antiken Mysterien am göttlichen Mysterium Anteil haben.

Die Kirche nennt sich orthodox, da sie nach eigenem Selbstverständnis im Gegensatz zu allen anderen christlichen Kirchen als Einzige dem Glauben der Apostel und Märtyrer, der frühen Christen und der Kirchenväter treu geblieben ist. Seit dem VIII. Konzil im Jahr 869 hat sie den christlichen Glaubens-

TORE ZUM HIMMEL – THEOLOGIE UND SAKRALKUNST

Die Heiligenbilder der Ostkirche sind keine Porträts im herkömmlichen Sinn. Sie wollen keine fotografischen Abbilder des Sichtbaren sein, sondern allein das geistig Wesentliche, das Wesen des Abgebildeten erfassen und darstellen. Dazu gehören vielleicht Jugend oder Alter, männliches oder weibliches Geschlecht, Eremitenleben oder Bischofsamt – vor allem aber soll die entrückte Jenseitigkeit und Würde, die frommes Leben oder Martyrium dem Heiligen geschenkt haben, erfahrbar werden. In den Ikonen ist der Heilige selbst gegenwärtig; der Gläubige küsst nicht die Ikone, sondern ihn. Ebenso illustrieren Ikonen- und Freskenmaler keinesfalls die biblische Geschichte, wollen nicht nach Art einer Armenbibel alt- und neutestamentarische Ereignisse nacherzählen, sondern verkünden immer unumstößliche theologische Glaubensgewissheiten.

Ein gutes Beispiel für die theologische ›Stilsicherheit‹ orthodoxer Ikonenmalerei ist die häufig anzutreffende Darstellung Jesu Geburt. Sie vollzieht sich nicht in einem rührseligen und theologisch völlig nichtssagendem Stall, sondern in einer Höhle. Die Höhle ist das Symbol des Todes, der durch die Menschwerdung Gottes und seinen späteren Opfertod überwunden wird. Dass Gott tatsächlich Mensch geworden ist, zeigt einerseits die Mattigkeit der von der Geburt erschöpft daliegenden Maria, andererseits eine Nebenszene, in der das Neugeborene wie jedes Menschenkind zunächst einmal von Hebammen gebadet wird. Auf den späteren Opfertod weist bereits der Altar hin, auf dem das Kind im Unterschied zu unserer theologisch unbedarften Krippe liegt. Ochs und Esel sind keine Stalldekoration, sondern symbolisieren Heidentum und Judentum und formulieren so den universellen Herrschaftsanspruch Christi über die gesamte Menschheit. Dass Jesus, obwohl ganz Mensch geworden, kein Menschenkind ist, zeigt der in einer Ecke nachdenklich sitzende Joseph: Er ist nur Statist in der Geschichte, hat an der Zeugung nicht mitgewirkt. Dass mit Jesu Geburt das Heidentum und die alten Zauberer überwunden sind, symbolisiert die Ankunft der drei Weisen aus dem Morgenland, die hier keine Könige, sondern sternenkundige Magier sind. Sie erkennen Jesus als Sohn Gottes an.

Quellen der byzantinischen Sakralkunst sind bis heute nicht nur das Alte und das Neue Testament, sondern auch die zahlreichen Heiligenlegenden und liturgischen Gesänge, die in der frühchristlichen Kirche entstanden und für den orthodoxen Gläubigen ebenso zur Glaubenswahrheit gehören wie die kanonischen Schriften. Die Maler entnehmen ihre Anregungen aber auch den vielen apokryphen Evangelien der ersten nachchristlichen Jahrhunderte, die zwar nicht in den offiziellen Kanon des Neuen Testaments aufgenommen wurden, aber als weitverbreitete Volksliteratur noch jahrhundertelang lebendig blieben. Sie waren ganz einfach erzählerisch lebendiger und beantworteten Fragen, die die kanonischen Schriften ungeklärt ließen – zum Beispiel die nach der Kindheit Jesu oder nach dem weiteren Marienleben.

Ikonen und Wandmalereien betonen die Rechtgläubigkeit der Orthodoxie und wenden sich gegen die diversen Irrlehren, die auf den Konzilien des ersten Jahrtausends verdammt wurden. Als Rechtfertigung der Sakralmalerei gilt, dass Gott selbst mit seiner Menschwerdung in Christo der Welt ein Bild von sich geschenkt hat. Dass Christus nicht bilderfeindlich gewesen sei, soll das in vielen Kirchen als Wandmalerei zu sehende Mandílion, ein Tuch mit dem Antlitz Christi, beweisen. Es bezieht sich auf eine Legende, die berichtet, König Abgar von Edessa (das heutige Urfa in der Ost-Türkei) habe Jesus um ein Bild gebeten und daraufhin von ihm den wundersamen Abdruck seines Gesichts auf einem Tuch geschenkt bekommen. Ein weiterer Beweis sind die zahlreichen, nach dem Bilderstreit aufgefundenen Marienikonen, die als Werke des Evangelisten Lukas gelten. Er war ja ein Zeitgenosse Mariens, die ihm nach dem Volksglauben für seine Ikonen sogar Modell gesessen hat. Als ganz besonders wertvoll gelten die Marienikonen, für die nach weit verbreitetem Glauben die Erzengel dem Lukas das Holz gereicht haben.

Auf Sámos bergen noch viele Kirchen schöne Wandmalereien: hier in Áno Vathí

aussagen keine neuen Dogmen mehr hinzugefügt. Sie konnte es auch gar nicht, da dogmatische Entscheidungen allein den wahren Konzilien, nämlich den Versammlungen aller orthodoxen Bischöfe, vorbehalten sind. Ein solches Konzil hat aber seit über 1100 Jahren nicht mehr stattgefunden und ist zur Zeit nicht geplant. Ein Oberhaupt wie das der römisch-katholischen Kirche, das für sich in Anspruch nimmt, Stellvertreter Gottes auf Erden zu sein und als solcher Dogmen verkünden zu können, kennt die orthodoxe Kirche nicht.

Zur Kirchenspaltung, dem Schisma zwischen West- und Ostkirche, kam es 1054. Den theologischen Hintergrund bildete der Filioque-Streit: Während für die Orthodoxen der Heilige Geist nur von Gottvater ausgeht, behaupteten die römischen Katholiken im 11. Jh. plötzlich, er ginge ebenso von Gottsohn aus. Machtpolitische Interessen dürften beim Schisma jedoch ebenfalls zum Tragen gekommen sein. Das Schisma bedeutete nämlich zugleich den endgültigen Bruch zwischen den auf Seiten der Päpste stehenden westlichen und den von den orthodoxen Patriarchen unterstützten byzantinischen Kaisern.

Ein wesentlicher dogmatischer Unterschied zwischen orthodoxer und römisch-katholischer Kirche besteht ferner in der Haltung zum Zölibat. Orthodoxe Priester dürfen vor der Priesterweihe heiraten und haben häufig große Familien. Verheiratete Priester können allerdings nicht zu Bischöfen gewählt werden, die sich daher überwiegend aus dem Mönchsstand rekrutieren. Da die Priester erst seit den 80er

Jahren des 20. Jh. ein geregeltes, staatlich garantiertes Einkommen beziehen, das zudem 750 € im Monat nicht übersteigt, waren und sind viele Priester zu einer Nebentätigkeit gezwungen. Manchmal betreibt die Gattin ein Kaffeehaus, oft widmet sich die ganze Familie der Landwirtschaft.

Feste und Feiertage

Auf Sámos wird viel und gern gefeiert. Die meisten Feste orientieren sich dabei am Kirchenkalender, werden zu Ehren von Heiligen oder an hohen kirchlichen Feiertagen begangen. Privat werden außer Hochzeiten und Taufen, zu denen oft mehrere hundert Gäste eingeladen sind, vor allem die Namenstage gefeiert, während die Geburtstage kaum eine Rolle spielen.

Vor der Fastenzeit

Im Jahreslauf ist der **6. Januar** der erste bedeutende Festtag. Er ist für die Ostkirche nicht der Dreikönigstag, sondern der Tag der Taufe Jesu im Jordan. In allen größeren Küstenorten zieht die Gemeinde morgens ans Wasser. Der Priester segnet es und wirft dann ein Kreuz hinein. In diesem Augenblick läuten alle Kirchenglocken, ertönen die Schiffssirenen. Junge Männer springen ins Wasser und tauchen nach dem Kreuz. Wer es findet, trägt es durchs Dorf oder durch die Pfarrgemeinde und darf auf ein segensreiches Jahr hoffen.

Der **Karneval** wird in ganz Griechenland auf unterschiedlichste Art und Weise begangen. Auf Sámos ist

Vathí die Faschingshochburg. Am letzten Faschingswochenende sind Tavernen und Cafés mit Girlanden, Papierschlangen und anderen Karnevalsutensilien geschmückt, viele Samioten gehen abends zum Essen aus, sitzen mit Verwandten und Freunden zusammen und singen, wenn sie in Stimmung kommen. Viele Kinder sind kostümiert. Mit sehr viel Glück erlebt man am Faschingswochenende auch einen *Tsamboúna*-Spieler. Noch vor 40 Jahren gab es auf der Insel zahlreiche Männer, die dieses Instrument, eine Art Dudelsack, gefertigt aus einem umgestülpten Ziegenbalg, zu spielen wussten. Sie trafen sich traditionell an diesem Wochenende in den Dorf-Kaffeehäusern. Heute sind auf der Insel nur noch drei bis vier alte Männer in der Lage, die *tsamboúna* erklingen zu lassen; wo und ob sie sich überhaupt noch einmal treffen, ist fraglich.

Am **Rosenmontag** ist der Karneval bereits vorbei. An diesem Tag fährt man zum Picknick ans Meer und lässt Drachen steigen.

Nun folgt die **Fastenzeit,** an deren strenge Regeln sich freilich nur noch wenige, meist ältere Samioten halten. Ihren Höhepunkt erreicht sie in der **Karwoche,** die in Griechenland *megáli efdomáda*, ›Große Woche‹, genannt wird.

Karwoche und Ostern

Sie beginnt am **Palmsonntag:** Zum Gottesdienst bringen die Gläubigen Palm- oder Ölzweige mit in die Kirche. Sie werden gesegnet, verbleiben für 40 Tage im Gotteshaus und können danach als Segensbringer mit nach Hause genommen werden.

Am Morgen des **Karfreitag** wird in der Kirche das symbolische Grab Christi aufgebaut und von Mädchen und Frauen mit Blumen geschmückt. Im Rahmen des gegen 19 Uhr beginnenden Abendgottesdiensts wird dieser ›Epitaph‹ gegen 21 Uhr in einer großen Prozession durchs Dorf oder den Pfarrbezirk der Stadt getragen.

Am **Karsamstag** werden morgens die letzten Einkäufe für das größte Fest des Jahres getätigt. Nachmittags wird der Festtagsschmaus vorbereitet: Lämmer oder Zicklein werden zerteilt und mit einer Masse aus Reis, der Leber des Tieres, Rosinen und Kräutern gefüllt. Anschließend kommen sie in den Backofen – nach Möglichkeit einen alten Lehmbackofen –, in dem sie die Nacht über langsam garen. Der anderswo in Griechenland übliche Brauch, ganze Lämmer oder Zicklein zu Ostern am Grillspieß über offenem Feuer zuzubereiten, ist auf Sámos ebensowenig wie auf den nördlich anschließenden Inseln üblich. Wo sich auf Sámos zu Ostern Lämmer am Spieß drehen, feiern zumeist zugewanderte Festlandsgriechen.

Gegen 23 Uhr beginnt am Karsamstag der **Ostergottesdienst.** Nahezu alle christlichen Griechen besuchen ihn fein gekleidet und in Begleitung der gesamten Familie. Da in der Kirche selten Platz genug für alle ist, wird der Gottesdienst per Lautsprecher auf den Kirchplatz übertragen. Die Stimmung ist gespannt und gedämpft zugleich: Noch ist Jesus tot, aber jeder weiß, dass seine Auferstehung unmittelbar bevorsteht. Kurz vor Mitternacht treten Sekunden des Schweigens ein. Alle Lichter, Öllampen und Kerzen werden bis auf das Ewige Licht gelöscht. Dann verkündet der Priester die Auferstehung: »*Christós anésti*«. Am Ewigen Licht werden die ersten, von den Gläubigen mitgebrachten Kerzen entzündet. Die meisten sind weiß, die der Kinder auch mit Micky-Maus- und anderen Comic-Figuren verziert. Schnell wandert die Flamme von Kerze zu Kerze. Raketen steigen in die Luft, Knaller explodieren wie bei uns zu Silvester, manchmal zünden Fischer ein wenig echtes Dynamit. Dann geht man heim, wo schon die Ostersuppe *margirítsa* vorbereitet ist, eine leicht säuerlich schmeckende Suppe mit Zitrone, Ei und den Innereien von Lamm oder Zicklein. Häufig schlägt man auch rot gefärbte Ostereier aneinander. Das Rot

28. Oktober auf Foúrni: an Feiertagen kann man traditionelle Trachten bewundern

steht für das Blut, das Jesus am Kreuz vergossen hat; das Aufschlagen der Eier für die Zerschlagung des Todes und das Erlangen des durch das Ei symbolisierten Ewigen Lebens. Viele Griechen wissen allerdings um diese tiefere Bedeutung nicht mehr. Für sie gilt einfach: wessen Ei am längsten heil bleibt, der wird im nächsten Jahr das meiste Glück haben.

Am **Ostersonntag** wird im möglichst großen Kreis von Familie und Freunden gefeiert. Man speist stundenlang, trinkt dazu reichlich Wein, Bier, *soúma* oder *oúzo* und beginnt später vielleicht zu tanzen. Zu Ostern kommen meist viele nach Athen oder ins Ausland abgewanderte Samioten in ihre Heimatdörfer zurück; Ostern ist wie bei uns Weihnachten das Fest der Familie.

In der zweiten Jahreshälfte

Der einzige bedeutende gesamtgriechische Festtag, der in den Sommer und damit in die Touristensaison fällt, ist der **15. August.** Es ist der Tag, an dem Maria starb und Christus ihre Seele in den Himmel erhob (deshalb nennt man diesen Tag auch ›Mariä Entschlafung‹ und nicht ›Mariä Himmelfahrt‹). Da die Mehrzahl griechischer Kirchen Maria geweiht ist, findet in fast jedem Dorf und in fast jeder Stadt ein Kirchweihfest statt. Und da Hochsommer ist, lässt es sich besonders gut im Freien bei Musik und Tanz fröhlich sein.

Weihnachten ist in Griechenland von untergeordneter Bedeutung. Im Zuge der allgemeinen Globalisierung halten jedoch auch auf Sámos zunehmend europäisch-amerikanische Vorweihnachtsbräuche Einzug. Ab Anfang Dezember werden von Tag zu Tag mehr Schau- und Wohnungsfenster mit bunten und meist blinkenden Lichterketten geschmückt, beleuchtete Plastikweihnachtsmänner in Vorgärten und Cafés aufgestellt. Langsam kommt sogar der Weihnachtsbaum in Mode, der hier auf Sámos jedoch fast immer ein künstlicher ist: Echte Bäume dürfen für diesen Zweck nicht geschlagen werden, und Importe vom griechischen Festland wären zu teuer. Am **Heiligen Abend** geht man zwar in die Kirche, Geschenke werden jedoch erst in der **Silvesternacht** ausgeteilt. Die verbringen die wenigsten Männer zu Hause: Der Silvesterabend ist in Griechenland traditionell dem Glücksspiel vorbehalten. So mancher wacht dann im neuen Jahr in einem Haus auf, das plötzlich nicht mehr sein eigenes ist.

Kirchweihfeste

Neben diesen allgemeinen kirchlichen Feiertagen begehen jedes Dorf und jeder Pfarrbezirk einer Stadt ihre **Kirchweihfeste** (*panigíria*, Einzahl *panigíri*). Ihr Termin richtet sich nach dem Festtag des Heiligen oder des biblischen Ereignisses, dem die jeweilige Kirche geweiht ist. Das Fest beginnt mit einem Vesper-Gottesdienst gegen 18.30 Uhr. Nach Ende der Liturgie gegen 21 Uhr wird häufig mit Musik und Tanz gefeiert. Am nächsten Morgen beginnt der Festgottesdienst bereits gegen 7 Uhr und

DIE FESTTAGSSUPPE GEHÖRT IMMER DAZU – KIRCHWEIHFESTE

Der heilige Nikolaus wird als Schutzheiliger der Seeleute und Fischer verehrt. Ihm ist die Bischofskirche der Insel, Ágios Nikólaos in Vathí, geweiht. Man begeht seinen Festtag am 6. Dezember. Als wir am Vorabend gegen 19 Uhr in seine gut besuchte Kirche eintreten, ist sie prachtvoll geschmückt. Überall auf dem Boden liegen duftende Lorbeerblätter, an den Kronleuchtern hängen weiße und blaue Banderolen, an den Säulen griechische und byzantinische Flaggen. Im Mittelgang ruht seine Ikone auf einem mit Rosen und Nelken bedeckten Bilderständer.

Wir verlassen die Kirche und gehen hinunter zum Fischerhafen. Über dem Kai sind Lichterketten, Wimpel und Fahnen gespannt. Auf einem Kleintransporter haben die Fischer von Vathí eine Stereoanlage installiert, aus der griechische Musik ertönt; auf einem Holzkohlengrill liegen kleine Fische und Scampi, werden zusammen mit einem Plastikbecher voll Wein und einem Stück Brot an jeden ausgegeben, der herantritt. Am Ende des Kais, nah an den Booten, brennt unter einem mächtigen Kessel ein loderndes Holzfeuer. Im Kessel wird die ganze Nacht über die *jortí*, die samiotische Festtagssuppe, gekocht. Die perfekt Deutsch sprechende Frau eines Fischers verrät uns die Zutaten: eine Ziege, Weizenmehl, Öl, Wasser und sehr viele Zwiebeln. Die Kosten für die Verköstigung und die Festtagssuppe werden aus Spenden der Fischer und aus der Kollekte des heutigen Abends in der Kirche bezahlt, die traditionell den Fischern zusteht.

Sechs Tage später feiert Vathí die nächste Kirchweih, die des heiligen Spyrídonas, dessen Kirche am Stadtpark steht. Diesmal sind wir nicht am Vorabend da, sondern zum großen Gottesdienst am Festtag selbst. Es regnet ein wenig, der große Kessel mit der *jortí* steht vor der Kirche unter einem kleinen Schutzdach. Obwohl drinnen der Gottesdienst noch läuft, halten Taxifahrer und Passanten kurz, um sich eine Plastikschale mit der Festtagssuppe reichen zu lassen. Weil das Fest in die vorweihnachtliche Fastenzeit fällt, hat diesmal keine Ziege für die Suppe sterben müssen: statt Fleisch sind Kichererbsen drin. Gegen 10 Uhr formiert sich vor dem Haupteingang der Kirche die Prozession. Vorneweg marschiert eine 17-köpfige uniformierte Blaskapelle. Ihnen folgen fast ebenso viele Ministranten mit Weihrauchgefäßen, Fächern und Standarten. Dann kommen fünf junge Frauen in alten Trachten, die die ausgebreitete byzantinische Flagge tragen. Ihnen folgen vier Soldaten, die die heilige Ikone tragen, flankiert von 24 Soldaten in Kampfanzügen mit Gewehr über der Schulter und Stahlhelm auf dem Kopf – als könne der Heilige sich im Notfall nicht selbst verteidigen… Hinter der Ikone schreiten schließlich die wichtigsten Personen des Tages: sieben Priester und der Bischof, Offiziere von Heer, Marine und Polizei, der Herr Regierungspräsident und der Bürgermeister. Danach folgt das Volk.

dauert bis etwa 10.30 Uhr. Danach wird die Ikone des Heiligen in einer feierlichen Prozession durchs Dorf oder den Pfarrbezirk getragen. Kehrt sie dann in die Kirche zurück, wird die *jortí*, die für Sámos typische Festtagssuppe, an alle Anwesenden ausgeteilt. Meist ist damit das Fest beendet, obwohl manchmal am Mittag oder Abend noch einmal eine ausgiebige Feier mit Musik und Tanz stattfindet.

Nationalfeiertage

Drei Nationalfeiertage werden inselweit begangen. Am **25. März** gedenkt man des Beginns des griechischen Freiheitskampfs gegen die Türken 1821. Der **28. Oktober** ist der Tag des ›Großen Historischen Neins‹, der Óchi-Tag. Er erinnert an den 28. Oktober 1940. Der italienische Diktator Benito Mussolini hatte damals dem von faschistoidem Gedankengut nicht völlig freien griechischen Diktator Ioánnis Metaxás ein Ultimatum gestellt: Griechenland sollte sich Italien kampflos unterwerfen. Metaxás sagte Nein, die Italiener griffen Griechenland daraufhin an. Hellas stand im Zweiten Weltkrieg auf Seiten der Alliierten. Der dritte Nationalfeiertag, der **11. November,** ist ein rein samiotischer Feiertag. 1912 wurde Sámos an diesem Tag Teil des freien Griechenland.

Alle drei Nationalfeiertage werden mit vom Militär, der Polizei, Geistlichen und hohen Amtspersonen angeführten Paraden und anschließenden Kranzniederlegungen begangen. Im Paradezug gehen meist einige fotogen in historische Trachten gekleidete Schulklassen mit.

Musik und Tanz

Nána Moúskouri und Vicky Leándros sind auch in Griechenland bekannte Stars. Ihre Lieder aber bewegen die Griechen nur wenig. Und auch der Syrtáki wird als ›Touristentanz‹ nur milde belächelt oder zum Anbändeln mit Urlauberinnen eingesetzt. Mehr Anklang finden da schon die großen Komponisten des 20. Jh.: Míkis Theodorákis, Mános Loízos und Mános Chatzidákis. In Hellas mindestens ebenso populär sind aber auch die echte griechische Volksmusik und die Volkstänze, in denen byzantinische und osmanische Traditionen fortleben. Sie werden in staatlichen Schulen und privaten Vereinen gefördert, erklingen auf fast allen Radiosendern und werden auch bei Kirchweihfesten und Folklore-Festivals gepflegt.

Ein Revival hat seit den 1980er Jahren der *rembétiko* erlebt: Die Musik einer städtischen Subkultur, die in den 1920er und 30er Jahren vor allem durch aus Kleinasien vertriebene Griechen in den Flüchtlingsvierteln der Großstädte geprägt wurde.

Internationalen Trends hat sich die griechische Musikszene dabei keineswegs verschlossen. In Musik-Clubs, *ellinádika* und Diskotheken werden alle Richtungen moderner Pop- und Rockmusik griechischer Interpreten gespielt. Zu den gegenwärtig aktuellsten Interpreten gehören u. a. Pix Lax, Xiliná Spathiá und Anna Víssi.

KUNST UND ARCHITEKTUR

Absolute Höhepunkte griechischer Kunst hat Sámos nicht zu bieten. Außer bestenfalls der riesenhafte Koúros (s. S. 78f.) und die seltenen, weil hölzernen Objekte im Archäologischen Museum in Vathí. Trotzdem kann man auch auf Sámos einen Streifzug durch fast 3000 Jahre griechischer Kunstgeschichte unternehmen. Dafür muss man sich ins Archäologische Museum in Vathí, an die verschiedenen archäologischen Stätten von Pythagório und ins Hera-Heiligtum, das Heraíon begegeben. Beispiele christlich-byzantinischer Kunst sind in Kirchen und Klöstern zu finden.

Epochen der griechischen Kunstgeschichte

Artefakte aus prähistorischer Zeit und Zeugnisse der drei ersten großen Epochen der Kunstgeschichte Griechenlands fehlen auf Sámos völlig. Werke der kykladischen Kunst des dritten vorchristlichen Jahrtausends, vorwiegend Marmoridole, sieht man vor allem im Archäologischen Nationalmuseum in Athen. Zeugnisse aus der Zeit der ersten Hochkultur auf europäischem Boden, der minoischen Kunst Kretas (2000–1450 v. Chr.), sind in großer Zahl im Archäologischen Museum von Iráklio auf Kreta zu bewundern; Funde aus mykenischer Zeit (1500–1200 v. Chr.) wiederum im Archäologischen Nationalmuseum in Athen.

Geometrische Zeit (900–700 v. Chr.)

Kleinplastiken, Tongefäße und Metallgegenstände sind fast ausnahmslos mit geometrischen Motiven wie Mäandern, Stichgruppen, Kreisen und Rhomben verziert; die seltenen figürlichen Darstellungen beschränken sich auf Strichzeichnungen.

Archaische Zeit (700–500 v. Chr.)

Blütezeit der samiotischen Kunstproduktion. Unter dem Einfluss des Orients, zu dem es in archaischer Zeit intensive Handelsbeziehungen gab, entstanden die ersten Großplastiken. Dazu gehören insbesondere die monumentalen Mädchen- und Jünglingsstatuen, für die der Koúros von Sámos eines der schönsten Beispiele darstellt (s. S. 78f.). Der archaische Stil zeichnet sich durch metrisches Gleichmaß und geringe Bewegungs- und Raumbezogenheit der Figuren aus, wofür die Geneleos-Gruppe im Archäologischen Museum von Sámos ein gutes Beispiel liefert (s. S. 77ff.). Auf Monumentalität bedacht waren die Tempelbauten, nachvollziehbar im Hera-Heiligtum von Pythagório (s. S. 122ff.). In der Bauplastik bildete sich das ionische Kapitell heraus: ein Volutenkapitell, bei dem der beiderseits eingerollte Volutenkörper zwischen einem Eierstab-Dekor und dem Abakus liegt. Beliebt waren in archaischer Zeit orientalisierende Motive, insbesondere Sphingen (die griechische Sphinx ist im Gegensatz zur ägyptischen fast immer weiblich) und Fabelwesen.

Klassische Zeit
(500–330 v. Chr.)

Hervorstechendes Merkmal der klassischen Kunst ist die schöpferische Auseinandersetzung des Künstlers mit Natur und Umwelt. Einzelfiguren stehen ebenso in Beziehung zueinander, wie Bauwerke zu ihren Nachbarbauwerken und zur Landschaft gesetzt sind. Trotz genauester Naturbeobachtung und der Fähigkeit, zur exakten Wiedergabe (z. B. im Muskelspiel eines Athleten oder im Faltenwurf eines Gewands), ist das Kunstwerk nicht nur realistisches Abbild, sondern vermag auch Geistiges auszustrahlen. Die klassische Kunst stand um 450 v. Chr. in ihrem Zenit, die Kunst des 4. Jh. ist ein als Spätklassik bezeichneter Nachklang.

Hellenistische Zeit
(330–150 v. Chr.)

In der Folge der Eroberungsfeldzüge Alexanders des Großen wurde die griechische Kunst zum Leitbild in vielen anderen Kulturen bis hin nach Indien (Gandhara-Stil). Zumeist aber blieb sie, ihrer geistigen und gesellschaftlichen Basis beraubt, nur äußeres Beiwerk. Nach einem Jahrhundert der Dissonanzen fand die Kunst zu mehr Einheitlichkeit zurück. Porträtkunst und Malerei blühten auf; Skulpturen und Bauwerke wurden von einer neuen Monumentalität geprägt.

Römische Zeit
(150 v. Chr.–390 n. Chr.)

Die römische Kunst war von einem Klassizismus bestimmt, der Ausdruck in den vielfachen Kopien klassischgriechischer Meisterwerke fand. Griechenland wurde durch die Römer vieler seiner Kunstwerke beraubt; andererseits errichteten diese zahlreiche Profanbauten wie z. B. Theater, große Thermen und Aquädukte zur Wasserversorgung.

Frühchristliche Zeit
(390–723)

Als Staatsreligion suchte das Christentum ebenso repräsentative Bauwerke zu schaffen, wie sie zuvor die antiken Kulte geschaffen hatten. Überall, auch auf Sámos, entstanden prächtige Basiliken, die groß genug waren, die zahlreiche Schar der Taufwilligen aufzunehmen. In Abkehr von den alten Kulten arbeitete die Kunst zunächst mit Symbolen wie Fisch, Kreuz und Buchstaben, griff jedoch bereits im 6. Jh. wieder auf bildliche Darstellungen zurück.

Byzantinische Zeit
(723–1453)

In der Epoche des Bilderstreits (Ikonoklasmus, 723–847) kam es zu einem regelrechten Bürgerkrieg über die Frage, ob bildhafte (ikonische) Darstellungen von Heiligen, biblischen Szenen oder gar von Christus selbst gottgefällig und rechtens seien. Zahlreiche frühchristliche Kunstwerke wurden zerstört; eine Reihe von Ikonen wurde in der Wildnis versteckt. Ihre Wiederentdeckung in späterer Zeit galt oft als Wunder, das häufig zu Kirchen- und Klostergründungen führte.

Während und nach dem Bilderstreit entwickelte die orthodoxe Theologie Erklärungen zum Wesen der Ikone und leitete daraus einen unabänderlichen Kanon für die Maler ab. So kam es

fortan zu keiner stetigen Entwicklung mehr; die stilistischen Unterschiede im Lauf der Jahrhunderte blieben gering und für den Sinngehalt der byzantinischen Kunst unwesentlich. Westliche Interpretationen unterscheiden die nach byzantinischen Kaiserhäusern benannte Komnenische und Paläologische Renaissance im 12. und 13. Jh. In dieser Zeit griffen einige Maler auf Stilelemente der antiken Klassik zurück.

Nachbyzantinische Zeit (seit 1453)

Auch in den Jahrhunderten osmanischer Herrschaft entstanden Klöster, Kirchen, Wandmalereien und Ikonen. Meist hielten sich Baumeister und Maler an den byzantinischen Formenkanon. Durch die Auswanderung vieler Künstler aus dem 1453 von den Türken eroberten Konstantinopel auf das venezianisch gebliebene Kreta entstand dort unter dem Einfluss der italienischen Renaissance ein neuer Stil der Ikonenmalerei, der Kretische Stil. Er vereint die wesentlichen Bildaussagen der orthodoxen Kirche mit formalen Anlehnungen an die italienische Malerei.

Neugriechische Zeit (seit 1830)

In der Sakralkunst erfolgt nach klassizistischen Einflüssen im 19. Jh. eine Rückbesinnung auf die byzantinische Malerei und Architektur. Die Profanmalerei hingegen wird von einem Eklektizismus geprägt, dem nur wenige Maler durch Rückbesinnung auf byzantinische Techniken etwas entgegensetzten, so z. B. Theófilos von Lesbos.

Kirche Aí Yannákis in Áno Vathí

VERSCHLÜSSELTE BOTSCHAFTEN – WANDMALEREIEN UND IKONEN

Die Malerei der Ostkirche steckt voller inhaltlicher, oft aber verschlüsselter Aussagen. Sie sind nicht Ergebnis der Kreativität oder des Denkprozesses eines Malers, sondern theologisch bedingt und für eine echte Ikone unabdingbare Elemente. An einem in fast jeder Kirche zu findenden Sujet mag das deutlich werden:

In der Szene der **Verkündigung** schreitet der Erzengel Gabriel auf die Jungfrau Maria zu, die in der rechten Bildhälfte auf einem Thron sitzt oder vor diesem steht – dann meist auf einem niedrigen Podest, dem Suppedaneum. Im Hintergrund ist meist ein kirchenähnliches Gebäude zu sehen, das einen jüdischen Tempel darstellen soll.

Der Erzengel, prächtig gewandet, trägt im Haar ein Diadem: Beides weist ihn als Himmelsfürsten aus, als Führer der göttlichen Heerscharen. In der Linken hält er einen Stab, Reminiszenz an den Stab des antiken Götterboten Hermes-Merkur. Die byzantinische Kunst ist schließlich die Erbin der antiken. Gabriels Stab läuft meist in einen Dreizack aus, der auch einfach nur durch drei Punkte an seiner Spit-

Biblisches Bilderbuch: das Innere der Kapelle Agía Matróna bei Paleochóri

ze angedeutet sein kann. Dieser Dreizack steht ebenso wie die Fingerhaltung der Rechten des Erzengels für die himmlische Dreifaltigkeit, also Gottvater, Gottsohn und Heiliger Geist.

Maria trägt das Maphorion, ein zusammenhängendes Kopf- und Schultertuch, das bis zu den Knien herabreicht. Es zu tragen war Jungfrauen vorbehalten. Auch die Spica, ein auf das Tuch in Stirn- und in Schulterhöhe gestickter Stern oder eine stilisierte Ähre, betont die Jungfräulichkeit Mariens. Hiermit wird darüber hinaus ein astrologischer Bezug hergestellt, bildet die Spica doch den hellsten Fixstern im Sternbild der Jungfrau. In den Händen hält Maria eine Spindel und Purpur- oder Scharlachwolle. Nach dem Bericht des Lukas-Evangeliums, des apokryphen Proto-Evangeliums des Jakobus und zahlreicher Legenden war Maria eine der acht Jungfrauen aus dem Geschlecht Davids, die im Hause Josephs an der Herstellung eines Vorhangs für den Tempel zu Jerusalem wirkten. Hierin kommt eine typologische Beziehung zum Ausdruck, eine Beziehung also, die Personen und Ereignisse des Alten Testaments nun im Neuen Testament in Christus ihre Erfüllung finden lässt: So wie nach dem Bericht im Buch Exodus (35) Jungfrauen das Heiligtum für die Bundeslade als dem alten Gesetz Gottes vorbereiteten, schaffen jetzt die Jungfrauen den Vorhang für den Tempel des Herrn, an dem das neue Gesetz in Gestalt von Jesus Christus manifestiert. Zugleich steht die rote Farbe der Wolle (ebenso wie ein oft dargestelltes rotes, vom Hausdach herabhängendes Tuch) symbolisch für den Heiligen Geist, der in Gestalt einer weißen Taube häufig in einem Lichtstrahl auf Maria niedergeht.

Im Bildprogramm der Kirchen nimmt die Verkündigungsszene den Bogen vor der Altarapsis ein, und zudem ist sie immer an der Königstür, also der Tür zum Altarraum, dargestellt. In beiden Fällen wird so angezeigt, dass mit der Verkündigung die Heilsgeschichte beginnt, die in der gemeinsamen Feier des Heiligen Abendmahls ihre Erfüllung findet. Zugleich ist die außerhalb des Gottesdiensts geschlossene Königstür wiederum ein Symbol für die Jungfräulichkeit Mariens; die geöffnete Königstür deutet auf den Zugang des Menschen zum ewigen Heil durch die Menschwerdung Christi hin. Die Jungfräulichkeit Mariens wird in der Ostkirche übrigens nicht deshalb hervorgehoben, weil sie einen moralischen Wert bedeutet, sondern lediglich, weil sie beweist, dass Jesus von Gott und nicht von einem Menschen gezeugt wurde, dass er also wirklich Gottes Sohn ist.

Vergleicht man die ikonographische Darstellung der Verkündigung mit der einzigen Bibelstelle, die dieses Ereignis erwähnt, wird deutlich: Ikonenmaler haben das Neue Testament nicht als einzige Quelle. Da steht nämlich im Lukasevangelium (2,26–30) nur: ›Im sechsten Monat wurde der Engel Gabriel von Gott in eine Stadt in Galiläa namens Nazaret zu einer Jungfrau gesandt... Der Name der Jungfrau war Maria. Der Engel trat bei ihr ein und sagte: Sei gegrüßt, du Begnadete, der Herr ist mit dir. Sie erschrak über die Anrede und überlegte, was dieser Gruß zu bedeuten habe. Da sagte der Engel zu ihr: Fürchte dich nicht, Maria; denn du hast bei Gott Gnade gefunden...‹

ESSEN UND TRINKEN

Auf Sámos kann man besser speisen als auf vielen anderen griechischen Inseln. Auf den Tellern machen sich der Kräuterreichtum der einheimischen Berge und die Nähe zur Türkei bemerkbar, von wo aus viele traditionelle griechisch-kleinasiatische Rezepte auf die Insel gelangt sind. Zwar unterwerfen sich viele Wirte auch hier während der Saison dem einfältigen Druck vieler schlecht informierter Touristen, die *gýros*, Griechischen Bauernsalat, *moussaká* und *souvláki* für den Inbegriff griechischer Küche halten – daneben aber bieten die meisten Tavernen auch fantasievollere griechische und samiotische Gerichte an.

Das Frühstück

Schon zum Frühstück sind die zahlreichen Varianten der *píttes* ein Leckerbissen: eine Art warme Blätterteigtaschen, gefüllt mit Spinat oder Käse, Würstchen oder Schinken und Käse, Fleisch oder Apfel. Den ganzen Tag über bekommt man sie beim Bäcker auf die Hand, mittags und abends als Vorspeisen auf den Teller. Süße, nur zum Frühstück oder nachmittags zu einem Kaffee genossene Varianten sind das mit Griespudding gefüllte *bugátsa* oder das mit Pudding gefüllte *galaktoboúriko*. Auch gefüllte und ungefüllte Croissants (sprich: Kru-Assan) kommen immer mehr in Mode, stammen jedoch häufig aus industriellen Großbäckereien.

Vorspeisen

Als Vorspeisen sehr beliebt sind verschiedene Pürees, die im Griechischen zumeist unter der Bezeichnung Salate laufen. Am bekanntesten dürfte das *tzazíki* sein, ein mit Gurken und Knoblauch vermischter Joghurt. *Skordaljá* ist ein stark knoblauchhaltiges Kartoffelpüree, das gern als Beilage zu Stockfisch gegessen wird, *taramosaláta* ein rötliches Püree aus Kartoffeln und Fischrogen (meist Kabeljau- oder Dorschrogen). Für den *melintzánosaláta* werden Auberginen und Knoblauch püriert, bei *fáva* handelt es sich um ein Püree aus gelben Erbsen, das der Gast selbst mit Zwiebeln, Zitrone und Olivenöl vermischt. Will man wie ein Grieche essen, bestellt man gemeinsam mehrere unterschiedliche dieser Salate und stellt sie in die Tischmitte; jeder nimmt sich, wovon und wieviel er mag.

Salate und Suppen

Salate in unserem Sinne kennt die griechische Küche natürlich auch. Außer dem allseits bekannten Griechischen Bauernsalat, dem *choriátiki*, gibt es je nach Jahreszeit noch viele andere: z. B. aus Weißkohl, aus Endivien, aus Rotkohl und aus Mangold. Letzterer heißt *chórta* und wird auch warm als Gemüse serviert; manchmal wird *chórta* nicht aus Mangold, sondern aus Blättern wild wachsender Pflanzen wie

Löwenzahn, Huflattich oder Brennnessel zubereitet. Lecker sind auch *patsaria*: gekochte, anders als bei uns nicht sauer eingelegte Rote Bete samt der Blätter der Pflanze.

Suppen werden in Griechenland bevorzugt im Winter oder nach durchzechten oder durchgearbeiteten Nächten verzehrt. Lokale, die die Kuttelsuppe *patsá* servieren, dürfen 24 Stunden rund um die Uhr geöffnet sein. Wo es *patsá* gibt, ist meist auch *kreatósupa* und *kotósupa* erhältlich, eine kräftige Fleisch- oder Hühnerbrühe. *Gída* heißt eine Fleischbrühe mit Ziegenfleisch und Gemüsen. *Fakés,* Linsensuppe, findet sich vor allem in der Karwoche auf dem Speisezettel. Auch von Urlaubern im Sommer gern genossen wird die *kakaviá,* die griechische Fischsuppe. Der Fisch wird dabei zwar in der Brühe gekocht, dann aber separat serviert. Welcher Fisch in der Suppe landen soll, kann sich der Gast zumeist selbst aussuchen.

Hauptgerichte

Leichte Küche

Als leichtere Hauptgerichte sind **Aufläufe** und **gefüllte Gemüse** sehr beliebt. Die gängigsten Aufläufe sind das *moussaká* (Auberginen und/oder Zucchini und Kartoffeln mit Hackfleisch, überzogen von einer dicken Schicht Béchamel-Sauce) und das *pastitsió*, bei dem Makkaroni die Gemüse ersetzen. Zum Füllen eignen sich auch Tomaten, Weinblätter, Paprikaschoten, Zucchini, Zucchiniblüten und Aubergi-

nen besonders gut. Außer bei den Auberginen besteht die Füllung aus Reis mit meist etwas Hackfleisch und in guten Häusern ein paar Kräutern. Halbierte Auberginen oder Auberginenscheiben hingegen werden mit Reis oder Zwiebeln, Knoblauch und Tomaten gefüllt bzw. geschichtet und überbacken.

Modern geworden sind in den 90er Jahren des gerade vergangenen Jahrhunderts vielerlei Varianten von **Kroketten:** Sie können nicht nur aus Kartoffelpüree bestehen, sondern auch mit dem Fischrogensalat *taramá*, mit Krake, Hackfleisch, Leber und allerlei Gemüsen gefüllt sein. Traditioneller sind da die griechischen Reibekuchen, die *revithókeftédes*, aus Kichererbsenmehl.

Begriffsvielfalt

Speiselokale tragen in Griechenland viele verschiedene Bezeichnungen. Neben einer traditionellen *tavérna* gibt es das relativ moderne *estiatório* (Restaurant) und die fast immer sehr einfache *psitariá*, eine Art Grillstube mit Außer-Haus-Verkauf. Die *pizzaría* hat sich meist auf Pizza und Pasta spezialisiert. Im *Oinomegeirío* trinkt man traditionell einfachen Landwein und isst dazu Gekochtes. *Psarotavérna* und *psarestiatório* bieten frischen Fisch. Im *kafezacharoplastío* bekommt man Kuchen, Torten und allerlei orientalisches Gebäck.

Hier stellt sich griechische Gemütlichkeit von selbst ein: auf der Platía in Vourliótes

Reine Gemüsegerichte sind auf griechischen Speisekarten nur selten zu finden. Meist werden sie als Beilagen auf Extratellern serviert. Glück hat, wer *briám* auf der Karte findet, die griechische Variante des Ratatouille. Leicht säuerlich schmecken die recht teuren *bámjes*, Okraschoten, die ein wenig wie eckige grüne Bohnen aussehen.

Nur zur Erntezeit im Spätsommer gibt es *angináres* als Gemüsegericht, meist in einer Zitronen-Ei-Sauce servierte Artischockenherzen. Kartoffeln werden in Hellas mittlerweile überwiegend in Form von Pommes frites serviert. Nur selten kann man stattdessen *batátes tou foúrnou* wählen, im Backofen gegarte Kartoffelstückchen.

Fleisch

Fleisch mögen die meisten Griechen in vielerlei Form. Hackfleisch wird häufig verwendet: Man erhält es als *keftédes*, oft recht trockene, gebratene Fleischbällchen, als *sousoukákia*, gekochte Fleischbällchen in einer Tomatensauce, als *giouvarlákia*, eine Art Königsberger Klopse, und schließlich als *biftéki*, also als Frikadelle, die manchmal mit Minze gewürzt ist. Fleischgerichte mit viel Sauce sind selten. Am häufigsten wird *stifádo* serviert, ein Rinds- oder (seltener) Kaninchengulasch mit Gemüsezwiebeln, das in guten Tavernen in einer mit Zimt und manchmal Kreuzkümmel abgeschmeckten Tomatensauce serviert wird. Beliebt ist auch *juvétsi:* Rindfleisch wird für dieses Gericht in einer Tonform im Backofen zusammen mit *kritharákja* genannten, reiskornförmigen Gerstenmehlnudeln gebacken.

Höchsten Genuss empfinden viele Griechen jedoch bei Fleisch vom Holzkohlengrill. In der Sommersaison drehen sich in den Tavernen auf Sámos ganze Lämmer und Spanferkel am Spieß. Im Winter bevorzugen die Samioten noch Herzhafteres: *kokorétsi*, in Darm gewickelte Innereien vom (gemäß EU-Vorschrift) höchstens ein Jahr alten Lamm. Grillhähnchen gibt es das ganze Jahr über – und ebenso *souvláki* und das legendäre *gýros*. *Souvláki* gibt es in zwei Varianten: als großen Fleischspieß in Tavernen und Restaurants oder an Grillbuden als kleine Fleischspießchen, *kalámi,* von denen man beliebig viele bestellt. Sowohl die kleinen Spießchen als auch das *gýros* kann man preiswert in einem Fladenbrot namens *pítta* bestellen. Dann fragt der Verkäufer meist »*ap'óla*«, »von Allem?«. Das bedeutet: ein wenig Zwiebel, Tzazíki, Salat und ein paar Pommes frites. Das *gýros* wiederum kann man ebenso als Hauptgericht bestellen. Dann liegt die *pítta* in Stücke zerteilt neben dem Fleisch. Wer das wünscht, muss eine *merída*, also eine Portion, *gýros* ordern.

Teurer Fisch

Das Highlight einer jeden gut gedeckten griechischen Tafel bildet frischer Fisch. Er ist unverschämt teuer und wird nach Gewicht verkauft (das Kilo bis zu 55 €). Beim Abwiegen sollte der Gast unbedingt dabei sein (und sich zuvor den Kilopreis nennen lassen). Die Leistung des Wirts steht in keinem Verhältnis zum Preis: Fantasieloser als in Hellas bekommt man exzellenten Fisch fast nirgends auf der Welt serviert. Er wird schlicht über Holzkohle gegrillt und à la nature auf den Tisch gestellt – als Sauce kennen die Hellenen nur Olivenöl und Zitrone.

Hummer und Langusten sind ebenfalls erhältlich: der Kilopreis kann bis zu 75 € betragen.Bleiben noch die **Tintenfische** zu erwähnen. *Kalamária*, also Kalamares, werden so häufig bestellt, dass sie fast überall aus der Tiefkühltruhe kommen. Besser bestellt man die ähnlichen *supjés*, die immer frisch sind. Krake, griechisch *chtapódi,* ist in der Ägäis noch häufig; vor vielen Tavernen und Kaffeehäusern sieht man sie an Wäscheleinen in der Sonne trocknen. Diesen Meeresbewohner lassen sich die Griechen sowohl gekocht als *chtapódi stifádo* als auch sauer eingelegt (*ksidáto*) und gegrillt *(tis charás)* schmecken.

Desserts

Nachtisch wird in ursprünglich gebliebenen Tavernen fast nie gereicht. Bestenfalls gibt es etwas frisches Obst. In touristischen Lokalen werden zunehmend auch die orientalisch anmutenden Gebäckspezialitäten wie *baklavá* und *kataífi* gereicht, die man sonst nur in Konditoreien findet.

Getränke

Das Standardgetränk zum griechischen Essen ist gekühltes Wasser (*neró*). Manchmal wird noch kostenlos Leitungs- oder Quellwasser auf den Tisch gestellt. Immer häufiger muss man jedoch in Flaschen abgefülltes Mi-

Was in Spanien die Tapas sind in Griechenland die Mezé ...

neral- oder Tafelwasser ordern. Wer Wasser mit Kohlensäure wünscht, muss *sóda* (mit scharfem ›S‹ gesprochen) bestellen. Limonaden- und Colagetränke gibt es überall, frisch gepresste Säfte hingegen selten und zu überhöhten Preisen (Glas Orangensaft z. B. 2–3 €). Bier ist vor allem in den Sommermonaten ein beliebtes Getränk. Viele ausländische Brauereien haben Lizenzen nach Hellas vergeben. Zu den genuin griechischen Bieren zählen Mýthos, Fix und Éllas. Fassbier gibt es nur im Sommer.

Obwohl die Griechen mehr Whisky als *oúzo* konsumieren, gilt der Anisschnaps noch immer als Nationalgetränk. Man trinkt ihn entweder als Aperitif oder mit Wasser verdünnt zum Essen. Eine samiotische Spezialität ist der *soúma*, ein im Herbst in den Dörfern in lizenzierten Destillen von Bauern gebrannter Tresterschnaps, der einem sehr einfachen italienischen Grappa gleicht.

Groß ist die Auswahl an Weinen. Auf der Weininsel Sámos wird man sich insbesondere den samiotischen Weinen widmen (s. S. 21).

Essenszeiten

In den Hotels und Tourismuszentren hat man sich den Gewohnheiten der Mitteleuropäer angepasst, serviert das Frühstück von 7–10, das Mittagessen von 12–14 und das Abendessen ab 18 oder 19 Uhr. Für die meisten Griechen spielt das Frühstück eine untergeordnete Rolle. Man trinkt einen Kaffee, holt sich auf dem Weg ins Büro ein Blätter-

teiggebäck oder isst in einer Pause einen Toast oder einen Joghurt. Mittags speist man daheim oder geht ins Restaurant, also gegen 13 oder 14 Uhr. Abends lässt man dort den Ausländern den Vortritt. Zuerst kommen die Mittel- und Nordeuropäer, gegen 20 Uhr die Franzosen, etwas später die Italiener. Wenn alle Urlauber satt sind, erscheinen die Griechen. Vor 21 Uhr speist kaum einer von ihnen, erst gegen 22.30 Uhr füllen sich die Tavernen mit Einheimischen.

Wie man Kaffee bestellt

Die Kaffee-Bestellung ist in Griechenland eine Wissenschaft für sich. Filterkaffee (*kafé fíltru*) gibt es nur gelegentlich. Statt dessen trinkt man löslichen Kaffee, der *ness* genannt wird. Man bekommt ihn heiß (*sestó*) oder kalt und schaumig geschlagen (*frappé*). Oft muss man auch noch angeben, ob man ihn mit oder ohne Milch wünscht (*mä gála/chorís gála*).

Den griechischen Kaffee (*kafés ellinikós*) trinkt man ohne Milch. Das Kaffeepulver wird mit Wasser und Zucker in einem Stielkännchen aufgekocht, der Kaffee dann in Mokkatassen oder in einem kleinen Wasserglas mitsamt Satz serviert. Schon bei der Bestellung muss man – wie auch beim *frappé* – den gewünschten Süßegrad angeben: *skétto* (ohne Zucker), *métrio* (mittelsüß) oder *glikó* (sehr süß).

Tipps für Ihren Urlaub

Psilí Ámmos West

SAMOS ALS REISEZIEL

Pauschal oder individuell?

Urlaub auf Sámos kann man bei vielen Reiseveranstaltern pauschal buchen. Will man die ganze Zeit über an einem Ort bleiben und in einem teuren Hotel wohnen, kann die Pauschalreise preislich durchaus sehr viel günstiger sein als eine individuelle Buchung von zu Hause aus oder direkt vor Ort. Ein Preisvergleich lohnt immer. Schnäppchen sind auch zu machen, wenn man Last Minute bucht. Oft bekommt man so Flug, Transfer und Unterkunft für einen Preis, den man sonst allein für den Flug schon berappen müsste. Man hat ein festes Standquartier – und wenn einem das nicht zusagt, kann man sich ja immer noch seine individuelle Traumunterkunft suchen.

Wohin auf Sámos?

Wer gern eine richtige Kleinstadt mit viel einheimischem Leben in Hotelnähe hat, wohnt am besten in Vathí oder in Karlóvassi. Bei Karlóvassi gibt es die besseren Strände, Sámos-Stadt ist als Ort kompakter. Wer einen Urlaubsort mit viel mediterranem Flair, Cafés und Tavernen am Wasser und ein ganz auf Tourismus angelegtes Shopping-Angebot sucht, wählt Pythagório oder Kokkári. Ganz dem Tourismus verschrieben haben sich die kleinen Badeorte Iréo und Votsalákia. Die Badehotels am Strand von Mykáli bieten Ferien abseits der Küstenorte.

Hotels mit Flair

Drei Hotels bzw. Pensionen auf der Insel zeichnen sich durch ein jeweils einzigartiges Flair aus. In der Pension Avlí in Vathí wohnen Sie einfach, aber stimmungsvoll in einem ehemaligen Kloster (s. S. 86). In den Apartments Aidonókastro im Nachtigallental Valeontátes finden Sie in den stilvoll restaurierten Natursteinhäusern eines verlassenen Weilers ein ruhiges, ländliches Feriendomizil (s. S. 156). Im

Spar-Tipp

Um die Preise vor Ort mit denen der Reiseveranstalter vergleichen zu können, sollte man zunächst auf die Homepage der Hoteliersvereinigung von Sámos gehen: www.samos-hotels.com. Wenn die dort (leider nur sehr lückenhaft) angegebenen Preise schon günstiger sind, empfiehlt sich auf jeden Fall eine Direktbuchung. Sind sie ungünstiger, kann man vorsichtshalber per Mail, Telefon oder Fax dort anfragen, zu welchem Preis man zum konkreten Zeitpunkt ein Zimmer bekommen würde. Oft geben die Hoteliers nämlich in auslastungsschwachen Zeiten Rabatte auf die offiziellen Tarife.

Dóryssa Bay Village bei Pythagório genießen sie die Annehmlichkeiten einer großen First-Class-Hotelanlage am Strand, wohnen aber wie in einer idyllischen griechischen Kleinstadt (s. S. 115f.). Aidonókastro und Dóryssa Bay Village sind auch über Reiseveranstalter zu buchen.

Urlaub mit Kindern

Für Kinder werden in Griechenland kaum Extrawürste gebraten. Sie sind ganz einfach dabei, wo die Erwachsenen auch sind – und das oft bis weit nach Mitternacht.

Spezielle Kindermenüs und Kinderstühle in Restaurants sind äußerst selten. Über gute Kindersitze für Mietwagen verfügen nur einige Verleiher (z. B. Nicos-rentals in Pythagório und Iréo, s. S. 64). Babynahrung und Windeln sind außer in Apotheken auch in vielen Supermärkten erhältlich. Die Preise sind allerdings wesentlich höher als bei uns.

Sport

Fahrrad und Mountainbike

Fahrräder sind auf dem gebirgigen Sámos nicht sehr populär. Nur wenige

Leinen los! – Ausflugsboote im Hafen von Pythagório

DIE SCHÖNSTEN STRÄNDE

Strände sind Geschmackssache. Wir haben hier eine kleine Auswahl unserer Favoriten zusammengestellt.

Psilí Ámmos Ost: Feinsandstrand mit etwas Naturschatten, kleinkindfreundlich durch extrem flach abfallendes Ufer, schöne landschaftliche Lage durch das gegenüberliegende Kap Mykale (s. S. 97).
Psilí Ámmos West: Langer Feinsandstrand westlich von Votsalákia vor niedriger Steilküste (s. S. 179).

Tsópela Beach: Urige Badestelle westlich von Pythagório mit kurzem Feinkies-strand und glattgeschliffenen Felsschollen als Liegeflächen, eingerahmt von Wald (s. S. 140f.).

Lemonákia Beach, Tsamadoú Beach, Tsampoú Beach: Drei Kiesstrand-Buchten tief unterhalb der Inselrundstraße westlich von Kokkári. Landschaftlich besonders schön gelegen; in der Hauptsaison aber oft überlaufen (s. S. 149, 152).

Mikró Seitáni Beach, Megálo Seitáni Beach: Zwei einsame Sandstrände westlich von Karlóvassi, die man nur zu Fuß oder per Boot erreicht (s. S. 170f.).

Potámi Beach: 1500 m langer, hufeisenförmiger Sand-Kiesstrand ca. 2 km westlich von Karlóvassi. Von dort im Hochsommer Busverbindungen zum Strand (s. S. 170f.).

Vermieter in Vathí, Pythagório und Kokkári bieten Mountainbikes an. In Kokkári wende man sich an das Kokkári Fun System Windsurfing Centre im Zentrum des Ortsstrands, das auch Touren veranstaltet (Tel. 22 73 09 24 47, Fax 22 77 09 25 01), in Vathí an Giánnis Rent-a-Bike (neben dem Reisebüro Pythágoras Travel an der Uferstraße nahe der katholischen Kirche, Tel. 22 73 02 37 56 und 69 32 65 06 43). In Pythagório (Odós Lykoúrgou Logothéti 40, Tel. 22 73 06 10 94, Fax 22 73 06 12 82, www.nicos-rentals.gr) und in Iréo (am Hauptplatz) vermietet Nicosrentals Mountainbikes.

In Karlóvassi bietet Moto Action die Gelegenheit zum Kauf preisgünstiger Mountainbikes (ab ca. 100 €). Wer will, kann sie auch hier für den nächsten Urlaub einlagern (Odós Ag. Nikólaou 17, Tel. 22 73 03 41 63, Fax 22 73 08 95 16, www.samosbikes.com).

Gocarts

Eine Bahn gibt es an der Straße von Vathí nach Pythagório auf Höhe der Abzweigung nach Psilí Ámmos (tgl. ab 10 Uhr, Tel. 22 73 06 22 58).

Tennis

Viele der größeren Hotels verfügen über Tennisplätze, die auch von Nicht-Hotelgästen gebucht werden können.

Wandern

Sámos ist ein reizvolles, doch schlecht organisiertes Wanderziel. Wander- oder genaue topographische Karten fehlen. Wanderführer veralten schnell, da ständig neue Straßen und Wege angelegt werden, die die alten Bauern- und Hirtenpfade zerstören. Immerhin hat man Wegweiser aufgestellt, die zumindest das Ziel von Feldwegen angeben, die im Allgemeinen auf keiner der vorhandenen Karten eingezeichnet sind.

Rote, blaue oder grüne Punkte und Pfeile sind häufig zu finden. Es gibt aber kein Verzeichnis, welchen Weg sie markieren. Wer ihnen folgt, kommt an ein Ziel, weiß aber vorher nicht unbedingt zu welchem. Trotzdem sind viele Wanderungen auf eigene Faust möglich. Die Dörfer liegen nicht weit auseinander, fast immer ist das Meer in Sicht.

Windsurfen und andere Wassersportarten

Windsurfer können bei zahlreichen Stationen an den Stränden von Iréo, Karlóvassi, Mykáli, Psilí Ámmos West und Pythagório Boards und Riggs ausleihen. Dort kann man auch Wasserski fahren, sich an Fallschirmen übers Wasser ziehen lassen oder sich bei Wasser-Fun–Varianten à la Crazy-Banana vergnügen.

Eine **Surfschule** (auch deutschsprachig) gibt es am Long Beach von Kokkári: das Fun System Windsurfing Centre (Tel. 22 73 09 24 47, Fax 22 73 09 25 01). Es arbeitet auch mit dem deutschen Surfreiseveranstalter Viva (Viva Sportreisen, Münchner Str. 37, 82131 Gauting, Tel. 089/893 23 00, Fax 89 32 30 20, www.viva-sportreisen.de) zusammen.

Organisierte Touren

Samiotische Reisebüros bieten in Zusammenarbeit mit ausländischen Reiseveranstaltern diverse Tagesausflüge an: so z. B. eine Inselrundfahrt (ca. 35 €), einen Bootsausflug nach Pátmos (ca. 51 €) und an die türkische Küste (ca. 100 € inkl. Mittagessen).

›Alles gratis‹

Studenten sollten auf jeden Fall einen Internationalen Studentenausweis mit sich führen, der ihnen kostenlosen Eintritt zum Heraíon und zum Archäologischen Museum in Vathí verschafft. Journalisten erhalten dort gegen Vorlage ihres Presseausweises ebenfalls freien Eintritt. Senioren ab 65 Jahren aus EU-Ländern erhalten gegen Vorlage ihres Personalausweises eine Ermäßigung. Gratis-Zugang wird dort außerdem Schülern unter 18 Jahren aus EU-Ländern gewährt. Manchmal müssen sie einen Schülerausweis vorzeigen, meist reicht aber schon die Zusicherung aus, Schüler zu sein.

Klima und Reisezeit

Die Fremdenverkehrssaison dauert auf Sámos von Anfang Mai bis Mitte Oktober. Für diese Monate verzeichnet die Klimastatistik nur null bis vier Regentage pro Monat, die Meerwassertemperaturen liegen dann zwischen 18 °C im Mai, 23 °C im August und 21 °C im Oktober. Mittags wird es im Mai und Oktober im Schatten etwa 22–23 °C warm, im Juli und August 29 °C. Nachts sinken die Durchschnittstemperaturen im Mai und Oktober auf 16/17 °C ab, im Juli und August auf 22 °C.

Was ist sehenswert?

Vathí und Umgebung
Archäologisches Museum in Vathí (S. 76ff.)
Áno Vathí (S. 83ff.)
Kloster Agía Zóni (S. 90f.)
Kloster Zoodóchos Pigí (S. 91f.)
Posidónio (S. 96f.)
Paläontologisches Museum, Mytiliní (S. 99)
Pythagório und Südküste
Hafen von Pythagório (S. 104ff.)
Kástro von Pythagório (S. 105ff.)
Kloster Panagía Spilianí (S. 110ff.)
Tunnel des Eupalínos (S. 108ff.)
Römische Thermen (S. 114)
Volkskundliches Museum, Hotel Doryssa Bay (S. 115f.)
Heraíon (S. 122ff.)
Dorfplatz von Mýli (S. 132)
Kloster Timíou Stavroú (S. 133ff.)
Dorf Koumaradéi (S. 136f.)
Kloster Megális Panagías (S. 137ff.)
Kokkári und Nordküste
Uferfront von Kokkári (S. 148f.)
Dorf Vourliótes (S. 152ff.)
Nachtigallental (S. 156ff.)
Dorf Manolátes (S. 158)
Karlóvassi und Inselwesten
Paleó Karlóvassi (S. 167)
Dorfplatz von Plátanos (S. 171f.)
Werften von Ágios Isídoros (S. 182f.)

Bei Windstille und Südwinden kann es im Hochsommer für einige Tage bis zu 40 °C heiß werden. Normalerweise aber wehen den Sommer über die *meltémia,* Nordwinde vom Schwarzen Meer, die für eine angenehme Kühlung sorgen. Vor allem im Juli und August können sie wie aus heiterem Himmel auch Sturmstärke erreichen und für ein paar Stunden den Schiffsverkehr zum Erliegen bringen. Für Wanderungen sind Mai, Juni, September und Oktober die beste Reisezeit. Mai und Juni bieten den Vorzug einer blühenden Natur, September und Oktober den höherer Meerwassertemperaturen.

Meist haben Besucher, die Sámos einmal fast ohne Touristen erleben möchten, im November und manchmal sogar in der ersten Dezemberhälfte noch Glück mit dem Wetter. Auch wenn die Schattentemperaturen 12 bis 18 °C nicht mehr überschreiten: An windgeschützten Stellen reicht die Kraft der Sonne aus, um am Strand liegen zu können – und mit einem Pullover lässt es sich noch gut in Straßencafés sitzen. Heftige Regenfälle setzen meist erst Mitte Dezember ein. Als Standquartiere kommen zwischen Mitte Oktober und Ende April nur Vathí und Karlóvassi in Frage, da die meisten Hotels und auch viele Tavernen außerhalb dieser beiden Städte geschlossen sind. Von einer Sámos-Reise zwischen Mitte Dezember und Ende April ist allerdings eher abzuraten – Feuchtigkeit und Kälte kann man schließlich billiger zu Hause haben...

Im Inselwesten: reizvolle Kontraste

UNTERWEGS
AUF SAMOS

Ein Leitfaden für die Reise und viele Tipps für unterwegs.

Genaue Beschreibungen von Städten und Dörfern, Sehenswürdigkeiten und Stränden, Ausflugszielen und Reiserouten.

Sámos erleben: Ausgesuchte Familienhotels und Pensionen, Tavernen und *Kafenía,* Wanderungen und Bootstouren.

Schöne Aussichten: in Kokkari

Vathí und der Inselosten

Sámos

Karlóvassi

Votsalákia

Foúrni

Ag. Paraskeví

Vathí

Mytilinií

Kérveli

Chóra

Posidónio

Pythagório

Psilí Ámmos

In der Fußgänger-
zone von Vathí

Sámos-Atlas S. 238/239

VATHI

Sámos-Stadt, von den Insulanern auch beim alten Namen Vathí genannt, hat zwei Gesichter. Ganz dem Meer zugewandt ist die Neustadt mit der kilometerlangen Uferpromenade – die Flaniermeile der Samioten. Die Altstadt hält Abstand, klettert einen Berghang empor und hat sich in ihren schmalen Gassen die alte dörfliche Atmosphäre bewahrt. Besucht man das Archäologische Museum öffnet sich eine Schatzkammer antiker Kunst.

Ankunft in Vathí

Sámos-Atlas: S. 238/239, C/D 2
Am schönsten ist es, bei Nacht oder in der Morgendämmerung mit dem Schiff in Vathí anzukommen. Im Westen steigt das gewaltige Massiv des Ámpelos aus dem Meer auf, am Kai südlich des Fähranlegers liegen Segelyachten und Fischerboote. Am unteren Altstadtrand erstrahlt ein elegantes klassizistisches Schulgebäude im Licht von Scheinwerfern, darüber markieren Lichtpunkte die Keimzelle der Inselmetropole, die Altstadt, Áno Vathí. Im rund um die Uhr geöffneten Hafencafé herrscht fast immer reges Treiben. Nahezu jeder, der von Bord geht, lässt sich zunächst einmal hier nieder und verschnauft vor der Weiterreise.

Wer nach atemberaubendem Landeanflug auf dem Flughafen bei Pythagório den Boden der Insel betreten hat, nähert sich Vathí normalerweise von Süden her, erblickt es zunächst aus der Höhe und fährt von den Bergen hinab zur Küste. Dabei wird die Weitläufigkeit der Stadt deutlich, die sich nördlich des Fähranlegers mit Villen und Hotels weit an den Hängen entlang über dem Ufer der Bucht erstreckt. Jener Stadtteil wird Kalámi genannt.

Jüngere Geschichte

Die Altstadt von Sámos, Áno oder auch Páno Vathí genannt, geht in ihren Ursprüngen auf das 17. Jh. zurück. Der Abstand zum Meer garantierte ihren Bewohnern einen gewissen Schutz im Fall von Piratenüberfällen, gab er doch Gelegenheit, die Abwehr zu organisieren oder sich und seine Habe zu verstecken. Am Küstensaum selbst standen lediglich ein paar Bootshäuser und Fischerhütten. Als die Zeiten in der ersten Hälfte des 19. Jh. ruhiger wurden, entstanden Lagerhäuser und Kontore an der tief in den Inselkörper einschneidenden Bucht von Vathí, später dann auch Wohnhäuser.

Die zumindest relative Autonomie, die Sámos ab 1830 genoss, ließ Wirtschaft und Handel boomen. Für diese verstärkte Ausrichtung nach außen lag die alte Inselhauptstadt Chóra zu weit vom Meer entfernt. So übernahm 1855 Vathí deren Rolle und erlebte um die Wende zum 20. Jh. seine Blütezeit. Die 1882 gegründete Zigarettenfabrik M. C. Carathanassis & Co. etwa produzierte hier jährlich 40 Mio. Zigaretten. Zu den Abnehmern gehörten mehrere europäische Königshäuser, die British Royal Mediterranean Army und ein Spielcasino in Budapest. Als Firmensitz stand auf den Briefbögen und Packungen des Unternehmens: »Samos, Vathí (Turkey in Asia)«. Wein bildete das zweite Standbein der Inselökonomie;

ausländische Händler und sogar die katholische Kirche verfügten in Vathí über eigene Lagerhäuser. In der Stadt unterhielten viele europäische Staaten Konsulate, von denen als letztes das deutsche Honorarkonsulat übrig geblieben ist. Die Niederlande sind nur noch durch einen Vizekonsul, Frankreich durch einen Konsularagenten vertreten.

Die meisten der alten Lagerhäuser erkennt man heute erst auf den zweiten Blick. Nur im Vorort Malagári am inneren Ende der 5 km langen und bis zu 1500 m breiten Bucht von Vathí stehen noch einige wenige fast unverändert am Ufer. Die anderen wurden umgebaut, manche frisch gestrichen und lassen ihre alte Funktion erst auf den

Die Bucht von Vathí ist tief in den Inselkörper eingeschnitten.

zweiten Blick erkennen. Andere Lagerhäuser und ehemalige Tabakfabriken sind nichts weiter als Ruinen, doch auch hier tut sich etwas: Man zieht über ihrem Erdgeschoss eine neue Betondecke ein und siedelt darunter Supermärkte an – so z. B. den Supermarkt Galánis am Archäologischen Museum.

Erste Orientierung

Der Busbahnhof liegt im Süden, der Fahranleger im Norden der Stadt. Beide markieren die Eckpunkte des Stadtzentrums. Reisebüros, Autovermietungen, Straßencafés, Banken und Geldautomaten konzentrieren sich vor allem an der Uferpromenade, der *paralía*. Die meisten Pensionen reihen sich an den Gassen zwischen Fähranleger, Uferpromenade, Odós Grammoú und Odós Aréos. Die Haupteinkaufsstraßen verlaufen parallel zur Uferpromenade. Wer im Stadtbereich baden möchte, geht vom Fähranleger noch etwa 1 km weit gen Norden die Uferstraße entlang und kommt dann zum Gangoú-Strand.

Stadtrundgang

Den Ausgangspunkt eines Stadtrundgangs, für den ein halber Tag völlig ausreicht, bildet der Busbahnhof von Vathí. Von hier aus führt die Odós Kanári am Büro von Olympic Airways vorbei zu einer der größten und bedeutendsten Kirchen von Sámos, Ágios Spyrídonas.

Sehenswürdigkeiten
1 Ágios Spyrídonas
2 Rathaus
3 Archäologisches Museum
4 Stadtpark
5 Platía Pythágoras
6 Ágios Nikólaos
7 Byzantinisches Museum
8 Katholische Kirche

Übernachten
9 Aeolis
10 Sámos
11 Kriton
12 Dreams
13 Avlí

Essen und Trinken
14 To Karávi
15 Garden
16 Pizza di Napoli
17 Christos
18 Gregory
19 Ta Kotópoula
20 To Telío
21 Filarakia
22 To Deíli/Dili

Ágios Spyrídonas und das Rathaus

Der 1908/09 beim Bau der Kirche **Ágios Spyrídonas** 1 reichlich verwendete Marmor zeugt vom damaligen Wohl-

VATHÍ

0   300 m

Liménas Vathéos

Fähranleger

stand der Stadt. Dass man das Gotteshaus ausgerechnet dem Schutzheiligen von Korfu weihte, mag politische Gründe gehabt haben. Vermutlich wollte man damit dem samiotischen Wunsch nach Vereinigung mit dem freien Griechenland Ausdruck verleihen, die der hl. Spyrídon nach Überzeugung vieler Christen 1864 seiner Insel Korfu beschert hatte. Am 11. November 1912 war es soweit: In dieser Kirche konnte die samiotische Nationalversammlung den Anschluss der Insel ans Mutterland proklamieren.

Die Front der Spyrídon-Kirche bildet eine Linie mit dem alten **Rathaus** 2 von Vathí, das nach langjährigen Restaurierungsarbeiten seit 2002 wieder in altem Glanz erstrahlt. Während der Zeit der samiotischen Autonomie diente es als Versammlungsort der von der Bevölkerung gewählten Nationalversammlung, heute ist es wieder Sitz der Stadtverwaltung. Eine Innenbesichtigung ist zwar nicht möglich, aber zumindest ins Vestibül kann man tagsuber hineinschauen.

Zwischen Rathaus, Kirche und dem Telefonamt OTE wird von montags bis samstags an jedem Morgen ein kleiner Wochenmarkt abgehalten.

Archäologisches Museum

An das Rathaus schließt sich die Front des **Archäologischen Museums** 3 an, zu dem auch ein ihm gegenüberliegender Neubau gehört. Der Altbau wur-

Antiker Musiker

Von der Schönheit antiker Musikinstrumente berichtet im südlichen Saal des Obergeschosses die bestens erhalten gebliebene, knapp 15 cm hohe Elfenbeinfigur eines knienden Jünglings mit kunstvoll geflochtenen Zöpfen. Eine Rekonstruktionszeichnung in derselben Vitrine zeigt, wie diese elegante Figur um 620 v. Chr. an einer Leier angebracht war.

de 1912 im klassizistischen Stil errichtet, der von der Stiftung Volkswagenwerk finanzierte Neubau am 26. Juni 1987 vom damaligen Bundespräsidenten Richard von Weizsäcker und der inzwischen verstorbenen griechischen Kultusministerin Melína Mércouri eingeweiht. Die Kasse befindet sich im **Neubau,** den man auch zuerst besichtigen muss. Alle ausgestellten Objekte werden im Museum in Deutsch, Neugriechisch und Englisch ausführlich erläutert (Di–So 8.30–15 Uhr, Eintritt 3 €).

Der **Neubau** enthält ausnahmslos Arbeiten aus Stein: Baufragmente, Statuen, die berühmte Geneleos-Gruppe und den grandiosen Koúros von Sámos. Einen minimalen Eindruck von der Feinheit und Formenfülle der Bauplastik an den Tempeln im Hera-Heiligtum bei Iréo (s. S. 122ff.) vermitteln Bruchstücke von Kapitellen in Saal 1 des Neubaus. Ein dreistöckiges, 52,7 cm hohes Volutenkapitell aus Marmor stammt von einem nur 6,7 x 4,5 m großen Hermes-Tempel, der um 540 v. Chr. erbaut wurde. Es bekrönte wahrscheinlich die Anten, also die Mauerzungen, die den zur Front hin offenen Vorraum (Pronaos) vom Hauptraum (Cella) trennten. Vom äußeren Säulenring des Hera-Tempels des Polykrates stammt ein anderes, auf 480 v. Chr. datiertes ionisches Kapitell im selben Saal. Zwischen den spiralförmigen Voluten ist ein Eierstabdekor zu erkennen, aus den Zwickeln der Voluten sprießen Palmetten hervor. Deutlich zu erkennen ist »die spätarchaische Freude am Ausschmücken« (Hans Walter), die für die ionischen Tempel jener Zeit so typisch ist.

Der große **Saal 2** birgt eine Reihe von marmornen Statuen, die als Votivgaben von samiotischen Bürgern im Freigelände des Hera-Heiligtums aufgestellt waren. Dort standen einst sicherlich auch Bronzefiguren, von denen indes keine erhalten blieb: In späteren Zeiten schmolz man sie ein. Viele der männlichen Statuen waren überlebensgroß. So misst der um 550/540 v. Chr. geschaffene Jüngling (Nummer 23) stolze 2,25 m. Sein Kopf ist ein Gipsabguss des in einem Museum in Istanbul lagernden Originals. Manche der Figuren verewigen in Stein eine wesentliche Handlung, die der Dargestellte im Heiligtum vollzog: die Darbringung eines Opfertiers. So hielt die nur bruchstückhaft erhaltene Figur des Rinderführers (Nummer 13) eine Kuh am Horn; mehrere Frauenfiguren halten ein kleines Opfertier, meist einen Vogel, auf einer Hand vor der Brust. Es fällt auf, dass die Männer immer nackt sind, während die Frauen sich in prächtige Gewänder hüllen. Beiden gemeinsam ist die kunstvolle Haartracht.

Einen der Höhepunkte beim Museumsrundgang bildet die berühmte Geneleos-Gruppe in Saal 2, ein Kunstwerk aus der Zeit um 560/550 v. Chr. Ursprünglich bestand sie aus sechs Figuren, die auf einer gemeinsamen, über 6 m langen Basis aus Kalkstein aufgestellt waren. Eine Kopie findet sich im Hera-Heiligtum am ursprünglichen Standort (s. S. 129); während eine der im Museum von Vathí fehlenden Figuren heute im Pergamon-Museum auf der Berliner Museumsinsel zu bewundern ist. Dargestellt ist offenbar eine Familie. Links erkennt man eine sitzen-

Heras Schätze

Im südlichen Saal des Untergeschosses verdienen zwei weitere Objekte Aufmerksamkeit. In der langen Wandvitrine an der Südwand finden sich drei Miniaturmodelle antiker Gebäude, wiederum Votivgaben. Ob es sich um Wohnhäuser oder kleine, kapellenartige Heiligtümer handelt, bleibt unklar. Der große Inschriftenstein aus dem Jahr 346 oder 345 v. Chr. (rechts von der Eingangstür in den Saal) stellt für die Archäologen einen außerordentlichen Glücksfall dar. Auf ihm ist aufgelistet, was im Heiligtum über die vielen Weihegeschenke hinaus als persönlicher Besitz der Göttin Hera galt. Dazu gehörten zahlreiche Gewänder, Teppiche, Tischdecken und mehrere Möbelstücke. All diese Gegenstände wurden wahrscheinlich für die besonderen Kulthandlungen benötigt, die man mit dem Bildnis der Göttin vollzog.

de weibliche Figur, rechts außen lagert bequem auf einem Kissen ein Mann mit einem Vogel oder einem Trinkhorn in der Hand. Zwischen beiden standen vier Mädchenstatuen, von denen nur noch zwei in Vathí sind. Leider fehlen ihnen die Köpfe. Dafür jedoch kennt man die Namen der Dargestellten, die in die Figuren eingemeißelt sind: Die Sitzende heißt Phileia, die beiden Stehenden werden als Ornithe und Philippe identifiziert. Vom Namen der dahin-

DER KOUROS VON SAMOS

Lächelnder Gigant: der Koúros von Sámos

Mit einer Beinprothese versehen, lächelt er geheimnisvoll auf die zu seinen Füßen stehenden Besucher hinab: der riesige Koúros von Sámos. Es grenzt an ein Wunder, dass diese Statue eines nackten Jünglings – wie *koúros* aus dem Altgriechischen übersetzt heißt – nahezu vollständig auf ihrem Podest im Museum von Vathí steht. Das ist der systematischen Grabungsarbeit deutscher Archäologen zu verdanken, die seit über 100 Jahren kontinuierlich im Heraíon auf historischer Spurensuche sind.

Erdbeben, Kriege, Raubzüge und christliche Zerstörungswut gegenüber allem Heidnischen haben im Lauf der Jahrhunderte aus dem einst so berühmten Hera-Heiligtum ein Trümmerfeld gemacht. Aus Ägypten und Rom, aus Byzanz und der gesamten Mittelmeerwelt pilgerten die Menschen nach Sámos, um der Gemahlin des obersten Gottes Zeus kostbare Weihegaben darzubringen. Stein- und Marmorstatuen flankierten zu beiden Seiten die 6 km lange Heilige Straße, die von der damaligen Haupt- und Hafenstadt – dem heutigen Pythagório – zum Hera-Heiligtum führte. Oft hatten die Stifter in die Statuen ihre Namen eingravieren lassen, damit nicht nur die Göttin, sondern auch die Nachbarn wussten, auf wessen Geld diese ›Spende‹ zurückging.

»Is-chies aus Resios hat mich geweiht«, lasen die Archäologen auf einem einsamen linken Oberschenkel, der 1973 gefunden wurde. Damit war nicht viel anzufangen. Und ein Herr Is-chies aus Resios war auch den Philologen aus schriftlichen Berichten der Antike nicht bekannt. Doch da jeder einzelne Fund, mag er noch so unbedeutend scheinen, exakt archiviert und dokumentiert wird, konnte sich jemand erinnern, dass bereits in den 30er Jahren des 20. Jh. ein ähnlicher Oberschenkel, und zwar ein rechter, zum Vorschein gekommen war. Zwar war der rechte Oberschenkel während des Zweiten Weltkriegs verloren gegangen, doch Beschreibungen und Fotos ergaben, dass die beiden Oberschenkel zusammengehörten.

Ein guter Archäologe muss detektivischen Spürsinn haben, die gesamte Literatur kennen, über ein gutes Gedächtnis und eine hervorragende Kombinationsgabe verfügen. Zerschlagene Marmorstücke, die 1973 an der Fundstelle des linken Oberschenkels verstreut herumlagen, ließen sich zu einem linken Arm zusammensetzen. Erst sieben Jahre später stieß man durch Zufall auf den riesigen Körper des Jünglings. Er lag auf dem Bauch. Kopflos. Behutsam wurde der Torso von der Erde befreit und mit einem Kran vorsichtig aus seinem Grab emporgeholt, bevor er nach der Fertigstellung des Rohbaus des neuen Museums nach Vathí gebracht werden konnte.

Dort wurde das vermisste rechte Bein nach alten Fotografien rekonstruiert, das linke vom Knie an mit einer Prothese versehen. Doch der fehlende Kopf ließ den Archäologen keine Ruhe. Auch während der folgenden Grabungskampagne kam er nicht ans Licht. Erst ein weiterer Zufall vollendete 1984 das Puzzle: Kurz vor Ende der Grabungssaison wurden bei Aufräumungsarbeiten Quader der Heiligen Straße beiseite geräumt – darunter lag der Kopf!

Hoch erhobenen Hauptes und unergründlich lächelnd scheint der Jüngling durch den Raum zu schreiten – in voller Größe nun 4,79 m hoch. Durch die Glasfenster über ihm flutet das Sonnenlicht. Kein Besucher kann sich dem Zauber dieses archaischen Kunstwerks entziehen. Rotbraune Farbspuren deuten darauf hin, dass der fein geäderte Marmor früher bemalt gewesen sein muss. Um 700 v. Chr. gearbeitet, zählt der Koúros von Sámos zu den frühesten Großplastiken im griechischen Raum. *Koúroi* wurden als Geschenk an die Götter in Tempelbezirken geweiht, und nach ägyptischem Vorbild stellten sie den jeweiligen Gott dar, den der Stifter ehren wollte – meist Apoll.

Renate Scheiper

gelagerten männlichen Figur ist nur die Endung …arches erhalten. Der Mann war, wie seine Haltung andeutet, das Familienoberhaupt und der Stifter des Gesamtwerks. Wer es schuf, ist auf der Figur der Mutter zu lesen: »Uns hat Geneleos gemacht«.

Die Geneleos-Gruppe führt einen Charakterzug archaischer Kunst besonders deutlich vor Augen. Zwischen den Figuren ist – so die gängige Auffassung – keine Spannung zu spüren; sie wirken wie Einzelstatuen, starr und rein repräsentativ. Doch mit Verlaub: Auch wenn die Figuren nicht einander zugewandt waren, keinen Blickkontakt miteinander hatten, waren sie doch durch die sitzende bzw. liegende Haltung von Vater und Mutter als familiäre Einheit zu verstehen. Womit diese Figurengruppe einzigartig für die Archaik ist.

Für das sensationellste Exponat, den monumentalen Koúros von Sámos (s. S. 78f.), mussten die Pläne des deutschen Architekten Werner Düttmann für den Museumsneubau noch während der Bauarbeiten zweimal grundlegend geändert werden. Ursprünglich konzipierte man das Gebäude und seine Ausleuchtung nur für die Aufnahme kleinerer Statuen. Die Planung war bereits abgeschlossen, die Ausschachtungsarbeiten hatten begonnen, als Mitarbeiter des Deutschen Archäologischen Instituts 1980 den gewaltigen Körper des schönen Jünglings fanden. Bald war die Idee geboren, ihn im neuen Museum auszustellen. Die schnellste und kostengünstigste Lösung wurde gesucht und gefunden: Man ließ einfach den Boden des **dritten Museumssaals** 1,5 m tie-

fer legen und goss für den Koloss ein Fundament aus Beton. Als dann das Betonskelett stand, brachte man den Torso in Schaumstoff verpackt und auf Matratzen gebettet mit einem Tieflader der griechischen Armee nach Vathí ins Museum und mauerte erst danach die Wände zu. Ein neues Problem ergab sich nach dem Fund des bis dahin noch fehlenden Kopfs im Jahr 1984. Der Kopf hätte bis fast unmittelbar an die vorgesehene abgehängte Betondecke herangereicht, es wäre kaum Licht auf ihn gefallen. Deswegen entschied man sich nun noch für ein schnell vom griechischen Architekten Gavriíl Lachanídis entworfenes Glasdach, unter dem der lächelnde Koúros jetzt in schönstem Licht erscheint.

Die Ausstellungsobjekte im **Altbau** des Museums sind zwar auf den ersten Blick weniger spektakulär, für die Archäologie aber nicht minder bedeutend. Auch wenn der Wärter Sie zunächst durch die Räume im Erdgeschoss schicken möchte, sollten Sie sogleich ins Obergeschoss hinaufgehen. Dort sind im Vestibül besonders wertvolle Funde ausgestellt: Objekte aus Holz und Elfenbein, geschaffen im 7. und 6. Jh. v. Chr. Hölzerne Artefakte aus der Antike haben sich anderswo in Griechenland so gut wie gar nicht erhalten, sind vermodert oder verbrannt. Im sumpfigen, ständig feuchten Boden des Heraíons von Sámos haben sie sich wie Schiffe im Schlick (z. B. Bremer Hansekogge oder das Handelsschiff von Kyrenia auf Zypern) gut erhalten und sind wegen sorgfältiger Bergung auch nicht sogleich nach ihrer Auffindung zerfallen. Man erkennt

Möbelteile und Schiffsmodelle, eine Kore, Votivreliefs sowie eine Hera-Statuette aus der Zeit um 640 v. Chr.

Im **nördlichen Saal des Obergeschosses** ist die größte griechische Sammlung von bronzenen Greifenprotomen zu sehen. Hals und vogelartiger Kopf dieser dämonischen Wesen zierten im 7. und frühen 6. Jh. v. Chr. als Besatz die Ränder großer Kessel, die die Menschen den Göttern als Opfergabe in Heiligtümern und Tempeln darbrachten. Meist waren sie nach außen gewandt, sollten durch ihren schrecklichen Anblick mit hoch aufgerichteten Ohren und weit aufgerissenen Mäulern Übel und böse Geister abwehren. Leuchtende Steine, ursprünglich in die Augenhöhlen eingesetzt, verstärkten sicherlich den Furcht erregenden Anblick. Die bronzenen Greifenprotomen wurden in Werkstätten auf Sámos getrieben oder gegossen. Wie groß die Kessel sein konnten, wissen wir von Herodot: Der Seefahrer und Händler Kolaios weihte der Hera nach einer erfolgreichen Reise nach Südspanien ein Zehntel seines Gewinns und ließ daraus einen Kessel machen, der mitsamt bronzenen Stützfiguren und Greifenprotomen als Besatz etwa 5 m hoch war.

Im selben Saal stehen zahlreiche weitere Objekte aus Bronze, von denen viele aus anderen Regionen des östlichen Mittelmeerraums stammen. Besonders schön sind die kleinen, bronzenen Katzen aus Ägypten – ein Hinweis darauf, dass Sámos schon an der Gründung der griechischen Handelsniederlassung Naukratis im Nil-Delta beteiligt war. Weitere kleine Votivgaben stammen aus Syrien, Persien, Mesopotamien und Kleinasien. Sehr häufig finden sich Werke von der Insel Zypern. Besonders bemerkenswerte Arbeiten aus Sámos sind mehrere kleine Bronzen, die nichts von archaischer Starrheit an sich haben: ein nur 8 cm hohes Pferdegespann unterm Joch aus der Zeit um 720 v. Chr. und ein Krieger mit Hund im Kampf gegen einen Löwen aus derselben Epoche (beide in der dritten Vitrine in der Saalmitte).

Der **südliche Saal des Obergeschosses** präsentiert überwiegend Keramik und Elfenbeinobjekte. Eine auffallend schöne Jagdszene ist hier auf der Scherbe einer tönernen Kanne aus der Zeit um 620 v. Chr. zu entdecken: Ein Hund verfolgt eine Wildziege (zweite Vitrine an der nördlichen Wand). Vom Formenreichtum archaischer Kunst zeugt ein eigenartiges tönernes Ringgefäß mit einem Durchmesser von 36 cm, entstanden um 600 v. Chr.: Einem tönernen Ring sind drei tassenförmige Gefäße aufgesetzt, in denen flüssige Opfer wie Öl oder Wein dargebracht werden konnten. Zwischen die drei ›Tassen‹ hat der Töpfer eine bunte Figurenvielzahl platziert – einen Frauenkopf und den Kopf eines behelmten Kriegers, einen Kuh- und einen Widderkopf, einen Granatapfel, eine Muschel, einen Löwen, einen Frosch und sogar einen Affen (dritte Vitrine an der Nordwand).

Stadtpark

Zwischen Rathaus, Museum und Meer erstreckt sich der kleine **Stadtpark** 4 mit einem schattigen Gartencafé. Von 1834–1912, also während der Zeit der

Im Stadtpark kann man sich bei einem Frappé vom Museumsbesuch erholen.

samiotischen Autonomie, war er der Palastgarten des vom Sultan eingesetzten Hegemonen. Der Palast im Stil einer zweigeschossigen, klassizistischen Villa stand an der Stelle des ehemaligen, jetzt verrottenden **Xenia Hotels** und wurde im Zweiten Weltkrieg, als Deutsche und Briten abwechselnd die Stadt bombardierten, zerstört. Das verrottende Hotel will die Stadtgemeinde jetzt kaufen und abreißen lassen.

Platía Pythágoras und Ágios Nikólaos

Vom meerseitigen Ausgang des Stadtparks führt die Odós Kapetán Stamátis mit ihren vielen, vor allem den Bedarf von Einheimischen abdeckenden Geschäften als Fußgängergasse zur **Platía Pythágoras** ⑤, dem Hauptplatz der Stadt. Anders als die meisten Plätze in Griechenland wird er nur von wenigen Lokalen gesäumt. In Vathí erfüllt nicht der Hauptplatz die Funktion als sozialer Mittelpunkt und Schauplatz der allabendlichen *vólta*, sondern hier ist es die Hafenpromenade. Im Mittelpunkt der Platía Pythágoras erhebt sich seit 1930 im Schatten von vier hohen Dattelpalmen ein monumentales Löwendenkmal, das an den Mut der Freiheitskämpfer von 1821 erinnern soll (s. S. 28).

Nahe der Nordwestecke der Platía steht die Bischofskirche von Sámos, **Ágios Nikólaos** ⑥, am gleichnamigen Platz. Kunsthistorisch ist der Bau aus der Mitte des 19. Jh. bedeutungslos;

an der Orthodoxie Interessierte mögen es symptomatisch finden, dass an den beiden westlichsten Pfeilern des Mittelschiffs außer Johannes dem Täufer und dem völlig mit Silberoklad bedeckten Nikólaos zwei neue, erst im 20. Jh. zu Ehren gekommene Heilige präsent sind: der hl. Raffaíl (s. S. 153) und der erst 1957 auf der Insel Ägina verstorbene hl. Nektários. Diese Kombination verweist deutlich auf den äußerst lebendigen Heiligenglauben in der Ostkirche.

Byzantinisches Museum und katholische Kirche

Geht man nun von der Platía Agíou Nikoláou in Richtung Meer und biegt sogleich in die erste Querstraße nach rechts ab, steht man auf der touristisch interessantesten Einkaufsstraße der Stadt. An der landeinwärts zu ihr parallel verlaufenden Gasse Odós Manóli Kalomíri zeigt das **Byzantinische Museum** 7 im orthodoxen Bischofspalast einige Ikonen sowie liturgische Gerätschaften und Gewänder (Besichtigung auf Anfrage). An der ebenfalls parallel verlaufenden Uferpromenade lohnt die **Katholische Kirche** 8 einen kurzen Blick. Sie ist in ein großes ehemaliges Lagerhaus integriert, in dem die katholische Kirche früher ihren für Europa auf Sámos eingekauften Messwein bis zur Verschiffung verwahrte (s. auch S. 20ff.).

Mehr Sehenswertes hat die Neustadt nicht zu bieten. Das Bild der Inselhauptstadt bleibt aber unvollkommen, wenn man nicht auch durch Áno Vathí spaziert.

Áno Vathí

Die Altstadtgassen sind eng und teilweise steil, nur wenige Autos und Mopeds zwängen sich hindurch. Die Kaffeehäuser und Gemischtwarenhandlungen konnten sich den altertümlichen Stil kleiner Inseldörfer bewahren; touristisch ausgebeutet wird die Atmosphäre bisher nirgendwo. Auffällig sind die vielen Erker und vorspringenden Obergeschosse der meist zwei- und dreistöckigen Häuser. Auf diese Weise vergrößerte man angesichts der kleinen Grundstücke die Wohnfläche. Hausruinen lassen erkennen, dass es sich bei diesen typisch samiotischen Wohnhäusern keineswegs um reine Steinbauten handelt: Die Wände der Obergeschosse waren Holzkonstruktionen, deren einfache Bauweise unter weißem Putz verborgen lag. Das Erdgeschoss diente als Lagerraum und Viehstall, darüber wurde gewohnt.

Rundgang

Ein Rundgang sollte an dem am oberen Ortsrand von Áno Vathí gelegenen Hotel Christiána, leicht und preiswert mit Linienbus oder Taxi zu erreichen, beginnen. Von hier führt eine von Pomeranzen, Zitronen, Bougainvilleen und Stromzählern gesäumte Gasse an der im 19. Jh. erbauten Christós-Kirche mit einer schönen Akathist-Ikone vorbei zur nur 200 m entfernten **oberen Platía** mit der Taverne Ta Filarákia. Hier zu sitzen heißt, Dorfleben aus nächster Nähe kennen zu lernen. Unmittelbar unterhalb der winzigen Platía steht die kleine **Kirche Agía Matróna** aus der Mitte

des 19. Jh. Sie ist farbenfroh, aber unprätentiös ausgemalt; die linke ihrer beiden Ikonostasen trägt schöne figürliche Schnitzereien. Zu sehen sind der Sündenfall, die Enthauptung Johannes des Täufers und zwei Heilige.

Bei der architektonisch schönsten und fotogensten Kirche in der Oberstadt, **Aí Yannákis,** handelt es sich um eine den Heiligen Johannes und Nikolaus geweihte Doppelkapelle mit vier Kuppeln aus der Zeit um 1800. Man erreicht sie, wenn man der Gasse, die an der Apsis der Kirche Agía Matróna vorbei abwärts führt, folgt. Am Hang hinter der Kirche ziehen sich auch die Ränge eines modernen **Freilichttheaters** entlang, in dem im Rahmen des Kulturfestivals Konzerte stattfinden.

Folgt man von der oberen Platía aus der Gasse abwärts, die am Eingang zur Kirche Agía Matróna vorbeiführt, gelangt man durch den schönsten Teil von Áno Vathí. Mehrere *kafenía* säumen die Straße, an einem kleinen Platz steht ein alter Brunnen von 1872. Dem Wegweiser nach ›Sámos‹ weiter abwärts folgend, passiert man die der Panagía, der Muttergottes, geweihte **Hauptkirche** der Altstadt mit ihrer weiß-blauen Kuppel. Hier zweigt nach rechts eine Gasse ab (Wegweiser zum Agr. Iatreío Batheos), an die schon nach etwa 25 m die kleine **Kirche Agía Kará** grenzt. Ihre Westwand ziert eine verblasste Wandmalerei mit dem Jüngsten Gericht als Thema. Besonders schön ist die Darstellung des Paradieses links unten: Die Blätter der Bäume scheinen golden zu sein, an den Zweigen hän-

Weitab vom Hafentrubel: Áno Vathí

gen knallrote Äpfel. Die gekrönte Maria sitzt, von den Erzengeln flankiert, auf einem Thron, Abraham, Isaak und Moses sitzen ein Stück von ihr entfernt, der gerechte Schächer trägt sein Kreuz. Von hier aus geht man nun noch etwa 10 Minuten und erreicht dann wieder die Uferpromenade der Neustadt.

Griechische Zentrale für Fremdenverkehr: Odós 25is Martíou 4, Tel. 22 73 02 85 30, 22 73 02 85 82, Mo–Fr 9–14 Uhr.

Hafenpolizei (für Schiffsauskünfte): Odós Eleftherías 1, Tel. 22 73 02 73 18, 22 73 02 88 88, 24 Std. tgl.

Touristenpolizei: Odós Themistókli Sofoúli 129, Tel. 22 73 08 10 00.

Olympic Airways: Odós Kanári/Ecke Odós Smyrnís, Tel. 22 73 02 39 27, 22 73 02 72 37.

Im Stadtzentrum:

Aeolis 9: Odós Themistókli Sofoúli, Tel. 22 73 02 89 04, 22 73 02 43 16, Fax 22 73 0280 63, www.aeolis.gr. Modernes Hotel an der Uferstraße mit Pool und Whirlpool auf dem Dachgarten. 15 der 50 Zimmer mit Balkon zur Bucht hin. Ganzjährig geöffnet. DZ HS 65 €, NS 60 €.

Sámos 10: Odós Themistókli Sofoúli 11, Tel. 22 73 02 83 77, Fax 22 73 02 37 71, www.samoshotel.gr. Das Hotel (105 Zimmer) in unmittelbarer Nähe des Fähranlegers bietet nicht ganz leise Zimmer zur Bucht und ruhigere Räume zur Landseite hin. Außerhalb der Hochsaison werden besonders günstige Preise geboten. Die Dachterrasse mit Restaurant und Pool war in den letzten Jahren geschlossen, Ob sie wieder geöffnet wird, ist fraglich. Die Hotel-Bar ist insbesondere in den kühleren Monaten ein beliebter Treffpunkt der besser gestellten, jüngeren Samioten (0,5 l

Im Kloster wohnen

Die stimmungsvollste Unterkunft in der Stadt bietet der Athener Rechtsanwalt Spýros, der ein ehemaliges katholisches Nonnenkloster in die (leider inzwischen etwas baufällig werdende) **Pension Avlí** [13] verwandelt hat. Der Innenhof ist auf drei Seiten von Zellentrakten umgeben, in denen die insgesamt zehn Zimmer liegen. Einige haben das Bad *en suite,* die anderen auf der gegenüberliegenden Flurseite. Vorausreservierung ist dringend zu empfehlen. Pension Avlí, Odós Aréos 2, Tel. 22 73 02 29 39, Mai–Mitte Okt. DZ HS 25–30 €.

Bier vom Fass 3 €, Campari-Soda 4 €). Ganzjährig geöffnet. DZ HS 51 €, NS 45 €.
Kriton [11]: Odós Mykális 40, Tel. 22 73 02 31 56, 22 73 02 75 81. Varvoúnis und seine dänische, perfekt Deutsch sprechende Frau Ulla kümmern sich liebevoll um die Gäste in ihrem kleinen Acht-Zimmer-Hotel an der Straße zur Vlamári-Hochebene. DZ HS 37 €, NS 28 €.
Dreams [12]: Odós Aréos 9, Tel. 22 73 02 43 50, 22 73 02 30 37. Sechs Zimmer mit Bad in einem ruhig gelegenen Privathaus; außerdem ein geräumiges Dachstudio mit großer Terrasse. Jeweils drei Zimmer teilen sich ein Bad. DZ HS 30 €, NS ca. 25 €.

In Áno Vathí:
Christiána: Tel. 22 73 02 30 84, Fax 22 73 02 88 56. Das einzige Hotel in der Oberstadt ist ein guter Standort für den, der Komfort mit Dorfatmosphäre und Stadtnähe kombinieren möchte. Von den 50 Zimmern blickt man auf das nur 200 m entfernte Zentrum von Áno Vathí, eine Linienbushaltestelle ist etwa 300 m entfernt. Mehrmals täglich bringt der Hotelbus Gäste kostenlos an den Hafen und zu verschiedenen Stränden. Schwimmen kann man aber auch im Hotelpool. DZ HS 58 €, NS 43 €.

In Kalámi:
Ionia Maris: am Gangoú-Strand, Tel. 22 73 02 84 28, Fax 22 73 02 31 08. Dreigeschossiges Hotel mit 47 Zimmern, das nur eine schmale Straße vom Gangoú-Strand trennt. Süßwasserpool mit Planschbecken; die Klimaanlage in den Zimmern wird nur im Juli und August in Betrieb genommen. Kompromisslösung für den, der Stadt- und Strandnähe kombinieren will. Ganzjährig geöffnet. DZ HS 100 €, NS 59 €.
Mirini: an der Abzweigung von der Hauptstraße zum Gangoú-Strand, Tel. 22 73 02 84 52, Fax 22 73 02 77 62. Kleines,

Lauschiges Plätzchen: Pension Avlí

vom Fähranleger, tgl. ab 18.30 Uhr. Direkt am Meer, Boote und Fähren fahren vorbei. Aufmerksamer Service. Die meisten Hauptgerichte nach Touristengeschmack mit Pommes, Reis und Salat auf dem Teller. Sehr gut die Fischsuppe *kakaviá* mit ganzen Fischstückchen, Krabben, Muscheln und Gemüse und die mit *féta*-Käse gefüllten, sehr milden Pepperoni sowie die *astakomakaronáda,* Makkaroni mit Hummerfleisch. Hauptgerichte 10–20 €.

Garden 15: Odós Kalomíri, tgl. ab 17.30 Uhr. Gartenlokal unter Weinranken mit etwas kitschigem Springbrunnen und dreimal pro Woche griechischer Live-Musik. Sehr touristisch, aber dennoch atmosphärisch gut. Hauptgerichte 10–15 €.

Pizza di Napoli 16: Odós Themistókli Sofoúli (nahe dem Hotel Sámos), tgl. ab 12 Uhr. Pizza und Pasta für ein schnelles Essen zwischendurch; Bringdienst (Tel. 22 73 02 70 10). Ganzjährig geöffnet. Hauptgerichte 7–12 €.

Christos 17: Platía Agíou Nikoláou, tgl. ab 11 Uhr. Taverne mit exzellentem Preis-Leistungsverhältnis. Die finnische Wirtin Pälvi Varvouni kocht besser griechisch als die meisten einheimischen Konkurrenten und legt vor allem Wert auf frisches Gemüse. Die Portionen sind groß, die Preise niedrig. Drinnen sitzt man fast wie in einem Folkore-Museum, draußen an gut einem Dutzend Tischen in einer schmalen Gasse. Hauptgerichte 5–9 €.

Gregory 18: Odós Smyrnís/Ecke Odós Mykális, tgl. ab 11 Uhr. Einfaches, alteingesessenes Lokal, ganzjährig geöffnet. Wirt Grigóris und seine Frau Stélla halten den Laden in Schwung, Musiker der Insel kommen gelegentlich vorbei, um ihre Lieder zum Besten zu geben und sich dafür einen Wein ausgeben zu lassen. Hauptgerichte 5–9 €.

im Inselstil erbautes Hotel mit 34 Zimmern, knapp 100 m vom Gangoú-Strand und 1200 m vom Hafen entfernt. Der Pool des Hotels Anthemis gegenüber kann mitbenutzt werden. DZ HS 59 €, NS 41 €.

Ino Village: Tel. 22 73 02 32 41, Fax 22 73 02 32 45, ino@samosnet.com. Hotel mit 65 Zimmern in mehreren Gebäuden auf einem Hügel über der Stadt, nahe dem Gangoú-Strand; Pool. Zu einem Kieselstrand geht man etwa 350 m, zum Hafen 1,5 km. DZ HS 57 €, NS 38 €.

Anthemis: an der Abzweigung von der Hauptstraße zum Gangoú-Strand, Tel. 22 73 02 80 60, Fax 22 73 02 74 40. Apartment-Anlage mit 39 Einheiten für 2–4 Personen in sechs modernen Gebäuden; Pool. Ein winziger Kiesstrand liegt etwa 200 m entfernt, zum Hafen geht man etwa 1 km. Apts. 37–92 €.

To Karávi 14: an der Uferstraße Richtung Kalámi, 5 Gehminuten

DAS SAMIOTISCHE KULTURFESTIVAL

Die meisten griechischen Inseln kämpfen vehement gegen das in vielen in- und ausländischen Urlauberköpfen vorherrschende Image an, nur aus Stränden, Hotels, Tavernen und Bars zu bestehen. Das ist einer der Gründe, warum fast jedes Eiland in der Ägäis im Hochsommer Kulturfestivals organisiert. Auf Sámos trägt das seit 1997 jährlich zwischen Mitte Juli und Mitte September stattfindende Kulturfestival den Namen des griechischen Komponisten Manólis Kalomíris (1883–1962). Der Sohn eines aus Karlóvassi stammenden Philologen, Arztes und Apothekers wurde in der Heimatstadt seiner Mutter, dem kleinasiatischen Smýrna (heute Izmir), geboren, von seinem Vater jedoch ins Geburtsregister von Karlóvassi eingetragen – so dass die Samioten ihn mit Fug und Recht als einen der Ihren betrachten. Nach dem Musikstudium in Athen, Istanbul und Wien und kurzer Lehrtätigkeit in Russland avancierte er zu einem der bedeutendsten Komponisten Griechenlands. Er sah seine Aufgabe darin, den Reichtum der griechischen Folklore und der klassischen byzantinischen Musik mit den Möglichkeiten der klassischen europäischen Musik zu verbinden. Das jährliche Festival auf Sámos bietet immer Gelegenheit, einige seiner Werke zu hören. Die Veranstaltungsorte sind über die Insel verteilt, reichen vom Freilichttheater in Áno Vathí über das Amphitheater von Pythagório bis zum Rathaus von Karlóvassi, vom Hotel Dóryssa Bay bis zu verschiedenen Schulen.

Ta Kotópoula 19: Odós Mykális nahe dem Beginn der Straße auf die Vlamári-Hochebene, tgl. ab 11 Uhr. Die alte Taverne serviert nicht nur die in ihrem Namen angesprochenen Hühnchen vom Grill, sondern auch viele gute Fleisch- und Gemüsegerichte zu günstigen Preisen. Ganzjährig geöffnet. Hauptgerichte 5–9 €.

To Telío 20: Odós Themistókli Sofoúli (nahe der Platía mit dem Löwendenkmal), tgl. ab 11 Uhr. Grillrestaurant, das außer *gýros* und *souvláki* auch Schnitzel und die zypriotische Spezialität *scheftaliá* serviert. Ganzjährig geöffnet. Hauptgerichte 5–9 €.

Filarakia 21: an der obersten Platía von Áno Vathí neben der Kirche Agía Matróna, 250 m vom Hotel Christiána entfernt, tgl. ab 8 Uhr. Die einfache, ganzjährig geöffnete Taverne ist ein Treffpunkt der Dorfbevölkerung. Die Auswahl an Gerichten ist klein, das Essen stieß bei Lesern öfters auf Kritik. Gut ist aber das zu *oúzo*, *soúma*, Wein oder Bier servierte kleine *mezé*. *Oúzo* mit *mezé* ca. 2,50 €.

To Deíli/Dili 22: schräg unterhalb der großen klassizistischen, abends angestrahlten Volksschule zwischen Vathí und Áno Vathí, tgl. ab 11 Uhr. Café-Bar mit Aussichtsterrasse unter Weinranken, Orangen- und Granatapfelbäumen, grandioser Blick auf Stadt und Bucht, dazu dezente griechische Musik. Gut für ein Glas Wein mit *mezedákia*. Glas *retsína* mit *mezedákia* 2 €.

Cafés:

Marine Café: am Fähranleger. Getränke und Snacks rund um die Uhr.

Museum Café: im Stadtpark, tgl. ab 9 Uhr. Ein schöner Platz zum Entspannen unter schattigen Bäumen. Liebenswert der Hinweis auf den Toiletten: »Kein Toiletten Papier Werfen«.

Netcafé Diávlos: Odós Themistókli Sofoúli 169, tgl. 8–23.30 Uhr. Internet-Café neben der Polizeistation an der Uferstraße, eine Gehminute vom Busbahnhof.

Netcafé Metropolitan: Odós Themistókli Sofoúli 173, tgl. 10–23 Uhr.

Giokarínis: Odós Pasháli 4, am Stadtpark. Verkaufsraum einer Destillerie, Verkauf von *oúzo,* Brandy und Likören aus eigener Produktion.

Káva Zarbáni: Odós Melachroinoú 8. Einfacher, etwas altertümlicher Verkaufsraum einer kleineren samiotischen Destillerie.

Bar No. 4: Odós Grammoú 2 (zweigt zwischen Hotel Sámos und katholischer Kirche von der Uferstraße ab), Mai–Okt. tgl. ab 18 Uhr. »We are blue, we are white, we are Samos Dynamite«, lautet das Motto der Bar mit schönem Garten, deren Wirt Michális Deutsch spricht. Rock und Pop, von Mitternacht bis frühmorgens meist viel Betrieb.

Jackson's Place: Platia Agíou Nikoláou, tgl. ab 10 Uhr. Ganzjährig geöffnet. Café und Bar, in der überwiegend Musik der 1970er und -80er Jahre gespielt wird; im Obergeschoss mehrere Billardtische. Viel junges einheimisches Publikum.

Mitte Juli–Mitte September: Festival Manólis Kalomíris (s. S. 88).

19./20. Oktober: Kirchweihfest Agía Matróna an der oberen Platía von Áno Vathí.

5./6. Dezember: Kirchweihfest Ágios Nikólaos (s. S. 44).

11./12. Dezember: Kirchweihfest Ágios Spyrídonas (s. S. 44).

Wer gerne einmal mit einer großen Autofähre fahren, aber Sámos nicht wirklich verlassen möchte, kann einen **Tagesausflug nach Karlóvassi** unternehmen und dabei zumindest eine Strecke mit dem Schiff fahren. Die Fahrzeit beträgt etwa eine Stunde. Welche Fähre an welchem Tag wann auf der Strecke verkehrt, wissen die Schifffahrtsagenturen am Hafen.

Vom Hafen in Sámos-Stadt starten **Ausflugsboote nach Ephesos** (s. S. 202ff.).

Bus: Kein Stadtbusverkehr. Um nach Áno Vathí zu gelangen, nimmt man den Bus nach Pythagório, steigt an der Abzweigung zum Hotel Christiána aus und läuft von dort ca. 400 m weit nach Áno Vathí hinein.

Linienbusverbindung mit anderen Inselorten sind bei den jeweiligen Zielorten angegeben.

Zentraler Busbahnhof in der Odós Lekári/Ecke Odós Kanári, Tel. 22 70 02 72 62, Fax 22 70 02 72 70. Hektografierte Fahrpläne sind dort erhältlich.

Taxi: Taxistandplatz vor dem Deutschen Konsulat an der Uferstraße. Funktaxis Tel. 22 73 02 84 04.

Samiótissa, samiótissa

In einem in ganz Griechenland sehr bekannten Volkslied besingt ein Mann seine Liebe zu einer Samiótissa, einem Mädchen aus Sámos. Er ist wahrhaft verliebt: »Ich liebe dich auch in schwarz und mit schmutzigen Kleidern, und auch in deinen Arbeitskleidern bin ich ganz verrückt nach dir«. Das Lied ist auf vielen CDs und Kassetten zu finden, die Sie auf Sámos kaufen können.

DER INSELOSTEN

Der östliche Teil der Insel wird weniger von hohen Bergen geprägt als das übrige Sámos. Dafür ist die türkische Küste reizvoll nah. In Hochtälern und an Meeresufern stehen kleine Klöster, die noch nicht von Ausflugsbussen angesteuert werden. Die meisten Ausflugsziele sind von Pythagório aus kaum weiter entfernt als von Vathí, so dass man sie von beiden Städten aus besuchen kann.

Die Vlamári-Hochebene

Sámos-Atlas: S. 239, D/E 2
Die Vlamári-Hochebene ist maximal 1 km Luftlinie vom Hafen der Inselhauptstadt entfernt und dennoch von dort aus nicht einmal zu erahnen. Sie verbirgt sich hinter dem Hügelzug im Osten von Vathí und gibt sich ganz ruhig-ländlich. Zwei Klöster und drei Tavernen lohnen den Besuch, den man gut mit einer ganztägigen Rundwanderung von Vathí aus kombinieren kann.

Am besten geht oder fährt man vom Busbahnhof aus die vom Ufer dorthin führende Straße, die Odós Lekáti, weiter geradeaus. Auf diese Weise erreicht man einen kleinen Platz mit Platane und Kiosk, an dem eine beschilderte Straße nach links bergan führt. Wanderer biegen hier sogleich am letzten Eukalyptusbaum (ca. 50 m vom Kiosk entfernt) auf das Zementsträßlein ab, an dem nach weiteren 100 m ein nur griechisch beschrifteter Wegweiser auf einen alten gepflasterten Weg zeigt, der auf die Vlamári-Hochebene hinauf-

führt. Unterwegs stößt er einmal auf die Asphaltstraße, von der aber schon nach 10 m der alte Weg rechts an Häusern und einer neueren Kapelle vorbei abbiegt. Er endet etwa 30 m vor der Passhöhe auf der Asphaltstraße. Dort erstreckt sich vor den Augen des Betrachters plötzlich eine überraschend grüne Ebene, auf der vor allem Wein angebaut wird. Sie reicht bis an die Ostküste der Insel, wo sie relativ steil ca. 100 m tief zum Meer hin abfällt.

Kloster Agía Zóni

Sámos-Atlas: S. 239, D 2
200 m nach Erreichen der Passhöhe teilt sich die Straße. Rechts geht es zum **Kloster Agía Zóni** (tgl. 7–13, 16–20 Uhr), einem wehrhaft wirkenden Bau hinter hohen Zypressen und Eukalyptusbäumen. Den engen, fast tropisch anmutenden Innenhof säumen ringsum doppelstöckige, von rankendem Grün überwucherte Arkadengänge aus dem 18. Jh. In den ehemaligen Klosterzellen wohnen nur noch zivile

Verwalter, denen sich im Sommer zeitweise einige Erholung suchende Priester hinzugesellen. Das 1695 von Athos-Mönchen gegründete Kloster ist dem Heiligen Gürtel bzw. der Gürtelniederlegung der Gottesgebärerin geweiht. Eine große, mit Silberoklad verkleidete Ikone zeigt eine selten dargestellte Szene: Maria überlässt bei ihrer leiblichen Himmelfahrt ihren Gewandgürtel dem Apostel Thomas, der sie um ein Erinnerungsstück gebeten hatte. Bemerkenswert ist des Weiteren die reich mit Schnitzereien gestaltete Ikonostase von 1801: Zu sehen sind der Sündenfall, die Opferung des Isaak und Mariä Verkündigung. Von der ursprünglichen Ausmalung mit Fresken ist hingegen kaum noch etwas zu erkennen.

Kloster Zoodóchos Pigí

Sámos-Atlas: S. 239, E 2
Vom Kloster Agía Zóni führt eine schmale Straße quer durch die Ebene zum etwa 1 km entfernten Weiler **Kamára.** Hier gibt es zwei gute Tavernen und eine Pension. Zweigt man nun nach rechts auf die Asphaltstraße ab, gelangt man nach 4 km zum hoch an einem Berg gelegenen **Mönchskloster Zoodóchos Pigí** (tgl. 7–13, 16–20 Uhr). Wanderer müssen nicht die gesamte Strecke auf Asphalt zurücklegen: Etwa 100 m nach der Abzweigung zum wenig attraktiven, 1600 m entfernten Kieselstrand von Mourtiá zweigt nach rechts ein breiter, gepflasterter Waldweg von der Straße ab. Wo er später über Treppen wieder auf die Asphalt-

Am 6. Mai wird im Kloster Zoodóchos Pigí das Kirchweihfest gefeiert.

straße mündet, geht man etwa 150 m weit auf der Straße aufwärts und biegt dann nach links auf die kürzlich neu gesetzten Treppen ab, über die man auf schönem Fußweg das Kloster erreicht.

Es stammt aus dem Jahr 1756. Die Kirche wurde 1786 unter Verwendung von vier antiken Säulen aus der kleinasiatischen Stadt Milet erbaut, die übrigen Gebäude stammen aus dem 19. Jh. Auch hier ist eine holzgeschnitzte Ikonostase aus dem Jahr 1802 bemerkenswert; besonders schön ist das fein gearbeitete Silberoklad auf der Ikone der Maria als ›Lebensspendender Quell‹ (*zoodóchos pigi*). Die heilige Jungfrau thront über dem Brunnen eines Klosters bei Konstantinopel. Aus ihren Händen und ihrem Gewandschmuck fließt Wasser in den Brunnen. Gebrechliche und Kranke sind herbeigepilgert, um durch dieses heilige Wasser Heilung zu finden.

Alternativen für die Weiterfahrt

Wer von der Vlamári-Hochebene nicht auf gleichem Weg nach Vathí zurückkehren möchte, dem bieten sich drei Möglichkeiten. Beim Kloster Agía Zóni beginnt eine ausgeschilderte Asphaltstraße ins 3 km entfernte Dorf Paleókastro. In Kamára steht ein Wegweiser zum 3 km entfernten Profítis Ilías und nach Arkoudolákka. Der Weg zu letztgenannten zwei Zielen teilt sich schon nach 500 m am Rande eines winzigen, von Hügeln umschlossenen Hochtals, in dem Wein und Oliven gedeihen. Links geht es für Wanderer und Jeep-Fahrer weiter auf den Berg Profítis Ilías

und zurück nach Vathí, rechts über den Weiler Arkoudolákka bis an die Nordküste bei Agía Paraskeví.

 I Kamára: Kamára, tgl. ab 10 Uhr. Außerhalb der Hauptsaison auch ausgefallenere Gerichte wie *spetsofaí* (Wurststücke in einer würzigen Tomatensoße mit viel Paprikagemüse). Hauptgerichte 5–8 €.
Kriton: Kamára, tgl. ab 11 Uhr. Wirt Kriton Varvoúnis und seine dänische Frau Ulla, die perfekt Deutsch spricht, bieten griechische Küche in ländlicher Umgebung. Hauptgerichte 5–8 €.
Mákis: am Kloster Agía Zóni, tgl. ab 8 Uhr. Einfache Taverne mit Standardgerichten. Hauptgerichte 5–7 €.

 5./6. Mai: Kirchweihfest im und am Kloster Zoodóchos Pigí.
30./31. August: Kirchweihfest im und am Kloster Agía Zóni.

Auf die Vlamári-Hochebene fahren **keine Linienbusse.**

Von Vathí nach Agía Paraskeví – Auf der Straße der Spiegel

Wer nicht in Vathí, sondern anderswo auf Sámos wohnt, kann auf die 9 km lange Fahrt in den äußersten Nordosten der Insel ohne Weiteres verzichten. Für Urlauber mit Quartier in Kalámi hingegen, die auch ihre nähere Umgebung kennen lernen wollen, bildet ein Spaziergang oder die Fahrt über die Asphaltstraße einen netten Halbtagesausflug.

Zwischen Vathí, Kalámi und der Nordküste hängen in den unzähligen

An der Bucht von Mourtiá

Kurven und an etlichen Grundstücks-
ausfahrten mehr Verkehrsspiegel als
sonst irgendwo auf der spiegelreichen
Insel. Die Straße ist anfangs sehr
schmal und unübersichtlich, höchste
Vorsicht ist angebracht. Schön sind die
Rückblicke vom Ostufer der Bucht von
Vathí aus auf die Inselhauptstadt und
das gegenüberliegende Ufer. In der
Ferne sind der Berg Ámpelos, Kokkári
und Avlákia zu erkennen. 5 km hinter
dem Fähranleger liegt links etwas unterhalb der Straße das inzwischen un-
bewohnte, 1796 erbaute Kloster Panagía tou Kotsíka mit einer schönen,
schattigen Terrasse, über die sich ein
uralter, abgestützter Wacholder windet.
Jetzt öffnet sich der Blick auf kleine,
der Nordostküste vorgelagerte unbe-
wohnte Inselchen. Deutlich erkennbar
ist die Nikolauskirche auf dem Eiland
Ágios Nikólaos, vor dem Fischzucht
betrieben wird. Die Straße wird jetzt

besser, bald erreicht sie die Gemar-
kung **Asprochóri** mit dem Restaurant/
Music Club Eden. Eden ist ein Syno-
nym für Paradies, paradiesisch-skurril
mutet der Garten des Lokals an: Unter
Olivenbäumen und zwischen Bana-
nenstauden stehen Sonnenschirme
und Liegestühle in einem üppigen Garten mit winzigem Pool. Das Meer ist
zwar nur 50 m entfernt, der Strand dort
aber wenig einladend, bestenfalls als
Einstiegshilfe ins Wasser brauchbar.

Agía Paraskeví

Sámos-Atlas: S. 239, D 1
Die Straße steigt nun wieder bergan
und senkt sich dann zur Bucht Mikrí
Ámmos hinab. Vorbei an der Taverne
Nisí/O Gláros mit prächtigem Panora-
mablick endet sie vor der Kapelle Agía
Paraskeví im gleichnamigen Küsten-
weiler **Agía Paraskeví.** Der Haupt-

strand besteht hier aus einem etwa 100 m langen Kiesstreifen. Von der Kapelle aus führt ein Pfad in etwa drei Minuten auf die andere Seite einer kleinen Halbinsel, wo an drei kleinen Kiesflecken gebadet werden kann. Es gibt viele schönere Plätze auf Sámos, aber hier geht es zumindest ruhig zu.

🛏 **Aquarius Rent Rooms:** Agía Paraskeví, Tel. 22 73 02 82 82. Wirt Jácovos, der hier in einem modernen Haus acht Zimmer mit Balkon und Meerblick vermietet (klimatisiert, mit Kühlschrank), hat fünf Jahre lang in Italien gelebt und spricht Italienisch. Taverne im Haus. DZ HS 30 €, NS 25 €.
Nisí/O Gláros: etwa 200 m oberhalb des Strands von Agía Paraskeví am Hang über dem Meer. Einfache Zimmer mit zwei bis vier Betten und grandioser Aussicht. DZ HS 30 €, NS 25 €.

🍴 **Nisí/O Gláros:** Taverne mit Panoramablick und guter griechischer Küche, an Wochenenden häufig Lämmer vom Spieß. Schön dekorierter Innenraum mit vielen Maritima, kuriosen Zierkürbissen, Pflügen, Sätteln und anderem landwirtschaftlichen Gerät. Ganzjährig ganztags geöffnet, im Winter jedoch nur an Wochenenden. Hauptgerichte 8–14 €.

🎉 **Pfingstmontag:** Kirchweihfest in der Klosterkirche Panagía tou Kotsíka. Zwischen 9 und 10 Uhr wird die Festsuppe *jortí* ausgeteilt; dazu wird *oúzo* ausgeschenkt.
26. Juli: Morgens Kirchweihfest der hl. Paraskeví im gleichnamigen Weiler.

 Keine Linienbusanbindung.

Blick von Kérveli auf die Türkei

Der äußerste Südosten

Den äußersten Südosten der Insel – ausgenommen die kahle Küstenebene von Mykáli – prägen Ölbäume. Zum großen landschaftlichen Reiz der Region trägt die unmittelbare Nähe der kleinasiatischen Berge bei. Die türkische Küste rückt hier näher an Sámos heran als irgendwo sonst: Nur etwa 1300 m trennen Psilí Ámmos und Posidónio vom anderen Kontinent. Zwei

Inselchen liegen in dieser Meerenge: Das griechische Vareloúdi dicht vor Psilí Ámmos und das mit einem Leuchtturm bestückte, türkische Bayrak Adasi.

Tris Ekklisíes, Paleókastro, Kérveli

Sámos-Atlas: S. 239, D/E 3
Der Ausflug kann sowohl in Vathí als auch in Pythagório beginnen; die nach-folgende Tourbeschreibung setzt in **Tris Ekklisíes** an der Hauptstraße zwischen beiden Städten an. Die drei aneinander gebauten Kirchen, von deren Anblick der Betrachter neuerdings durch einen großen Supermarkt abgelenkt wird, sind meist verschlossen und innen ohnehin weitgehend schmucklos. Das nächste Dorf, **Paleókastro,** ist vom Tourismus völlig unberührt geblieben, lockt aber auch nicht zu mehr als höchstens einer kurzen Kaffeepause

auf der Platía. 2 km weiter zweigt eine Stichstraße zum 2,5 km entfernten **Strand von Kérveli** ab. Der Strand dort ist zwar nur 100 m kurz und sehr schmal, besteht zudem überwiegend aus großen Kieselsteinen, bietet jedoch Ruhe und Tamariskenschatten.

 Kerveli Village: Kérveli, 100 m vom Stand, Tel. 22 73 02 36 31, Fax 22 73 02 30 06, www.kerveli.gr. Schön am Hang zwischen Ölbäumen und Zypressen gelegenes, gut in die Landschaft eingepasstes und umweltfreundlich geführtes Hotel mit 50 Zimmern. Pool, Tennisplatz, 4x tgl. kostenloser Shuttle-Bus nach Vathí. Klimaanlage nur im Juli/August; Rauchverbot im Hotel-Restaurant. DZ HS 81 €, NS 74 €.
Sunwaves: Kérveli, hinter dem Strand, Tel. 22 73 02 49 80, Fax 22 73 02 49 19, www.sunwaves-appartments.com. Zweigeschossiges Apartmenthaus mit 40 Betten in Zweier- und Vierer-Ferienwohnungen, gute Betreuung durch die Wirtin Katerina Areli. 1x tgl. kostenloser Shuttle-Bus nach Vathí. DZ HS 55 €, NS 40 € (3. Person frei, 4. Person plus 8 bzw. 11 €).

 Zwei Tavernen am Strand.

 Keine Linienbusanbindung.

Posidónio und Klíma

Sámos-Atlas: S. 239, F 3
Posidónio, nach einem in der Antike hier vorhandenem Poseidon-Tempel benannt, war ursprünglich ein winziges Fischerdorf mit einer Hand voll Häuser. Inzwischen jedoch hat es sich zu einem bescheidenen Urlaubs- und viel besuchten Ausflugsort entwickelt. Der im Wasser in Sandboden übergehende Kiesstrand ist nur ca. 60 m lang und lohnt die Anfahrt kaum, doch die Lage der Siedlung selbst ist traumhaft schön. Nirgends ist das offene Meer zu sehen, man fühlt sich wie an einem weiten, von Bergen gesäumten Binnensee. Das Ufer der Türkei scheint zum Greifen nah und gehört bereits zu Asien. In dieser Meerenge vernichteten die Griechen 479 v. Chr. die Überreste der persischen Flotte und konnten dadurch die ionischen Städte Kleinasiens vorübergehend von der persischen Herrschaft befreien. Zu Zeiten des Polykrates war zwischen Posidónio und der gegenüberliegenden Küste angeblich sogar eine eiserne Kette gespannt, um die unkontrollierte Durchfahrt von Schiffen zu verhindern: Polykrates wollte Zoll kassieren.

Eine etwa 1 km lange Stichstraße führt vom oberen Ortsanfang Posidónios zum Weiler **Klíma.** Urlauber mit Hang zum Eremitendasein fühlen sich hier am ehesten wohl, denn die Siedlung besteht nur aus einer Taverne, einigen wenigen Sommerhäusern und Pensionen sowie einem schmalen Strand, an dem etwa 20 Sonnenschirme und Liegestühle vermietet werden. Eine rauhe, etwa 3 km lange Piste verläuft von hier aus an der Küste entlang nach Psilí Ámmos. Wer keinen Jeep zur Verfügung hat und den Fußmarsch scheut, muss allerdings zunächst nach Tris Ekklisíes zurückkehren, um nach Psilí Ámmos zu gelangen.

 Sunset: Posidónio, Tel. 22 73 02 87 63, 22 73 02 70 11. Sieben Apart-

ments für je zwei Erwachsene und ein Kind in einem zweigeschossigen Haus mit schönem Garten, 80 m vom Strand entfernt. DZ HS 45 €, NS 35 €.
Marier: Posidónio, im Zentrum, Tel. 22 73 02 78 74, 22 73 02 85 38. Zehn einfache Zimmer, etwa 20 m vom Strand entfernt. DZ HS 32 €, NS 25 €.
Taverne Posidónio: am Ufer, Tel. 22 73 02 22 67. Die deutsch sprechende Inhaberfamilie Kerkézos vermietet Studios in mehreren Häusern der Siedlung zu Preisen zwischen ca. 25 und 45 €.

 In Posidónio liegen sich die gleich guten Tavernen **Posidónio** und **Diónysos** unmittelbar gegenüber.

 Keine Linienbusanbindung.

Psilí Ámmos

Sámos-Atlas: S. 239, E 4
Psilí Ámmos besitzt unbestritten den schönsten Sandstrand im Osten der Insel. Das Ufer fällt extrem flach ab, – für Kleinkinder eine ideale Badestelle. Auf dem 300 m langen und etwa 30 m breiten Strand spenden einige Tamarisken Schatten, vier Tavernen sorgen für's leibliche Wohl. Das Parkplatzproblem wurde privatwirtschaftlich gelöst: Bauern haben Grundstücke in gebührenpflichtige Parkplätze verwandelt.

 Elena Apartments: am Sandstrand, Tel./Fax 22 73 02 36 45, 22 73 02 89 59. Acht Studios und Apartments für bis zu vier Personen unmittelbar am Meer; Wirtin Elena spricht Englisch. DZ HS 50 €, NS 40 €.

Psilí Ámmos ist die älteste Taverne im Ort und die einzige, deren Ter-

rasse unmittelbar am Wasser liegt. Auch im Winter tgl. ab 10 Uhr geöffnet. Große Auswahl, relativ preiswerte Fischgerichte. Zum *oúzo* kann man sich fast immer gegrillte Krake servieren lassen, die hier häufig auf der Terrasse an Leinen zum Trocknen in der Sonne aushängt. Hauptgerichte 5–12 €.

Von Pythagório aus fährt während der Saison tgl. mindestens ein **Ausflugsboot** nach Psilí Ámmos.

Busverbindung mit Vathí und Mykáli in der Saison Mo–Fr 2–3x tgl.

Mykáli

Sámos-Atlas: S. 239, D 4
Zwischen Psilí Ámmos und Pythagório erstreckt sich die lang gezogene, recht kahle **Küstenebene von Mykáli.** An ihrem östlichen Ende steht in einer al-

Schiller lesen

Wer am Ufer von Posidónio eine Fotokopie von Friedrich Schillers Ballade ›Der Ring des Polykrates‹ aus der Tasche ziehen kann, erlebt klassische deutsche Literatur einmal ganz anders als auf der Schulbank. Während man in wohlgesetzten Versen vom unermesslichem Reichtum und Glück des antiken samiotischen Tyrannen liest, sieht man gegenüber die Bergspitze auf dem Kap Mykale, auf dem Polykrates vom Kreuz aus einen letzten Blick auf ›sein geliebtes Sámos‹ warf.

Im Winter Flamingos

Rechts der Straße von Psilí Ámmos nach Mykáli liegt eine im Sommer ausgetrocknete ehemalige Saline. Im Winter sammelt sich darin Wasser. Dann dient sie Flamingos bis in den Mai hinein als Winterquartier. Als Zugvögel schauen auch Wildgänse im Frühjahr vorbei. Manchmal verirrt sich im Winter sogar ein Pelikan hierher.

ten, von 1856–1965 betriebenen Saline meist noch im Hochsommer etwas Wasser; ein zerfallendes großes Lagerhaus an ihrem Rand diente früher zur trockenen Aufbewahrung des durch natürliches Verdampfen von Meerwasser gewonnenen Salzes. **Mykáli** ist die jüngste Urlaubssiedlung der Insel. Der Kieselstrand ist 3 km lang, aber völlig schattenlos. Mehrere Hotels stehen locker in der für samiotische Verhältnisse ausgesprochen öde wirkenden Landschaft. Da auch keinerlei gewachsenes Dorf in Spaziergangsreichweite liegt, ist Mykáli als Urlaubsdomizil für Individualreisende eher nicht zu empfehlen.

🛏 **Saint Nicholas of Samos:** am Strand, Tel. 22 73 02 52 39, Fax 22 73 02 85 22, www.saintnicholas.gr. Modernes Hotel mit 58 Zimmern in schöner Gartenanlage, Süßwasserpool, Tennis. Zwei der vier Familienzimmer verfügen über einen eigenen Whirlpool. Drei der Doppelzimmer sind für Rollstuhlfahrer geeignet. Mo–Sa 1x tgl. kostenloser Shuttle-Bus nach Vathí. DZ HS 84 €, NS 55 €.

🚌 **Busverbindung** nach Vathí und Psilí Ámmos in der Saison Mo–Fr 2–3x tgl.

Über Mytilinií und Chóra nach Pythagório

Von Vathí aus führen zwei Straßen nach Pythagório. Die meisten Autos und Linienbusse rollen über die besser ausgebaute und kürzere Strecke via Tris Ekklisíes; einige Busse fahren aber auch über das große Binnendorf **Mytilinií** (2500 Ew.).

Mytilinií

Sámos-Atlas: S. 238, B 3
Vom Meer ist der in einem fruchtbaren Hochtal gelegene Ort nicht zu sehen. Das wird für die Neusiedler von der Insel Lesbos (griech.: Mytilíni), die ihn um 1700 gründeten, ein attraktiver Grund gewesen sein, sich gerade hier niederzulassen. Die Lage bot ein gewisses Maß an Sicherheit vor Pira-

tenüberfällen. Hier im Hochtal baute man früher sogar Tabak an, heute nur noch etwas Wein. Schön ist die kleine Platía (von der Hauptstraße zu Fuß den Wegweisern zur Post folgen) mit ihren einfachen, preiswerten *kafenía* und Grillstuben, auf der nur selten Ausländer Platz nehmen. Einzige Attraktion des Dorfs ist das moderne **Paläontologische Museum** (Mo–Sa 9–14, So 10–14 Uhr, am Ortsende rechts der Staße von Mytiliní nach Chóra). Ausgeschildert ist es mit »Natural History Museum of the Aegean«. Es besitzt eine der bedeutendsten Fossilien- und Mineraliensammlungen Griechenlands und präsentiert darüber hinaus eine kleine Volkskundliche Abteilung.

Paläontologische Ausgrabungen besitzen auf Sámos und insbesondere im Hochtal von Mytiliní eine lange Tradition. Die ersten führte bereits 1887 ein Brite durch, weitere Grabungen folgten dann 1904–26 durch Deutsche. 1963 kamen Paläontologen von der Universität Thessaloníki hierher, 1994 wurden vorerst zum letzten Mal die Spaten angesetzt. Man fand Knochen, Schädel und Zähne von Tieren, die vor 8 bis 10 Mio. Jahren auf Sámos lebten, als dies noch durch eine Landbrücke mit dem Festland verbunden war. Dazu gehörten z. B. kleine Pferde mit einer Schulterhöhe zwischen 80 und 140 cm, kurzhalsige Giraffen von bis zu 2,50 m Höhe, Nashörner, Gazellen, Antilopen, Hyänen und Flusspferde. Versteinerte Insektennester und die Kopie eines etwa 200 000 Jahre alten Menschenschädels, der in einer nordgriechischen Tropfsteinhöhle gefunden wurde, runden die paläontologische Sammlung ab. Die Mineraliensammlung des Museums umfasst schöne Steine aus aller Welt und gibt einen Überblick über die Bodenschätze Griechenlands. Der dritte Museumssaal präsentiert schließlich eine umfangreiche Sammlung präparierter Vögel sowie Korallen, Muschelschalen und Schneckenhäuser. Im Souterrain des Museums ist die kleine volkskundliche Abteilung des Hauses untergebracht.

Auf Futtersuche: Ziegenherde bei Mytiliní

Kalderimi: an der Platía, tgl. ab 9 Uhr. Sehr preiswerte Snack-Bar und Ouzerí mit freundlichem Wirt. Ganzjährig geöffnet, viele einheimische Gäste. Hauptgerichte 3–7 €.

Cine Rex: in Mytiliní an der Durchgangsstraße, Tel. 22 73 05 12 36, Juni–Sept. tgl. 21 oder 21.30 Uhr. Freiluftkino in einem kleinen Garten mit Tischen und Stühlen, an denen man sich Getränke servieren lassen kann. Eintritt 4,50 €, Kinder 3,50 €.

Busverbindung von Vathí nach Mytiliní im Sommer Mo–Fr 6x, Sa 3x tgl., im Winter Mo–Fr 5x, Sa 3x tgl. Von Pythagório über Chóra nach Mytiliní ganzjährig Mo–Sa 3x tgl.

Kloster Agía Triáda

Sámos-Atlas: S. 238, B 4
Kurz hinter dem Museum folgt an der Hauptstraße nach Chóra ein Wegweiser mit der Aufschrift »The Holy Trinity Monastery 4«. Die 3,8 km lange Straße dorthin ist bis auf die ersten 70 m gut asphaltiert. Das der heiligen Dreifaltig-

keit geweihte, einsam gelegene **Kloster Agía Triáda** ist ein zweigeschossiger, festungsartig wirkender Bau aus dem Jahr 1824, in dem heute nur noch ein Mönch und eine Klosterfrau leben. Dennoch wird hier an jedem Sonntagmorgen zwischen 7 und 10 Uhr die Messe zelebriert, zu der immer einige Besucher von anderswoher kommen. Im Hof stehen mehrere Orangenbäume, dort verstreut herumliegende Kapitelle und Säulenstümpfe zeugen von einer zerstörten frühchristlichen Kirche. Die erst 1905 erbaute jetzige Kirche ist künstlerisch belanglos (Kloster geöffnet tgl. 8–13, 16–19 Uhr).

Vom Kloster aus kann man an den Überresten der antiken Stadtmauer vorbei zum Tunnel des Eupalínos und weiter nach Pythagório wandern. Man geht zunächst etwa 300 m weit zurück in Richtung Mytiliní und nimmt dann den Feldweg, der nach links oben abzweigt. Teilweise mit roten Punkten markiert führt er bis auf den Bergkamm mit den schon von weitem sichtbaren Stadtmauerresten hinauf. Über mehrere kleine Pfade geht es dann abwärts zum Tunnel und von dort nach Pythagório.

 Keine Linienbusverbindungen zum Kloster.

Chóra

Sámos-Atlas: S. 238, A/B 4
Die Hauptstraße erreicht nach zahlreichen Kurven das am Rande der südlichen Küstenebene gelegene **Chóra** (1250 Ew.). Chóra war von der Wiederbesiedlung der Insel im 16. Jh. bis 1834 Inselhauptstadt. Eine Pause lohnt für Hungrige wegen der exzellenten Taverne Synándisi und für Shopper wegen der preiswerten Keramikhandlung an der Hauptkreuzung des Dorfs. Im Dorf selbst stehen nur noch wenige traditionelle Häuser. Die Geschäftigkeit hat sich an die Asphaltstraße verlagert. Einzige Reminiszenz an das lebhaftere Treiben im Dorf in früheren Zeiten bildet das alte Waschhaus neben dem Dorfbrunnen unterhalb der kleinen Platía Mesákis mit ihren beiden *kafenía* und der Taverne Antónis.

Von Chóra aus kann man anschließend durch die Küstenebene weiterfahren nach Pythagório, nach Iréo und zum Heraíon oder an der Südküste entlang nach Pírgos (s. S. 142).

 Ceramics Hora: an der Straßenkreuzung in Chóra, tgl. 10–21 Uhr. Laden einer am Ortsrand von Chóra ansässigen Töpferei mit recht einfacher, dafür aber sehr preiswerter Keramik: Aschenbecher, Tassen, Becher, Pflanzschalen usw.

 Pfingstmontag: Morgens Kirchweihfest im Kloster Agía Triáda.
25./26. Juli: Kirchweihfest Agía Paraskeví in Chóra.

 Linienbusse von Vathí nach Chóra im Sommer Mo–Fr 7x, Sa 2x tgl., im Winter Mo–Fr 6x, Sa 3x tgl. Von Pythagório nach Chóra und Mytiliní ganzjährig Mo–Sa 3x tgl.
Taxi in Chóra: Tel. 22 73 09 17 00.

Die leckersten Köstlichkeiten

Griechen wählen Tavernen nicht nach ihrer Lage, sondern nach der Qualität ihrer Küche aus. Ihretwegen ist die Taverne Synándisi an der Hauptkreuzung in Chóra bei Einheimischen so beliebt. Die perfekt deutsch sprechende Niederländerin Emmy aus Zwolle und ihr vom griechischen Festland stammender Mann Geórgios servieren die leckersten Köstlichkeiten, die Sámos zu bieten hat. Die Salate sind exzellent, besonders empfehlenswert ist das Schweinegulasch *tsigaristó*. Nicht immer vorrätig sind die Kohlrouladen, *lachanodolmádes*, und die Kichererbsen-Reibekuchen, *revithókeftedes*. Im Winterhalbjahr dreht sich hier *kokorétsi* am Spieß. Das Brot wird selbst gebacken, die Pizza ist hausgemacht. Alle Gerichte werden im Sommer auch außer Haus und sogar an den Strand geliefert. Taverne Synándisi, Chóra, Tel. 22 73 09 17 87 und 22 73 09 13 30, tgl. ab 8 Uhr.

Von Pythagório in den Inselsüden

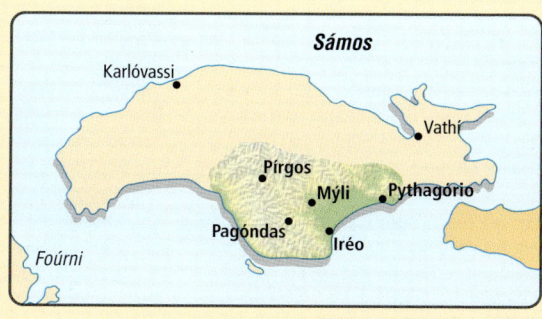

Am Hafen von
Pythagório

Sámos-Atlas S. 236/237

PYTHAGORIO – DAS ANTIKE SAMOS

Pythagório besitzt von allen vier samiotischen Städten das meiste südländische Flair. Hier erstreckt sich der lange Kiesstrand vor der größten Küstenebene der Insel, und nirgends auf Sámos sind mehr Relikte aus dem Altertum erhalten als in und um das heutige Städtchen. Der Hafen von Pythagório gehört zu den schönsten der Ägäis und ist Ausgangspunkt vieler Bootsausflüge.

Der schönste Inselhafen

Sámos-Atlas: S. 238, C 4

Die Stadt des Pythágoras (1600 Ew.) ist wie für ein Postkartenfoto geschaffen. Niedrige Häuser mit roten Ziegeldächern umstehen ein weites, annähernd halbkreisförmiges Hafenbecken. Am Kai liegen große und kleine Yachten, Fischer- und Ausflugsboote; an der langen Mole machen Inseldampfer und Tragflügelboote fest. Auf der im Sommer für Autos gesperrten Hafenpromenade sitzen die Urlauber in einer nahezu lückenlosen Kette von Cafés und Restaurants unter Maulbeerbäumen, Akazien und Tamarisken. Im südwestlichen Teil der Stadt steigen die schmalen, oft auf beiden Seiten von baumartigem Oleander gesäumten Gassen zum Kástro mit der Logotheten-Burg hin an, im Norden steiler zur Straße nach Vathí. Im Südosten ragt das türkische Kap Mykale auf, im Norden drehen sich wie ein neues Wahrzeichen die neun mächtigen Rotoren des Wind-energieparks auf dem Hügelkamm, der Pythagório von der Nordküste scheidet. Ein Blick auf den Stadtplan erklärt, warum der Ort bis 1955 den Namen *Tigáni* (›Pfanne‹) trug: Das Hafenbecken ist die Pfanne, die lange Hafenmole der Stiel.

Mit 25 000 Einwohnern und ungezählten Sklaven, einer 6500 m langen Stadtmauer und einem der bedeutendsten Heiligtümer der Ägäis zählte das antike Sámos zu den Metropolen des Altertums. An vielen Stellen im heutigen Ort sind zwischen den Häusern antike Grundmauern eingestreut, die aber wegen der modernen Bebauung von den Archäologen nicht weiter verfolgt werden können. Mancher von ihnen träumt sicherlich davon, das gesamte heutige Pythagório abzureißen, um das antike Sámos freizulegen – und kein Stadtbewohner wagt es deshalb, im Stadtgebiet Genehmigungen für größere Neubauten zu beantragen. Die Archäologen nämlich sind durch einen Beschluss des Griechischen Antikendienstes seit 1965 verpflichtet, vor jeder baulichen Maßnahme in der Stadt eine Grabung durchzuführen. Das bewahrt Pythagório den traditionellen Charakter.

Das idyllische Stadtbild, die antiken Sehenswürdigkeiten, schöne Strände in der Umgebung sowie gute Busverbindungen nach Vathí und viele interessante Ziele im Süden und Osten der Insel machen Pythagório zu einem empfehlenswerten Aufenthaltsort für unternehmungslustige Urlauber.

Den Dreh- und Angelpunkt des Städtchens bildet die zentrale Bushaltestelle. Sie befindet sich dort, wo die Straße von Vathí her im rechten Winkel in Richtung Flughafen abknickt. Östlich führt die Hauptstraße Lykoúrgou Logothéti 200 m weit hinab zum Hafen. An ihr liegen die meisten Reisebüros, Autovermietungen, Souvenirgeschäfte ebenso wie die Banken und die Touristeninformation.

Kástro und Hafen

Wahrzeichen Pythagórios ist das nachts angestrahlte **Kástro** 1, ein Ensemble von Bauten und Ruinen auf einem niedrigen Felshügel im Süden der Ortschaft unmittelbar über dem Meer. Auf diesem Fels lag schon die wahrscheinlich erste Siedlung der gesamten Insel, ein jungsteinzeitliches Dorf aus dem 4. Jt. v. Chr. Später stand an diesem Platz vermutlich der Palast des Polykrates; in frühchristlicher Zeit erbaute man hier eine Basilika. Heute betritt man das Kástro-Areal über breite Stufen, die auf den Kirchplatz des größten Gotteshauses von Pythagório führen. Es ist Christi Verklärung, **Me-**

Das Kástro von Pythagório stammt aus der Zeit des griechischen Freiheitskampfes.

tamórfosis tou Sotiroú ②, geweiht (tgl. 16–17 Uhr). Das ist keineswegs ein Zufall: Am Tag Christi Verklärung des Jahres 1824, einem 6. August, hatten die samiotischen Freiheitskämpfer unter ihrem aus Karlóvassi stammenden Anführer Lykoúrgos Logothétis einen wundersamen Sieg über erheblich stärkere türkische Truppen errungen. Man schrieb ihn dem aktiven Eingreifen Christi zu und widmete die Kirche deshalb dem Tag, an dem er dreien seiner Jünger erstmals auf dem Berg Tabor in göttlichem Licht erschien. Auf dem Kirchplatz steht eine Büste des Freiheitshelden Logothétis. Alles, was zur Kirche gehört, Pflanzschalen auf dem Hof inbegriffen, ist in den griechischen Nationalfarben Weiß und Blau gehalten. Die Innenausstattung der Kirche ist belanglos – aber natürlich fehlt auch hier kein Bildnis des Shooting-Stars unter den griechischen Heiligen, des hl. Raffaíl (s. S. 153).

Im Süden schließt sich an die Kirche der schöne **Dorffriedhof** ③ mit seinen schmucken Gräbern an. Wie überall in Griechenland dürfen die Toten nicht für lange Zeit darin ruhen. Die Verwandten müssen ihre Gebeine nach etwa vier Jahren dem Grab entnehmen, Knochen und Schädel in Rotwein waschen und sie dann im Beinhaus deponieren, das sich hier wie überall in Griechenland in einer Ecke des Gottesackers befindet.

Im Osten schließt sich auf einer tieferen Ebene ein nicht zugängliches, jedoch gut einsehbares **Ausgrabungsareal** ④ an, das mit Tonscherben aus unterschiedlichen Zeiten übersät ist. Säulenstümpfe und -schäfte sowie durch Mauern angedeutete Grundrisse lassen erkennen, dass hier in verschie-

Sehenswürdigkeiten

1 Kastro
2 Metamórfosis tou Sotiroú
3 Dorffriedhof
4 Ausgrabungsareal
5 Südmole
6 Pythágoras-Denkmal
7 Archäologisches Museum

Übernachten

8 Protéas Bay
9 Dóryssa Bay
10 Strátos
11 Lábito
12 Zorbas
13 Nicholas
14 Drýoussa

15 María
16 Déspina
17 Boúlas
18 Aléxandra

Essen und Trinken

19 The Oriental
20 Posidónas
21 Dolíchi
22 Esperídes
23 Várka
24 Rematáki
25 Fáros
26 Aphrodíti
27 Marítsa
28 Avlí
29 Lemoniés/Lemon Trees

denen Jahrhunderten Kirchen erbaut worden waren. In der Südostecke des Geländes ragen noch hohe Mauerreste und der Turm einer Burg aus byzantinischer Zeit auf. Aus deren Steinen und antiken Quadern ließ Lykoúrgos Logothétis 1822–24 in aller Eile den bis heute intakten Wehrturm im Westen des Friedhofs errichten.

Der Hafen von Pythagório geht in seiner Form auf den antiken Hafen der Stadt zurück. Die längere **Südmole** 5, an der heute die Fähren und Tragflügelboote festmachen, wurde im 19. Jh. unter Verwendung vieler Steinquader aus der Mole des Polykrates erbaut, die an genau derselben Stelle lag. Der erste Geschichtsschreiber der Antike, Herodot, aus der Insel um 465 v. Chr. besuchte, zählte sie ausdrücklich »zu den drei größten Bauwerken von ganz Hellas«. Sie war und ist über 300 m

lang und vermittelt so noch heute eine Vorstellung von der gewaltigen Flotte, die Polykrates unterhielt.

Auf der kürzeren Nordmole steht seit 1988 ein modernes **Denkmal** 6 für den Mann, nach dem die Stadt benannt ist: Pythágoras. Dargestellt ist der auf Sámos geborene antike Philosoph und Mathematiker (580–496 v. Chr.) mit einem Dreieck in der linken Hand: Schließlich entdeckte er die geometrische Formel, die heute jeder kennt: $a^2+b^2=c^2$.

An Polykrates und der Schnelligkeit der Ausführung seiner gewaltigen Bauvorhaben könnten sich die Griechen von heute ein Beispiel nehmen: Geht man von der Nordmole aus weiter am Wasser entlang, kommt man am kleinen **Rematáki-Strand** mit seinen guten Fischtavernen vorbei zur modernen Marina der Stadt, die seit über 10 Jah-

DER TUNNEL DES EUPALINOS

Im 6. Jh. v. Chr. lebten in der antiken Stadt Sámos weit über 20 000 Menschen. Sie mussten mit Trinkwasser versorgt werden. Eine kräftige Quelle sprudelte nördlich des die Stadt begrenzenden Berges und damit außerhalb der schützenden Mauern. Nun wäre es möglich gewesen, das Quellwasser um den Berg herum in die Stadt zu leiten, doch dann wäre im Falle einer feindlichen Belagerung die Wasserversorgung leicht zu unterbrechen gewesen. Also suchte man nach einer anderen Lösung. Ein gewisser Eupalínos, Baumeister aus Megará nahe Athen, bot sie an: einen Tunnel durch den Berg.

Drei Bauabschnitte waren nötig. Zum einen musste die Quelle (heute unterhalb der Kapelle Ágios Ioánnis im Weiler Agiádes) unterirdisch gefasst werden, um für Feinde unentdeckbar zu bleiben. Ebenfalls unterirdisch musste das Wasser zum 800 m entfernten Tunnel gelangen. Vom Tunnelausgang wiederum musste es ins Stadtzentrum geführt werden. Auch hier entschied man sich, vielleicht aus hygienischen Gründen, für eine unterirdische Leitung.

Allein mit diesen Anforderungen stellte der Tunnelbau innerhalb der antiken Technikgeschichte schon ein Novum dar. Doch Eupalínos verlangte noch mehr: Aus Zeitgründen sollte der Tunnel, so wie es heute bei Projekten geschieht, gleichzeitig von beiden Seiten aus in den Berg getrieben werden. Also mussten zunächst einmal Tunneleingang und -ausgang auf identischer Höhe liegen. Um diese bestimmen zu können, benutzte man einen Chorobat, ein Nivelliergerät, das uns in Vitruvs Beschreibung überliefert worden ist: ein Tisch mit einer Wasserrinne in der Mitte. Reichte das Wasser überall exakt bis zum Rand, stand der Tisch waagerecht. So konnte über Kimme und Korn jeder gleich hohe Punkt am Berghang bestimmt werden. Daraufhin steckte man eine Pfostenreihe in einer Fluchtlinie über den Berg ab. Wo sie die horizontale Linie schnitt, musste die zweite Tunnelöffnung liegen. Schwieriger war es, im Tunnel exakt die Richtung beizubehalten. Für die südliche, heute auf 500 m Länge zugängliche Hälfte weiß man, wie das Problem gelöst wurde. Man benutzte dazu einen Lichtstrahl in einem eigens dafür geschaffenen Schacht, der auch in großer Entfernung noch zu sehen war. In der nördlichen Tunnelhälfte jedoch erwies sich das Gestein als so brüchig, dass man besonders einsturzgefährdeten Stellen durch Kurven ausweichen musste. Wie hier die Grundrichtung beibehalten wurde, konnte bis heute nicht erklärt werden.

Auf jeden Fall trafen sich die Tunnelarbeiter nach fünfeinhalb Jahren Bauzeit nahezu in der Bergmitte. Es konnte indes immer noch kein Wasser fließen, denn Tunnelein- und -ausgang lagen ja auf exakt gleichem Niveau; der Tunnel hatte keinerlei Gefälle. In einem zweiten Arbeitsgang wurde nun unter der östlichen Tunnelhälfte ein Graben ausgehoben, der am Eingang ca. 4 m, am Ausgang ca. 9 m unter dem Tunnelniveau liegt. Darin wurden Tonrohre verlegt, durch die das Wasser mit einem gleichbleibenden Gefälle von 0,5 % fließen konnte.

Das genaue Baudatum des Tunnels ist nicht gesichert. Früher ging man davon aus, dass er während der Herrschaft des Polykrates entstand. Heute halten die deutschen Archäologen, die 1995 eine abschließende Veröffentlichung über den Tunnel publizierten, jedoch eine Entstehung um 550 v. Chr., also bereits eine Generation vor der Machtübernahme des Tyrannen, für wahrscheinlicher. Wie lange diese einzigartige Wasserleitung in Betrieb war, ist ebenfalls unbekannt. Die Römer jedenfalls führten rund 500 Jahre später noch Ausbesserungsarbeiten an der Nordhälfte des Tunnels durch. Im 19. Jh. wurden europäische Forscher dank einer Beschreibung Herodots wieder auf ihn aufmerksam. Der griechische Geschichtsschreiber aus dem 5. Jh. v. Chr. hatte ihn als eines der drei Werke aufgeführt, »die bei allen Griechen die größten sind«. Ein Versuch, ihn 1881 wieder in Betrieb zu nehmen, scheiterte. Erst zwischen 1971 und 1974 legten ihn Mitarbeiter des Deutschen Archäologischen Instituts in Athen vollständig frei und untersuchten ihn wissenschaftlich. An eine erneute Inbetriebnahme wird nicht mehr gedacht.

Antike Meisterleistung: der Tunnel des Eupalínos

Das Kloster Panagía Spilianí liegt am Hang des Ámpelos-Massivs.

ren in Bau, aber immer noch nicht fertig gestellt ist: Wegen Geldmangels fehlen noch alle Wasser- und Stromanschlüsse sowie Service-Gebäude. Wann sie folgen, steht in den Sternen.

Museum

Das winzige **Archäologische Museum** [7] von Pythagório (Di–So 8.45–14 Uhr, Mi erst ab 10.30 Uhr, Eintritt frei) präsentiert in einem einzigen Raum ein buntes Sammelsurium von römischen Kaiserbüsten, Grabstelen, hellenistischen Terrakotten, Öllämpchen und Glasgefäßen. Herausragende Objekte sind die elfenbeinerne Nachbildung einer Hand aus einem archaischen Artemis-Heiligtum, ein großer Krater aus dem 8. Jh. v. Chr. im Stil der geometrischen Epoche und ein ca. 20 cm hoher

bemalter Rhyton in Gestalt eines angewinkelten Beins. Dieses bei Kulthandlungen benutzte Trinkgefäß ist wahrscheinlich eine Arbeit von der Insel Rhodos aus der Zeit um 560 v. Chr.

Höhlenkirche Spilianí und Tunnel des Eupalínos

Sámos-Atlas: S. 238, B 4
Beide Ziele kann man auf einer Asphaltstraße erreichen, die gut ausgeschildert von der Straße in Richtung Vathí abzweigt. Sie sind aber auch binnen 20 Minuten von der zentralen Bushaltestelle aus zu Fuß zu erreichen. Dazu geht man vom Bus-Stopp noch etwa 200 m in Richtung Flughafen weiter und biegt dann nach rechts in die klei-

ne Gasse Odós Militoú ein. Diese mündet kurz darauf in einen Feldweg, der schnurgerade zur Asphaltstraße hinaufführt. Letztere erreicht der Weg beim frei zugänglichen Unterbau einer **hellenistischen Villa.** Zu erkennen sind ein paar Säulenstümpfe und eine Wasserleitung, die schon aus archaischer Zeit stammt. Folgt man der Asphaltstraße nun ein paar Meter nach links, liegt rechts der Straße ein kleines **Amphitheater** mit acht modernen, hölzernen Sitzreihen über den sehr spärlichen Überresten eines alten römischen Theaters. Noch am besten erhalten ist die Zisterne unter dem ehemaligen Bühnenhaus.

Kurz dahinter gabelt sich die Straße. Geradeaus geht es weiter zum Tunnel des Eupalínos, rechts hinauf zum so genannten Kloster **Panagía Spilianí.** Es war jedoch nie Heimstatt von Mönchen oder Nonnen, sondern immer nur von einer Priesterfamilie bewohnt. Sie musste dafür Miete an das Kloster Chozoviótissa auf der fernen Insel Amorgós entrichten, dem dieser Gebäudekomplex heute noch gehört. In den Jahren der samiotischen Autonomie war die Panagía Spilianí deswegen der einzige Ort auf Sámos, an dem die Flagge des schon freien Griechenlands wehen durfte. Die Anlage besteht aus einem älteren Wohngebäude, das heute zum Teil als Café und Souvenirgeschäft genutzt wird, aus einem 1999/2000 errichteten Neubau, in dem Pilger übernachten können, einem Glockenturm und einer bescheidenen Doppelkapelle. Das rechte Schiff ist dem hl. Georg geweiht, das linke der Panagía, der Muttergottes. Hier hängt eine als

wundertätig verehrte, mit Oklad bedeckte Marienikone, unter der zahlreiche Votivtäfelchen angebracht sind. Musikfreunde sollten einen Blick in die in der Kapelle liegenden Bücher werfen: Unter ihnen befindet sich ein Buch mit byzantinischer Notenschrift, deren Anblick dem arabischer Schriftzüge ähnelt.

Vom Kirchhof aus führen ein paar Stufen in eine lang gestreckte Höhle hinein. Gleich im Eingangsbereich lagern das ganze Jahr über einige Töpfe für die Festtagssuppe *jortí*, die hier am 20./21. November gekocht wird (ohne Fleisch, stattdessen mit Kichererbsen, s. S. 44). Am unteren Ende der Höhle duckt sich eine kleine, hellblau gestrichene Kapelle unter die niedrige Felsdecke, deren Alter unbekannt ist. Wahrscheinlich steht sie an der Stelle eines antiken Altars für die Nymphen, die im Altertum an dieser Stelle verehrt wurden. In der Kapelle fallen eine Keramik- und eine Marmorplatte auf, die mit Tüchern ehrfurchtsvoll bedeckt sind. Ursprünglich waren sie bemalt, die Farben sind jedoch verblichen, Figuren nicht mehr zu erkennen. Man weiß aber, dass es sich ursprünglich um Ikonen handelte und verehrt sie deshalb noch immer. An der Felswand neben der Kapelle entspringt eine kleine Quelle, deren Wasser als heilig gilt. Früher tranken die Seeleute davon, bevor sie auf größere Reisen gingen; Mütter benetzten kranke Kinder damit, weil dem kühlen Nass Heilkraft zugeschrieben wurde.

Wieder ans Tageslicht und auf den Klosterhof zurückgekehrt, sollte man sich unbedingt einige Zeit in den

Schatten der Zypressen setzen und den prächtigen Ausblick auf Pythagório und die auch Kámpos Chorás genannte Heraíon-Ebene genießen. Flugzeugfans finden kaum einen besseren Platz, um Maschinen im komplizierten Landeanflug zu beobachten.

Der **Tunnel des Eupalínos** ist ein technisches Meisterwerk der Antike, dessen Besuch man auf gar keinen Fall versäumen sollte (s. S. 108f.). Man hat ihn inzwischen teilweise gesichert; theoretisch lässt er sich auf bis zu 500 m Länge begehen. Aus Sicherheitsgründen ist jedoch meist nur der Besuch der ersten 100 m zulässig (Di–So 8.45–14.45 Uhr, Eintritt 4 €, Kombi-Ticket Tunnel des Eupalínos und Heraíon 6 €).

Antike Stadtmauer

Sámos-Atlas: S. 238, B 4
Wer zu Fuß unterwegs ist, kann vom Tunnel aus auf einem Feldweg weitergehen und kommt so nach etwa drei Minuten zu den Überresten der **antiken Stadtmauer** von Pythagório. Sie umschloss mit insgesamt zwölf Toren und 35 Türmen ein Gebiet, das vom Hafen bis auf den Hügelkamm und weiter bis zum heutigen Hotel Dóryssa Bay bei den römischen Thermen reichte. Zu Zeiten des Polykrates maß sie 6430 m in der Länge, 6 m in der Höhe und war bis zu 5 m dick. Über kleine Fußpfade kann man dem Verlauf der einstigen Stadtmauer folgen. Dabei wird man feststellen, dass die archaische Mauer mehrfach ausgebessert oder erneuert wurde. Die ver-

schiedenen Arten des Mauerwerks sind leicht zu unterscheiden. In archaischer Zeit schuf man eine polygonale Mauer aus großen, vieleckigen, sorgfältig aneinandergepassten Steinen. Um 300 v. Chr., also in hellenistischer Zeit, bevorzugte man eine Quadermauer aus rechteckig behauenen Steinblöcken. Als man die Mauer um 190 v. Chr., in wirtschaftlich schlechteren Jahren, wieder einmal ausbesserte, griff man erneut auf polygonales Mauerwerk zurück, verwendete aber wenig Sorgfalt auf ihre Passgenauigkeit. In byzantinischer Zeit entstanden schließlich Mauern aus kleinen, kaum bearbeiteten Feldsteinen, zwischen die man Ziegelsteine und -bruchstücke einfügte.

Ein besonders schöner Abschnitt der antiken Stadtmauer lässt sich auch mit dem Fahrzeug leicht erreichen. Um dorthin zu gelangen, fährt man auf der Straße in Richtung Vathí aus Pythagório hinaus. Am Ortsrand von Pythagório folgt man dem braunen Wegweiser mit der Aufschrift »Ancient Town- and Fortification Walls«. Nach 450 m ist man am Ziel. Erhalten geblieben sind hier außer der noch bis zu 2 m hoch aufragenden Mauer auch ein Tor mit Türsturz und Reste einer eckigen Bastion.

Spaziergang zum Hotel Dóryssa Bay

Das größte Ausgrabungsareal im Stadtbereich von Pythagório liegt an der Straße nach Vathí, etwa 100 m von der zentralen Bushaltestelle entfernt.

DIE KUNST DER THERME

Römische Städte und Landgüter waren ohne Thermen nicht denkbar. Sie dienten nicht nur der Körperreinigung und -pflege, sondern vor allem dem sozialen Kontakt, der Geselligkeit bei Speis' und Trank, dem Kulturgenuss und der sportlichen Ertüchtigung. Die öffentlichen Thermen hatten meist von Sonnenauf- bis Sonnenuntergang geöffnet. Häufig waren sie allein Männern vorbehalten, manchmal gab es vormittags gesonderte Badezeiten für Frauen. Sicherlich waren größeren Thermen gelegentlich auch Bordelle angeschlossen; ehrbare Frauen jedoch badeten nie mit Männern zusammen. Zu vielen öffentlichen Thermen war der Eintritt kostenlos.

Im *apodyterium*, dem Umkleideraum, legten die Besucher ihre Kleidung ab. Sie zogen Holzsandalen an und nahmen Leinen- oder Wolltücher mit ins Bad, um sich damit abzutrocknen und zu bedecken. Fliegende Händler, Garküchen und Schenken sorgten für das leibliche Wohl der Gäste. Es gab spezielle Räume für die Körperreinigung. Man säuberte sich mit einem metallenen Schabegerät unter Zuhilfenahme von Tonerde, Bimsstein oder Sapo, einer seifenähnlichen Mischung aus Fett und Pflanzenasche. Im *destrictarium* konnte man sich unerwünschte Körperhaare entfernen lassen. Besonders wichtig war das Einölen und Parfümieren des Körpers nach dem Baden durch Sklaven, die man entweder selbst mitbrachte oder in den Thermen mieten konnte. Überall standen Sitz- und Liegegelegenheiten aus Marmor zur Verfügung, die mit weichen Fellen und Tüchern ausgelegt waren. Die Thermenbesucher saßen in Gruppen zusammen, ergingen sich in der warmen Luft, spielten Ball, ließen sich massieren, schauten Ringkämpfen zu, bewunderten die zahlreich aufgestellten Statuen, tranken und aßen oft überreichlich.

Die zentralen Räume der Thermen waren das Kaltbad *(frigidarium)*, das Warmbad *(tepidarium)* und das Heißbad *(caldarium)*. Man badete in Wannen oder in kleinen Schwimmbecken *(natatio)* und duschte sich auch ab. Im Kaltbad, das bei Bedarf durch Holzkohlebecken erwärmt werden konnte, dürften Temperaturen von etwa 17–18 °C geherrscht haben, im Heißbad etwa 32–37 °C. Die Böden der Warm- und Heißbaderäume ruhten auf Ziegelpfeilern. Diese wiederum standen auf einem Boden aus Ziegelplatten, der zum Heizraum *(praefurnium)* hin sanft abfiel. Im *praefurnium* wurde gut getrocknetes Holz oder Holzkohle verbrannt. Durch eine kaminartige Abzugsanlage wurde der dabei entstehende heiße Rauch langsam durch die Hypokausten genannten Hohlräume unter dem Fußboden geleitet. Der Rauch stieg dann aus den Hypokausten in senkrechte Tonröhren, die in die Wände eingelassen waren: So gaben auch diese stets eine angenehme Wärme ab. In der Nähe des *praefurnium* wurde in einem im Rauchabzug stehenden Bronze- oder Kupfergefäß das Wasser für die warmen Bäder erhitzt; die Badewannen waren in der Regel so in den Fußboden eingelassen, dass das Wasser mit erwärmt wurde – ein ausgereiftes System, das man heute kaum besser planen könnte.

Hier, wo sich zahlreiche Mauerschichten aus verschiedensten Jahrhunderten überschneiden, sind griechische Archäologen noch immer aktiv.

Links und rechts der Straße von der zentralen Bushaltestelle in Richtung Flughafen sind die Archäologen schon vor geraumer Zeit mehrfach fündig geworden. An der Haltestelle Richtung Vathí hat man einen **Tempel für die Liebesgöttin Aphrodite** (röm.: Venus) entdeckt. Zu erkennen sind noch eine Reihe Marmorquader und ein paar Säulentrommeln mit Vertiefungen, in denen einst Bleiklammern saßen, die spätere Generationen längst eingeschmolzen haben. Rechts der Straße weist ein Schild zu den nur 15 m entfernten spärlichen Überresten der **Agorá,** also des antiken Marktplatzes. Man erkennt einige Stufen, herumliegende Säulen und im Hintergrund, 125 m höher, die Panagía Spilianí.

Links an der Hauptstraße weist dann ein Schild zum »Schoolhouse Beach«, rechts ein Wegweiser auf den Fußweg zum »Eupalínos Tunell«. Linker Hand ist dann eine als »Athletic Area of Ancient Samos« markierte Ausgrabungsfläche auszumachen, in der eine Reihe von sieben Säulenstümpfen den bescheidenen Blickfang bildet. **Sportstätten** gehörten zu jeder griechischen Stadt. Zentrales Gebäude war stets ein Gymnasion mit einer gedeckten Laufhalle und vielen Sälen für Ring- und Faustkämpfer. Das hiesige Gymnasion hatte man in hellenistischer Zeit über einem Friedhof aus dem 8./7. Jh. v. Chr., also aus geometrischer Zeit, angelegt. Letzteren untersuchen griechische Archäologen zurzeit.

Römische Thermen

Sámos-Atlas: S. 238, B 4

An das Gymnasion schließt sich die interessanteste archäologische Stätte dieses Spaziergangs an, die **römischen Thermen** (Di–So 8–14.15 Uhr, Eintritt frei). Bis zum Ende des 4. Jh. herrschte hier ein recht freizügiges Treiben, dem erst die Christianisierung des Römischen Reichs Einhalt gebot. Im späten 6. Jh. brach man die Thermen weitgehend ab und errichtete mit dem alten Baumaterial an gleicher Stelle ein Kloster. Zu dessen Komplex gehörten Basilika und Taufkapelle, Zellen, Refektorium und zahlreiche Wirtschaftsräume, darunter Wein- und Olivenpressen, Scheunen und Kalkbrennöfen. Römische und byzantinische Mauerreste durchdringen sich heute in den Ausgrabungen; besonders gut zu erkennen sind das Baptisterium und der Grundriss der Basilika sowie das römische Hypokaustensystem, die ›Fußbodenheizung‹. Reste von nicht-figürlichen Mosaiken sind erhalten, im Eingangsbereich haben die Archäologen zahlreiche Architekturfragmente aufgestellt.

Geht man anschließend weiter in Richtung Flughafen, erreicht man rechter Hand einen minimalen Rest der **Stadtmauer** und den flachen, im 19. Jh. künstlich angelegten **Brackwassersee Glyfáda,** der damals eine heute nur mehr als Ruine vorhandene Wassermühle antrieb. Früher betrieb man im See auch Fischzucht. Am gegenüberliegenden Ufer erhebt sich die kleine **Kapelle Panagítsa,** erbaut über den Resten einer frühchristlichen Basi-

Fantasie benötigt der Besucher der römischen Thermen bei Pythagório.

lika. Zwischen Straße und Meer ragen hier unmittelbar neben dem Hotel Dóryssa Bay die **Tría Dóndia** auf, die ›Drei Zähne‹. Damit sind drei über 6 m hohe Pfeiler aus Steinquadern gemeint, die zu einer frühchristlichen Basilika gehörten, von der ansonsten nur die Grundmauern erhalten blieben. Die Archäologen fanden dazwischen Bodenmosaiken, die sie zu ihrem Schutz jedoch mit Kies bedecken ließen.

Hotel Dóryssa Bay

Sámos-Atlas: S. 238, B 4
Einen Besuch ist abschließend die vorbildliche Hotelanlage Dóryssa Bay wert, erbaut im Stil eines samiotischen Städtchens. Wegweiser führen den Besucher zum **Volkskundlichen Muse-**um (Folklore Museum bzw. Museum Nikoláos Dimitroú, Di–So 10.30–13.30 Uhr), das 1993 auf Initiative und Kosten der Hoteliersfamilie entstand. Es will ein nahezu vollständiges Bild vom Leben auf der Insel vor dem Zweiten Weltkrieg vermitteln. Traditionell eingerichtete Zimmer sind ebenso zu sehen wie die verschiedensten haus- und landwirtschaftlichen Arbeitsgeräte, unterschiedliche Brote für bestimmte Festtage und sogar ein Friseursalon aus der Zeit der samiotischen Autonomie. Viel Raum hat man der Darstellung und Erläuterung alter Handwerkstechniken gewidmet. Der Besucher erfährt etwas über die Arbeit des Korbflechters, des Töpfers, des Zimmermanns, des Schmieds und des Sackmachers, erhält Einblicke in die Tabakverarbei-

Ellinádika

Auch junge Griechen tanzen gern zu griechischer Musik. *Sirtáki* aber ist nicht unbedingt ihr Lieblingstanz. Sie bevorzugen griechischen Rock und Rap. Den hört man bevorzugt in einer Variante der Diskothek, die sich *ellinádiko* nennt. Puristisch streng ist man nur selten. Beliebte angloamerikanische Stücke kann man dort gelegentlich ebenso hören wie ein älteres griechisches Lied, zu dem gelegentlich dann doch einmal *sirtáki* getanzt wird.

tung und Käseherstellung – und kann an einigen Tagen im Jahr sogar Handwerkern bei der Arbeit zusehen. Zum Museum gehört ferner ein moderner Saal mit Bühne, auf der gelegentlich Theateraufführungen und Konzerte stattfinden.

Zum Schluss des Spaziergangs lockt der Strand unmittelbar vor dem Hotel zum Baden: Hier kann man im Schatten alter Tamarisken liegen.

Municipal Tourist Information (Städtische Touristeninformation): Odós Lykoúrgou Logothéti, Tel. 22 73 06 13 89, Fax 22 73 06 10 22, Juni–Sept. tgl. 8–22 Uhr. Die bestorganisierte Auskunftsadresse auf Sámos, englischsprachig. Hier gibt es auch Bus- und Schiffsfahrpläne; Geld kann gewechselt, Schecks können eingelöst werden.

Hafenpolizei (für Schiffsauskünfte): im nördlichen Abschnitt der Hafenpromenade, Tel. 22 73 06 12 25, tgl. 24 Stunden.

Touristenpolizei: Odós Lykoúrgou Logothéti, Tel. 22 73 06 11 00.

Protéas Bay 8 : 1,8 km vom Hafen entfernt, 300 m unterhalb der Hauptstraße nach Vathí gelegen, Tel. 22 73 06 21 44, Fax 22 73 06 26 20, proteas@gemini.diavlos.gr. Am Hang über zwei kleinen, flach abfallenden Kiesstränden erbautes Hotel mit 92 Zimmern in einem Haupthaus sowie in mehreren zwei- und dreigeschossigen Nebengebäuden. Pool, nur im Mai und Oktober geöffnetes Hallenbad, Fitnessraum, Tennisplatz. Mehrmals tgl. kostenloser Shuttle-Bus ins Zentrum von Pythagório. Rauchverbot im Hotelrestaurant. DZ HS 145–374 €, NS 75–274 €.

Dóryssa Bay 9 : an der Straße nach Iréo und Chóra, etwa 2 km vom Hafen von Pythagório entfernt, Tel. 22 73 06 13 60, Fax 22 73 06 14 63, www.doryssa-bay.gr. Das beste und architektonisch schönste Hotel der Insel, das sich zudem durch eine umweltschonende Hotelführung auszeichnet (keine Portionsverpackungen beim Frühstück, Vermeidung von Plastikabfällen, Warmwasseraufbereitung durch Solarenergie). Man wohnt entweder im viergeschossigen Haupthaus mit 170 Zimmern oder im viel schöneren **Dóryssa Bay Village** mit 140 Zimmern, einem künstlichen ›alten‹ Dorf mit individuellen und stilistisch unterschiedlichen ein- und zweistöckigen Häusern, die samiotische Architekturformen nachempfinden. Am Dorfplatz mit echter Kirche konzentrieren sich verschiedene Kunsthandwerksgeschäfte, ein Mini-Markt und ein *kafeníon*. Ein Gebäude im Dorf beherbergt das von der Hotelbesitzerfamilie gestiftete Volkskundliche Museum der Insel (s. S. 115f.). Es gibt einen großen Meerwasserpool mit Planschbecken; am Kiesstrand stehen Liegestühle unter alten, Schatten spendenden Tamarisken. DZ je nach Größe und Saison 74–177 €, Apartments 74–229 €.

Strátos ⏹10: Odós Dimitríou Rafalía, Tel. 22 73 06 11 57, Fax 22 73 06 18 81. Hotel an der byzantinischen Stadtmauer unmittelbar neben dem Hotel Labíto, relativ ruhig gelegen, 26 Zimmer. DZ HS 60–85 €.

Lábito ⏹11: Odós Dimitríou Rafalía, Tel. 22 73 06 10 86, Fax 23 73 06 10 85. Hotel mit 81 Zimmern an der byzantinischen Stadtmauer im historischen Ortszentrum, ganzjährig geöffnet. DZ HS 59 €, NS 42 €.

Zorbas ⏹12: Odós Dámoú, Tel. 22 73 06 10 09, Fax 22 73 06 10 12. Pension mit neun Zimmern am oberen Stadtrand von Pythagório etwas unterhalb der Straße nach Vathí, einige Zimmer und Frühstücksterrasse mit schönem Blick auf den Hafen. Ganzjährig geöffnet. DZ HS 39 €, NS 33 €.

Nicholas ⏹13: Odós Aisópou, Tel. 22 73 06 10 50. Grünes Haus mit rotem Hibiskus davor. Sechs Zimmer, DZ HS 25 €, NS ab 22 €.

Drýoussa ⏹14: Odós Pythágora, Tel./Fax 22 73 06 18 26. Ruhig am Rest der byzantinischen Stadtmauer gelegene Pension mit chilenisch-griechischem Wirtsehepaar. Acht geräumige Zimmer, teils mit Balkon. DZ HS 35–40 €, NS 30 €.

María ⏹15: Odós Aisópou, Tel. 22 73 06 14 81. Rosa Haus mit weiß angestrichenen Balkons, neben Nicholas, davor Oleander. Schöner Anblick, schön in einem der vier ruhigen Zimmer zu wohnen. DZ HS 25 €, NS ab 22 €.

Déspina ⏹16: Odós Agíou Nikoláou/Ecke Platía Iríni, Tel. 22 73 06 16 77, Fax 22 73 06 14 72. Elf Zimmer in zwei kleinen Häusern mit kuscheligem Innenhof dazwischen; einige Zimmer mit Kochgelegenheit. DZ HS 32 €, NS 22 €.

Boúlas ⏹17: Odós Konstantínou Lachaná, Tel. 22 73 06 12 77. Preiswerte Pension, geführt von der freundlichen Kallíopi Boúla. Sechs einfache Zimmer mit Kühl-

schrank, Küchenbenutzung möglich. DZ HS 30 €, NS 20 €.

Aléxandra ⏹18: Odós Metamórfosis Sotiroú, Tel. 22 73 0614 29, Fax 22 73 09 16 71. Acht kleine Zimmer mit Balkon in einem Haus mit einem Garten voller Orangenbäume; relativ ruhig gelegen. DZ HS 24 €.

🍴 **The Oriental** ⏹19: Odós Odysséa Orologá, tgl. ab 18 Uhr (nur Mitte Juni bis Ende August). Asiatische Küche für westliche Gaumen. Hauptgerichte 9–18 €.

Posidónas ⏹20: Rematáki, tgl. ab 10 Uhr. Fischtaverne mit Tischen unter Tamarisken; der Wirt ist Fischer. Hauptgerichte 8–15 €.

Dolíchi ⏹21: Odós Melissoú 13, tgl. 18–24 Uhr, geöffnet ca. 15.12.–31.10. Das kleine, auch von gut situierten Einheimischen gern besuchte Restaurant mit großer Auswahl an guten Whiskys und Weinen zeichnet sich durch seine stilvolle Einrichtung, den gepflegten Service und eine zwar kleine, aber exquisite Speisekarte aus. Hauptgerichte 8–15 €.

Esperídes ⏹22: Odós Despóti Kyríllou, tgl. 18–24 Uhr. Gartentaverne mit gepflegtem Service im Stil eines griechischen Restaurants im Ausland, berühmt für die Fleischspieße mit einer großen Auswahl an verschiedenen Soßen. Interessant sind die jeweiligen Tagesgerichte eher traditioneller Art. Hauptgerichte 7–14 €.

Várka ⏹23: Platía Tarsaná (an der Hafenmole), tgl. ab 9 Uhr, ganzjährig geöffnet. Urige Taverne am Hafen, besonders wegen der kleinen Gerichte zu Wein oder oúzo empfehlenswert. Hauptgerichte 6–12 €.

Rematáki ⏹24: Rematáki, tgl. ab 10 Uhr, ganzjährig geöffnet. Volkstümliche Taverne mit traditioneller griechischer Hausmannskost. Hauptgerichte 6–12 €.

Fáros ⏹25: Rematáki (am nordöstlichen

Ein Platz an der Sonne – am Hafen von Pythagório

Ende der Uferpromenade), ganzjährig tgl. ab 12 Uhr. Auf zwei kleinen Terrassen am Ufer werden hausgemachte Vorspeisen und vor allem frischer Fisch serviert. Hauptgerichte 6–12 €.

Aphrodíti 26: Odós Pythágora, tgl. 12–15, 18–24 Uhr. Gartentaverne unter Orangen, Zitronen-, und Granatapfelbäumen; viele Vorspeisen, große Portionen. Hauptgerichte 6–10 €.

Marítsa 27: Odós Pythágora, tgl. ab 11 Uhr. Große Gartentaverne mit Lammbraten vom Spieß und vielen auch ausgefalleneren griechischen Spezialitäten. Die Fische liefert ein zur Familie gehörender Fischer. Marítsa heißt die Köchin, Sohn Spýros organisiert den Service. Hauptgerichte 6–10 €.

Avlí 28: Odós Metamórfosis Sotiroú (am Kástro), tgl. 12–15, 18–24 Uhr, auch Pizza Express mit Lieferung in Apartments und Pensionszimmer (Tel. 22 73 06 17 66). Über das Essen in der Taverne selbst sind die Meinungen sehr geteilt: An manchen Tagen sind die Gäste begeistert, an anderen brennt in der Küche schon mal etwas an. Der Service ist immer gut und freundlich. Hauptgerichte 5–9 €.

Lemoniés/Lemon Trees 29: Odós Efesoú, 15 m rechts der Straße nach Iréo und Chóra, etwa 200 m von der zentralen Bushaltestelle entfernt, tgl. ab 12 Uhr. Etwas versteckt und darum abseits der großen Touristenströme gelegene Gartentaverne in ländlicher Umgebung mit einer Kiesterrasse unter Zitronenbäumen; familiärer Service. Hauptgerichte 5–9 €.

Aisthisí: Odós Lykoúrgou Logothéti. Juweliergeschäft, in dem die

Inhaberin Georgía Spyrídono Vasen nach antiken Vorbildern bemalt.

Kallísti: Odós Lykoúrgou Logothéti. Jánnis Spyrídonos präsentiert in seiner Galerie nur Werke zeitgenössischer griechischer Künstler und Kunsthandwerker. Darunter sind auch Silberschmuck und -objekte, Keramik, Glas und Seidenmalereien sowie handgemalte Ikonen.

Musical Instrument Work Shop Giánnis Louloúrgas: Odós Metamórfosis Sotiroú (nahe dem Kástro). Werkstatt und Laden eines Instrumentenbauers, der die typisch griechischen Saiteninstrumente *bouzoúki* und *baklamá* in Handarbeit herstellt. Im Sommer stellt er jetzt aber zunehmend Souvenirs ins Schaufenster.

La Nuit: an der Hafenpromenade zwischen Taxistandplatz und Mole, im Hochsommer tgl., in der Vor- und Nachsaison nur Fr–So ab 22 Uhr. Musikclub, in dem fast ausnahmslos moderne griechische Musik gespielt wird – von Theodorákis bis zu Hardrock und Punk.

Labíto: Odós Georgiádi, im Sommer tgl. ab 23 Uhr. Älteste Disco der Stadt, Musikprogramm je nach Publikum.

Totém: 8 km außerhalb von Pythagório an der Straße nach Vathí, im Sommer meist Fr–So ab 23 Uhr. Irre Disco unterm Sternenhimmel, an deren Eingang Nachbildungen von indianischen Totem-Pfählen stehen. Drinnen Wasserbecken, die von manchen auch zur Erfrischung genutzt werden.

Im Juni: Eintägiges Fischerfest mit Musik und Tanz, kostenlosem Fisch und Wein für alle, Spazierfahrten mit Fischerbooten.

24. Juni: Volksfest mit Folklore auf der Platía Iríni.

6. August: Fest zum Gedenken an den 6. August 1824 mit Folkloredarbietungen und Wettschwimmen.

20./21. November: Kirchweihfest im Kloster Panagía Spilianí.

Zahlreiche **Ausflugsboote** haben in Pythagório ihren Standort. Angeboten werden außer Fahrten zu diversen Stränden (z. B. nach Psilí Ámmos und zum Tsópela Beach, Touren zu den Inseln Pátmos und Samiopoúla sowie während der Hauptsaison auch nach Kuşadası/Ephesos in der Türkei.

Kein Stadtbusverkehr.
Zentrale Haltestelle der Inselbusse an der Kreuzung Odós Lykoúrgou Logothéti/Odós Polykrates (Straße nach Vathí); Endhaltestelle der Busse von Vathí hierher und Haltestelle der Busse nach Chóra und Mytiliní auch am Hotel Dóryssa Bay.

Linienbusverbindungen in der Hauptsaison (in Klammern Zahl der Verbindungen im Winter): Nach Vathí Mo–Fr 14x (8x), Sa/So 8x (nur Sa 4x). Nach Chóra Mo–Fr 7x (6x), Sa 3x (0x). Nach Mytiliní Mo–Sa 2x (2x). Nach Iréo Mo–Fr 5x (2–3x), Sa/So 2x (0x). Nach Mýli und Pagóndas Mo–Fr 2x (2x). Über Pírgos nach Karlóvassi Mo–Fr 1–2x (1–2x). Über zusätzliche Verbindungen zwischen dem 16.7. und 20.8. informiert die Tourist Information; Fahrplanaushang meist an der zentralen Bushaltestelle.

Taxistandplatz am unteren Ende der Odós Lykoúrgou Logothéti nahe dem Hafen; **Funktaxis,** Tel. 22 73 06 14 50.

Die meisten **Tragflügelboote,** die von Vathí zu den Inseln des Dodékanes fahren, stoppen kurz in Pythagório. So sind auch Fahrten zwischen den beiden samiotischen Städten möglich.

Außerdem ist Pythagório Fährhafen für das **Linienschiff** ›Nísos Kálymnos‹, das von hier 2x wöchentl. zu den Inselzwergen Agathonísi, Arkí und weiter nach Pátmos, Lípsi, Léros und Kálymnos fährt.

VON IREO ÜBER DAS HERAION NACH MYLI

Kein Urlauber wird Sámos verlassen, ohne die berühmteste antike Stätte der Insel besucht zu haben: das Heiligtum der Göttin Hera, Schwester und Gemahlin des Zeus. Weil die Stätte kein Disneyland der Archäologie voller Rekonstruktionen und Touristengruppen ist, wird man die einzigartige Harmonie verspüren können, die die alte griechische Architektur durch ihre Einbindung in die Natur auszeichnet.

Iréo

Sámos-Atlas: S. 237, D 3

Der heutige Küstenort **Iréo** ist im Winter fast menschenleer, im Sommer aber ein äußerst trubeliges, überwiegend von jüngeren deutschsprachigen Urlaubern besuchtes Ferienzentrum. Ursprünglich war er nichts weiter als der Bootslandeplatz für das große Bergdorf Pagóndas. Seit dem 19. Jh. entstanden hier dann einige ärmliche Fischerhäuser, von denen Spuren noch entlang der autofreien, heute von Tavernen gesäumten Uferpromenade zu erkennen sind. Sie verleihen Iréo, dem ›der Hera gehörenden‹ Ort, ein besonderes Flair. Dahinter ist das moderne, ganz dem Tourismus geweihte Iréo seit den 80er Jahren des 20. Jh. mit schachbrettartig angelegten Straßen entstanden. Großhotels fehlen, viele der zumeist zwei- und dreigeschossigen Hotels und Pensionen sind von herrlich blühenden Pflanzen überwu-

chert. Landseitig begrenzt ein duftender Pinienwald Iréo auf mehreren hundert Metern; entlang der Bucht zieht sich vom Ortszentrum bis hinüber nach Pythagório kilometerweit ein Strand aus grobem Kies und wackeren Kieselsteinen. Im Osten des Dorfzentrums legte man in den 90er Jahren des gerade zu Ende gegangenen Jahrhunderts einen kleinen Fischereischutzhafen an, den auch Yachten und Ausflugsboote nutzen; etwa 700 m östlich der Mole steht zwischen den beiden winzigen Kieselsteinbuchten des Papá Beach eine Taverne unter hohen Kiefern.

Der Ort darf weitere Pluspunkte für sich verbuchen. Zwei Sehenswürdigkeiten lassen sich von Iréo aus leicht zu Fuß erreichen: das nur 800 m entfernte Heraíon, der Tempel der Hera, und der 1400 m entfernte Pírgos Sarakínis – und auch das stille Binnendorf Mýli mit seiner einzigartigen Platía ist nur eine Wegstunde entfernt.

Páris Beach: Tel. 22 73 09 53 97, 22 73 09 52 42. Nur 50 m vom Strand und der Platía entfernt gelegenes, in Blau und Weiß gehaltenes Hotel mit 17 Zimmern, jedes mit Kühlschrank. DZ HS 50 €, NS 45 €.

Angelikí: an der 3. Parallelstraße zur Uferstraße, Tel. 22 73 09 53 35, Fax 22 73 09 53 98, amoshoti@otenet.gr. Ruhig neben der Dorfkirche gelegenes, zweistöckiges Hotel, dessen Fassade in den Sommermonaten völlig von Bougainvilleen überrankt wird; vor dem Haus wachsen schöne Araukarien. Im Hochsommer Klimaanlage von 16–24 Uhr verfügbar. DZ HS 37 €, NS 31 €.

Ermióni: in der 2. Parallelstraße zur Uferstraße in Richtung Hafen, am Rand eines Pinienwäldchens gelegen, Tel. 22 73 09 53 64, www.pension-ermioni-samos.de. Etwa 70 m vom Strand entfernte Pension eines deutsch-griechischen Ehepaars. Wirtin Ulrike ist Krankengymnastin und bietet neben orthopädischen Betten auf Wunsch auch Massage (17 € für 30 Minuten) und Gymnastik (15 € für 20 Minuten) an. Ihr Mann Jánnis ist Bio-Bauer, was sich auch am üppigen Frühstück zeigt. Die beiden haben drei Kinder und freuen sich auch über Gästekinder. Gäste können auf Wunsch an der Feldarbeit teilnehmen. DZ HS 35 €, NS eventuell Spezialangebote.

Pelagía: in der 3. Parallelstraße zur Uferstraße, Tel. 22 73 09 52 98. 100 m von der Platía und 70 m vom Strand entfernte, dreigeschossige Pension mit neun Zimmern. Der junge Inhaber Alékos ist Taxifahrer in Vathí. DZ HS 30–35 €, NS 25 €.

The Fisherman: an der Uferstraße, tgl. ab 11 Uhr. Einfach-urige Fischtaverne. Wirt John Kanéllis geht morgens noch selbst fischen, seine Frau grillt die fangfrischen Exemplare mit vielen Kräutern. Hauptgerichte 5–12 €.

Die Fischerei spielt in Iréo nur noch eine untergeordnete Rolle.

Ritsa: an der Uferstraße unmittelbar am Ortseingang, ganzjährig tgl. ab 10 Uhr. Wirtin Elefthería Spartsí spricht Deutsch und führt eine deutsche Speisekarte, kocht aber echt griechische Hausmannskost. Hauptgerichte 5–10 €.

Réna: an der Uferstraße, tgl. ab 12 Uhr. Terrasse am Strand; frischer Fisch vom eigenen Boot. Hauptgerichte 5–9 €.

Badeboote fahren zum Tsópela Beach und nach Samiopoúla, bei genügend Nachfrage auch nach Bállos und Órmos Marathókampou.

Bushaltestelle am Ortseingang. Von Vathí und Pythagório nach Iréo im Sommer Mo–Fr 5x tgl. (im Winter 2x), Sa/So 2x tgl. (im Winter 0x).

Taxistand an der Platía.

Das Heraíon

Sámos-Atlas: S. 237, E 3

Die bedeutendste archäologische Stätte der Insel wirkt auf den ersten Blick enttäuschend. Nur eine einzige, etwa 10 m hohe Säule steht noch aufrecht; ansonsten sind lediglich die Umrisse von Gebäuden im brettartig flachen Gelände nahe dem Meer zu sehen. Hier waren keine Restauratoren am Werk wie in Delphi auf dem griechischen Festland oder im Asklipiíon auf der nahen Insel Kos; hier hat auch keine kontinuierliche Weiterbesiedlung wie auf der Akropolis von Athen für die Bewahrung historischer Bauten gesorgt. Alles, was die Mitarbeiter der Berliner Museen und ihre zeitweise bis zu 300 samiotischen Tagelöhner zwischen 1910 und 1914 vom antiken

Hera-Heiligtum freilegten, war zuvor von meterhohem Schlamm bedeckt, den die beiden Mündungsarme des Flüsschens Imvrássos hier abgelagert hatten. Nur die eine Säule ragte daraus schon immer hervor. Eine beispielhaft gründliche Erforschung des Heraíons begann 1925 unter Federführung und auf Kosten des Deutschen Archäologischen Instituts, dessen Mitarbeiter heute noch hier tätig sind. Sie brachten nicht nur zahllose Kunstwerke ans Tageslicht, von denen nur ein kleiner Teil im Archäologischen Museum von Vathí ausgestellt ist, sondern enthüllten darüber hinaus die Baugeschichte des Heiligtums. Sie zeichnet die Samioten der archaischen Zeit als wahre ›Revolutionäre‹ in Sachen Tempelbau aus (Di–So 8.30–15 Uhr, Eintritt 3 €, Kombi-Ticket Heraíon und Tunnel des Eupalínos 6 €).

Baugeschichte – Die revolutionären Ideen der Samioten

Menschen siedelten an der Stelle des heutigen Heraíons schon vor 4500 Jahren. Sie wohnten in einfachen Häusern aus Feldsteinen und luftgetrockneten Lehmziegeln und umgaben ihr Dorf mit einer Mauer. Diese sollte nicht nur Feinde, sondern auch saisonale Hochwasser des Imvrássos und wilde Tiere fernhalten und zugleich das Entlaufen von Haustieren verhindern. Die Bewohner verehrten eine Fruchtbarkeitsgöttin und opferten ihr auf einem eigens dafür hergerichteten Platz im Dorf. Auf diesem Platz stand ein Lygos-Baum, ein Keuschlammstrauch, dessen Stumpf die Archäologen fanden.

Zu Beginn des 1. Jt. v. Chr. pflasterte man diesen Platz, schuf einen steinernen Opferaltar und legte zwei Brunnen an. Ein Jahrhundert später erbaute man dem Kultbild der Hera ein steinernes Haus, das vielleicht so aussah wie das Modell eines Gebäudes, das heute im Archäologischen Museum von Vathí zu sehen ist (s. S. 76ff.). Im 8. Jh. v. Chr. brach schließlich ein neues Zeitalter an: Die Samioten stifteten ihrer Göttin den ersten Tempel Griechenlands. Dieser Hekatompedos (100-Fuß-Tempel) war über 32 m lang und 6,50 m breit. Über einem Sockel aus Kalksteinquadern erhoben sich mit farbig bemaltem Stuck überzogene Lehmziegelwände, 13 hölzerne Pfosten trugen innen ein Dach aus Schilf und Stroh. Der uralte Altar blieb an Ort und Stelle vor dem Tempel, wurde aber mit einer schönen Kalksteinmauer ummantelt. Gegen Ende desselben Jahrhunderts hatten die Samioten wieder eine revolutionäre Idee: Sie umgaben den Tempel mit hölzernen Säulen. Der Ringhallentempel war erfunden, bis heute Inbegriff griechischer Tempelarchitektur. Das mag ganz praktische Gründe gehabt haben – durch diese ringsum laufende Vorhalle wurden die Lehmziegelwände vor Regen geschützt.

In der Mitte des 7. Jh. v. Chr. brannte dieser erste Hekatompedos ab. Nun baute man ihn gleich mit Ringhalle neu wieder auf, ließ aber die das Dach stützende Pfostenreihe im Inneren weg. Sie war überflüssig geworden, weil man die Wände des Tempels nun vollständig aus Kalkstein errichtete und so einen der ersten steinernen Tempel Griechenlands schuf. Noch hatten die Kalksteinblöcke allerdings nur die Größe der zuvor verwendeten Lehmziegel.

Bescheidene Reste einer berühmten Kultstätte: das Heraíon

Um 570 v. Chr. sprengten die Ideen der Samioten alles bisher Dagewesene. Sie ließen den Hera-Tempel abbrechen, um an seine Stelle einen zwölfmal größeren Kultbau zu stellen, wie ihn Griechenland bis dato nicht gesehen hatte. Die Anregung dazu hatten die Insulaner vielleicht von den gewaltigen Tempelbauten Ägyptens gewonnen, die sie auf ihren Handelsfahrten an den Nil sicherlich bewundert hatten. Sie übernahmen die ungeheure Monumentalität, schufen aber völlig neue Formen. Bauleiter und Architekten waren zwei Samioten, deren Namen überliefert sind: Rhoikos und Theodoros. In nur 15 Jahren entstand ein Bauwerk, wie es Europa noch nie gesehen hatte. 12 000 m^3 Stein mussten gebrochen, zur Baustelle transportiert und dort millimetergenau passgerecht zugeschnitten werden. In den Wäldern mussten Bäume gefällt und zu Balken zurechtgeschnitten werden, die eine Dachfläche von mehr als einem halben Hektar zu tragen hatten. 10 000 flache Ziegel von 80 x 80 cm Größe wurden gebrannt und dazu noch einmal die gleiche Menge Deckziegel für die Versiegelung der Stoßfugen. Insgesamt maß der fertige Tempel 105 m in der Länge und 52 m in der Breite. 104 jetzt steinerne Säulen bildeten die Ringhalle, weitere 30 Säulen stützten innen das Dach. Gleichzeitig wurde der Opferaltar monumental: Er maß jetzt 35,6 x 16,8 m.

Unerfahrenheit hatte jedoch zu einem gravierenden Fehler geführt. Die Architekten hatten nicht berücksichtigt, dass sie in Schwemmland bauten, und den Tempel nicht tief genug im Boden

verankert. Der Boden gab nach, im Dachgebälk und den Tempelmauern zeigten sich Risse, die Säulen neigten sich zur Seite. Reparaturen waren sinnlos. Polykrates beschloss, den Tempel völlig abbrechen und um 40 m seitlich versetzt noch gewaltiger wieder aufbauen zu lassen. Abbruch und Neubau gingen Hand in Hand. Für das nun viel stärker ausgelegte Fundament benutzte man überwiegend Baumaterial vom abgerissenen Tempel – was heute noch eindrucksvoll auch für den Laien erkennbar ist. Sogar für das Mauerwerk konnte man alte Quader wieder verwenden. Basen und Kapitelle des inneren Säulenkranzes der Ringhalle und die gesamten Säulen des äußeren Kranzes wurden völlig neu aus prächtigem Marmor geschaffen. Die aus einem Stück gearbeiteten Kapitelle wogen nun bis zu 20 t – niemand weiß genau, wie es gelang, sie auf die Säulen zu setzen.

Der Tempel des Polykrates aber wurde nie fertig gestellt. Das 5. Jh. v. Chr. brachte neue Machtverhältnisse in Griechenland mit sich, der Stern von Sámos sank, Athen und Sparta schälten sich als die neuen Großmächte im ägäischen Raum heraus. 300 Jahre nach dem Tod des Polykrates stellte man die Bauarbeiten am Hera-Tempel endgültig ein; in christlicher Zeit brannte man die antiken Steinblöcke zu Kalk, verwendete sie für den Haus- und Mauerbau. Erdbeben und die ständigen Überschwemmungen durch den Imvrássos trugen das ihre dazu bei, dass heute nur wenig vom Tempel zu sehen ist. Wer jedoch um seine Baugeschichte weiß und auf Details ach-

PFLANZENWELT UND MYTHOLOGIE

Viele Pflanzen, die man in Griechenland sieht, spielten in der altgriechischen Mythologie eine Rolle. So der im Sommer gelb blühende, bis zu 4 m hohe Riesenfenchel *(Ferula communis),* der mit einem leicht entzündbaren Mark gefüllt ist. Wird im Herbst und Winter das trockene Mark angezündet, verglimmt es, ohne dass die Rinde verbrennt. In der Antike glaubte man, Prometheus habe so gegen den Willen der Götter die Glut aus der Schmiede des Hephaistos auf die Erde gebracht. Der Riesenfenchel war auch den Anhängern des Weingotts Dionysos heilig. Man setzte dem Stängel einen Pinienzapfen auf und erhielt so einen Thyrsosstab, ein phallisches Fruchtbarkeitssymbol. Zugleich gewann man auf diese Weise einen Stab, auf den man sich seiner Stärke wegen nach reichlichem Weingenuss einerseits stützen, mit dem man andererseits aber – dank seiner Biegsamkeit – in weinseliger Rauflust niemanden ernsthaft verletzen konnte.

Unter dem zwischen Juni und September hellviolett blühenden Keuschlammstrauch *(Vitus agnus castus)* vollzog sich alljährlich im Hera-Heiligtum die mystische Hochzeit zwischen Hera und Zeus (s. S. 126f.). Keuschlamm heißt die Pflanze, weil der Genuss ihrer kleinen Früchte nach alter Überlieferung die Liebeslust verleidet. Bekannt ist der Strauch auch als ›Mönchspfeffer‹. Zum einen, weil ihn die Gottesdiener der Unterdrückung ihrer Sexualität halber schätzten, zum andern, weil sie ihn seiner Schärfe wegen den Speisen zusetzten.

tet, wird immer noch genug Zeugnisse für die unvorstellbaren Leistungen vorfinden, die die Samioten vor über 2500 Jahren vollbrachten.

Weitere Bauten im Heiligtum

Der Hera-Tempel, der riesige Altar und der Altarvorplatz waren zu allen Zeiten das geistige und architektonische Zentrum des Heiligtums. Darüber hinaus gab es mindestens seit der Mitte des 7. Jh. v. Chr. weitere Bauten. Der Heilige Bezirk wurde zum Teil durch Mauern und Tore von der profanen Umgebung abgetrennt und so als Eigentum der Göttin markiert. Eine Prozessionsstraße zum Meer hin und eine Heilige Straße von der Stadt her wurden zunächst gepflastert und später verbreitert. Um 635 v. Chr. entstand eine erste lange Säulenhalle zur Aufnahme kostbarer Weihegeschenke oder auch zum Schutz der Pilger vor Sonne und Regen. Überall im Heiligtum wurden Statuen auf feste Basen oder Fundamente gestellt. Seit dem 6. Jh. v. Chr. stifteten fremde Städte und Inseln Schatzhäuser im Heiligtum, in denen sie ihre Weihegeschenke zur Schau stellten. Neben dem mächtigen Tempel für Hera entstanden ein Tempel für den Kaufmannsgott Hermes und die Liebesgöttin Aphrodite, später einer für den Gott des Lichts, Apoll, und für Artemis, die Göttin der Jagd.

125

Der Kult und die antiken Tempelfeste

Über 1400 Jahre lang bildete das Heraíon den kultischen Mittelpunkt des samiotischen Lebens. In all dieser Zeit (die, das muss man sich klarmachen, dem Zeitraum zwischen der Geburt des Propheten Mohammed und heute entspricht) stand ein hölzernes Kultbild im Mittelpunkt aller Handlungen im Heiligtum. Das älteste, wahrscheinlich um 650 v. Chr. verbrannte Kultbild deutete menschliche Körperformen wahrscheinlich nur an, ähnelte eher einem Stamm. Vielleicht war es lebensgroß, sicherlich funkelten aus seinen Augenhöhlen glitzernde Edelsteine. Es galt als ›vom Himmel gefallen und nicht von Menschenhand gemacht‹. Diese Eigenschaft sprechen orthodoxe Christen übrigens manchen Ikonen zu. Das um 650 v. Chr. neu geschaffene Kultbild war ebenfalls aus Holz geschnitzt, trug indes schon deutlich anthropomorphe Züge. Münzen aus dem 3. Jh. zeigen wahrscheinlich diese Gestalt. Die Göttin ist hier in einem prächtigen Gewand dargestellt, mal in einem Tempel, mal auf einer Art Thron, den zwei Pfauen flankieren. Wie Ikonen in orthodoxen Kirchen war das Kultbild kein bloßes Abbild der heiligen Gestalt; sie war vielmehr in ihm gegenwärtig.

Zweimal im Jahr fanden große Tempelfeste zu Ehren der Göttin statt. Die Männer nahmen daran unter Waffen teil, Mädchen und Frauen trugen lange weiße Gewänder und kostbaren Goldschmuck. Während der Feste vollzogen die Menschen Ereignisse aus dem Leben der Göttin nach: nicht als histo-risches Schauspiel, sondern als Vergegenwärtigung etwas sich alljährlich Wiederholenden (ähnlich wie Karfreitagsprozession und Ostergottesdienst in der orthodoxen Kirche). Vor Frühjahrsbeginn beging man die ›Heilige Hochzeit‹ zwischen der auf Sámos ja vorwiegend als Fruchtbarkeitsgöttin verehrten Hera und ihrem Gemahl Zeus. Durch diese Hochzeit (oder profaner gesagt: Begattung) erneuerte sich alles Leben auf der Erde, das der Menschen wie das der Tiere und der Pflanzenwelt. Was genau bei diesem Fest geschah, ist leider nicht bekannt. Im Hochsommer wurde dann die *Tónaia* begangen. Man trug das Kultbild der Hera in feierlicher Prozession ans Meeresufer, unterzog es einer rituellen Reinigung im Wasser, kleidete es anschließend in frisch gewaschene Gewänder, speiste es mit Opferkuchen und umhüllte es vielleicht mit Zweigen des Keuschlammstrauchs. Durch dieses Bad im Meer erlangte Hera ihre Jungfräulichkeit zurück, sodass sie im nächsten Vorfrühling wieder den Gott empfangen, also die Heilige Hochzeit vollziehen konnte.

Neben diesen beiden Festen konnten das ganze Jahr über am großen Altar Tieropfer für die Göttin dargebracht werden. Bei bedeutenderen Opfern zog man in feierlicher Prozession ins Heiligtum. Vorneweg schritt eine Frau mit einem Korb, in dem die notwendigen Gerätschaften wie Opfermesser und Schlachtbeil lagen. Ihr folgten die anderen Teilnehmer mit Kränzen aus Keuschlammzweigen auf dem Kopf. Das mitgeführte Opfertier war mit Tuchbinden und Blumenkränzen geschmückt; meist handelte es sich um ein Kalb. Nach einer Reihe von Ritualen wurde es betäubt, dann schnitt man ihm die Kehle durch. Einige Schalen Blut und Teile des Tiers wurden auf dem Altar verbrannt, den Rest verspeisten die Opferteilnehmer am Ende der rituellen Handlung.

Rundgang

Der heutige **Eingang** liegt leider auf der Rückseite des Heiligtums. Mein Vorschlag: Durchqueren Sie zunächst einmal das Ausgrabungsgelände, um zur Heiligen Straße zu gelangen, über die auch die antiken Pilger von Pythagório her kamen, und beginnen Sie dort Ihre Besichtigung. Die verschiedenen Monumente zu finden und zu identifizieren, ist übrigens einfach, da sie durch griechische und deutsche Inschriften auf Hinweissteinen markiert sind.

Das östliche Ende der **Heiligen Straße** begrenzt heute ein Maschendrahtzaun, auf dessen anderer Seite die deutschen Archäologen noch tätig sind. Jenes Gelände darf nicht betreten werden. Den Eingang zum Heiligen Bezirk bildete hier ein Propylon, ein

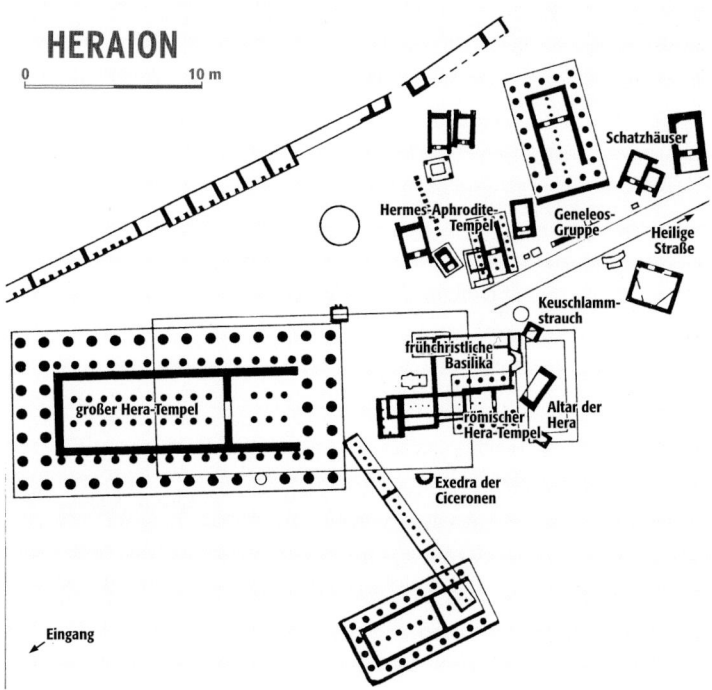

HERAION

0   10 m

Schatzhäuser

Hermes-Aphrodite-Tempel

Geneleos-Gruppe

Heilige Straße

Keuschlamm-strauch

frühchristliche Basilika

großer Hera-Tempel

Altar der Hera

römischer Hera-Tempel

Exedra der Ciceronen

Eingang

ARCHÄOLOGEN-ALLTAG AUF SAMOS

Bei Sonnenaufgang rasselt der Wecker. Das ist im August und September, den beiden jährlichen Grabungsmonaten, schon sehr früh. Schlaftrunken rapple ich mich auf und öffne die Fenster meiner Hütte im Heraíon. Glutrot schiebt sich der Sonnenball über den Gipfel der Mykale-Berge drüben in der Türkei. Der Duft der frischen Kräuter unten im Hof steigt mir in die Nase. Die griechische Köchin hat in der Küche das Frühstück bereitet. Allmählich trudeln alle ein. Kurz wird besprochen, was heute ansteht: Die gestern freigelegten Fundamente müssen akkurat vermessen, gezeichnet und fotografiert werden. Die Erde aus dem Brunnen daneben muss sorgfältig ausgehoben und auf mögliche Funde untersucht werden. Jeder weiß, was er zu tun hat. Unser Team von zehn Mitarbeitern besteht aus Archäologen, Architekten, Vermessungstechnikern und Restauratoren.

Wir genießen die kühle Morgenluft, treffen bei dem Wahrzeichen des Heraíons, der einzigen noch aufrecht stehenden Säule mit ihren verschobenen Säulentrommeln, auf die Grabungsarbeiter aus den umliegenden Dörfern und schlendern gemeinsam in den für Touristen gesperrten Teil der Grabung. Der deutsche Grabungsleiter weist die etwa 20 Arbeiter ein. Emsiges Werkeln beginnt: Hier wird geschippt, dort wird Abraum in bereitstehende Loren verladen und zum Schutthügel gebracht. Sorgfältig werden Scherben, Münzen, Glasfragmente und andere Kleinfunde in die zur jeweiligen Fundstelle gehörenden Holzkästen gelegt, die durch Nummern und Buchstaben gekennzeichnet sind. Zwei Frauen waschen die Scherben, legen sie auf ein Sieb zum Trocknen. Dann werden sie von zwei Archäologinnen katalogisiert, gezeichnet, nach Ton und Farbe bestimmt. Zusammengehörende Teile wird später die Restauratorin bearbeiten. Architekturstudentinnen zeichnen die am Vortag freigelegten senkrechten ›Schnitte‹: jede Scherbe, die aus dem Boden herausschaut, jede Verfärbung der Erde wird festgehalten.

Endlich zwölf Uhr, Mittagspause. Die Arbeiter machen's sich unter schattigen Bäumen gemütlich und packen aus: Oliven, Käse, Brot, Tomaten und Gurken. Wir versammeln uns in der Küche um die riesige Kartoffelschüssel. Dazu gibt es Gemüsesuppe und für jeden ein Fläschchen *retsína* zur Wiederbelebung. Nach einer halben Stunde geht es weiter.

Um 17 Uhr ist Feierabend für die Arbeiter, die fröhlich nach Hause ziehen. Für uns geht es noch weiter. Der Architekt fotografiert von einer hohen Leiter aus wie jeden Abend die neue, sich täglich ändernde Grabungssituation. Im Hof besprechen wir bei einem erquickenden *oúzo* das Tagesergebnis. Nach dem keineswegs üppigen Abendessen erledigt jeder in seinem Zimmer die schriftlichen Arbeiten beim Licht einer Petroleumlampe. Später fahren wir nach Pythagório, um in einer Taverne mit Wein vom Fass und *mezédes* den gemütlichen Teil des Tages zu beginnen. Und jeder hofft, dass am nächsten Tag endlich ein sensationeller Fund gelingt…

Renate Scheiper

Torgebäude mit je vier Säulen auf beiden Schmalseiten. Die Heilige Straße erhielt um 200 den Pflasterbelag, auf dem der heutige Besucher geht. Sie führte 6 km weit von der antiken Stadt hierher. Entlang der Heiligen Straße standen mehrere, nicht näher identifizierbare **Schatzhäuser** und zahlreiche Weihegaben, von denen noch etliche Fundamente bzw. Basen zu erkennen sind. Auch der große *koúros*, jetzt im Archäologischen Museum von Vathí (s. S. 78f.), wurde hier gefunden. Die meisten Statuen standen des besseren Lichteinfalls wegen auf der Nordseite der Straße; auf der Südseite hatte man überwiegend Inschriftensteine positioniert.

Kurz vor dem Endpunkt der Heiligen Straße stellten die Archäologen am Originalstandort auf der Originalbasis eine Kopie der **Geneleos-Gruppe** auf (s. S. 77). Hinter der Geneleos-Gruppe bedeckt Erde die nur mehr spärlichen Fundamente eines Tempels aus dem 6. Jh. v. Chr. Wohl Apoll und Artemis geweiht war er schon in hellenistischer Zeit wieder verschwunden.

Am Ende der Heiligen Straße ist ein **Hermes-Aphrodite-Tempel** aus archaischer Zeit markiert, dessen Überreste in römischer Zeit zum Teil mit einem neuen Tempel überbaut wurden. Wendet man sich nun nach links, gelangt man zu den Überresten einer einst 27 m langen **frühchristlichen Basilika.** Der ursprünglich dreischiffige Bau aus dem 5./6. Jh. sollte damals kundtun, dass der Bezirk nun endgültig in den Besitz des neuen Gottes übergegangen sei. Die erhaltene Apsis stammt allerdings nicht mehr von dieser Basilika, sondern von einer im 16. Jh. über ihrem Ostteil errichteten kleinen Kreuzkuppelkirche. Gleich hinter der Außenmauer der Apsis wächst heute wieder ein **Keuschlammstrauch,** wie er einst der Hera heilig war.

Er steht bereits auf dem Areal des **Großen Altars der Hera.** Um 560 v. Chr. erhielt dieser seine heute noch erkennbare Form: ein Rechteck von 36,5 m Länge und 16,5 m Tiefe. Drei 5–7 m hohe und 2,5 m breite Mauern hielten den Wind vom Altartisch fern, nur zur Front des Großen Hera-Tempels hin war der Altarbereich offen. Ein Fries, das in Reliefs Tierkämpfe und Sphingen zeigte, schmückte die Innenseite der Mauern, nach oben hin schlossen diese mit Eierstab-Profilen ab. Altar und Pflaster bestanden ursprünglich aus Kalkstein; in römischer Zeit erneuerte man beide in Marmor, übernahm dabei aber weitgehend die archaischen Elemente.

Unmittelbar westlich des Großen Altars haben die Archäologen Fundamente als **römischen Hera-Tempel** ausgewiesen. Der riesige Hera-Tempel des Polykrates war ja nie fertig gestellt worden und in römischer Zeit gewiss bereits baufällig. So nutzte man ihn nur noch als Gemäldegalerie und erbaute stattdessen einen sechzehnfach kleineren Tempel, von dem lediglich einige Säulenbasen und Bodenplatten erhalten blieben.

Südwestlich davon ist ein halbkreisförmiger Statuensockel als **Exedra der Ciceronen** gekennzeichnet. Auch dieses Kalksteingemäuer stammt aus römischer Zeit und trug einst Statuen der

Cicero-Brüder und ihrer Familienangehörigen. Marcus Tullius Cicero, Staatsmann und von vielen Lateinschülern mühsam übersetzter Meister der römischen Prosakunst, besuchte Sámos im Jahr 51 v. Chr. und stiftete bei diesem Anlass vielleicht die Exedra.

Zum Abschluss des Rundgangs kann man sich nun ausführlich den Ruinen des **Großen Hera-Tempels** widmen. Vom 100 Fuß langen Hekatompedos ist nichts mehr zu sehen. All das Gemäuer, das jetzt freiliegt, ist Teil des Fundaments und war bis auf die oberste Steinlage einst von Erde bedeckt. Für das Fundament des Polykrates-Tempels fanden zahlreiche Basen der Säulen des Vorgängerbaus

Leider nur von außen zu besichtigen: Pírgos Sarakinís

Das Hinsehen lohnt die einzige noch aufrecht stehende Säule, von den Einheimischen »Kolónna« genannt. Sie stammt vom Bau des Polykrates, war einst Teil der von 124 Säulen gebildeten Ringhalle. Ursprünglich ragte sie etwa 20 m empor, also doppelt so hoch wie der Teil, den man heute noch sieht!

Natural Herbs Shaliaris Mansfeld: an der Abzweigung zum Heraíon kurz vor Iréo. Produkte der Insel wie Essig und Öl, Oliven und Olivenseife, *soúma*, Kerzen, Honig und Kräuter.

Die **Busse** nach Iréo halten an der Abzweigung zum Heraíon, das von der Haltestelle noch ca. 300 m entfernt ist.

Zum Pírgos Sarakinís...

Sámos-Atlas: S. 237, D 3
Von der zentralen, 1999 modern gepflasterten Platía von Iréo aus führt eine Asphaltstraße zum gegenüber einer Feldkaserne gelegenen **Pírgos Sarakinís** mit der Doppelkirche Ágios Ioánnis ke Geórgios. Der zinnenbekrönte Turm aus dem Jahr 1577 und das weiße Gotteshaus aus dem 17. Jh. gehören mitsamt den umliegenden Ländereien heute dem Johanneskloster auf Pátmos, das den Boden von Pächtern bestellen lässt. Ein gewisser Nikólaos Sarakiní, einer der ersten Männer, die Sámos 1562 wieder besiedelten, soll ihm

wieder Verwendung; sie sind besonders schön und deutlich zu erkennen. Ihre überraschend gleichmäßigen, waagerechten Kanneluren wurden vermutlich auf Drehscheiben gedrechselt. Wie es gelang, diese Drehscheiben mit ihrer tonnenschweren Last anzutreiben, bleibt bis heute ein Rätsel.

diesen Besitz testamentarisch vermacht haben. Angeblich war Sarakiní ein christlicher Seeräuber in osmanischen Diensten, der als Belohnung für seine bösen Taten mit Ländereien auf Sámos bedacht worden war. Der Turm kann gar nicht, die innen völlig schmucklose Kirche nur selten besichtigt werden, da der gesamte Gebäudekomplex noch landwirtschaftlich genutzt und von einem Hund bewacht wird.

... und weiter nach Mýli

Sámos-Atlas: S. 237, D 2
Kurz darauf teilt sich die Straße. Links geht es hinauf nach Pagóndas, rechts weiter nach **Mýli**. Das Dorf trägt seinen Namen, der ›Mühlen‹ bedeutet, nach den vielen Wassermühlen, die der Bach Imvrássos hier früher antrieb. Ein Köhler übt hier an der Straße noch sein traditionelles Handwerk aus. Dichte Orangen- und Olivenhaine, aus denen Wasseradern anzeigende Platanen herausragen, umgeben das Dorf. Die Apfelsinen von Mýli gelten zumindest allen Samioten als die aromatischsten ganz Griechenlands. Ernteeif sind sie ab Dezember, ihren vollen Wohlgeschmack entfalten sie aber erst im Februar und März. Trotz ihrer Vorzüge werden sie nur noch zum Teil gepflückt: Der Transport dieser relativ kleinen Mengen nach Athen oder gar ins Ausland wäre zu aufwändig und kostspielig, um mit ihnen gegen die viel preiswerter produzierten Orangen vom Peloponnes konkurrieren zu können.

Wo die Straße den Ort erreicht, gabelt sie sich an einer T-Kreuzung.

Rechts geht es (wegweiserlos) weiter zum Kloster Megális Panagías und nach Koumaradéi; links führt die Straße zu einem kleinen Parkplatz vor dem Schulgebäude von Mýli. Hier weist ein braun-gelbes Schild zum nur 60 m entfernten »Mycenaean Tomb«, das die meisten Einheimischen recht respektlos schlicht als »Kaninchenloch« bezeichnen. Archäologen fanden in der aus dem Fels gehauenen Höhlung von der Größe eines Lehmbackofens vor etwa 30 Jahren die Gebeine eines Ehepaars und dazu Schmuck aus mykenischer Zeit, der sie als wohlhabend auswies.

Viel interessanter als das Grab ist der kleine, ringsum von Häusern und der Dorfkirche gesäumte Dorfplatz von Mýli, die schönste aller Platías zumindest im samiotischen Süden. Unter alten Maulbeerbäumen stehen die Tische und Stühle dreier ganzjährig geöffneter Tavernen, die griechische Hausmannskost bieten; die Wirtin des Loux bereitet ihren Gäste auch gern samiotische Kräutertees zu. Hier kann man die Welt um sich herum vergessen und herrlich lauschige Abende verbringen, wenn nicht gerade ein Reiseveranstalter seine Gäste zu einer ›Greek Night‹ herauschauffiert hat. Aber selbst die hat in Mýli noch viel dörflichen Charakter.

 To Aléko: am Dorfplatz, tgl. ab 10 Uhr. Wirtin María serviert einen der besten Bauernsalate der Insel, würzt ihn mit einer Fülle von Kräutern aus dem eigenen Garten. Hauptgerichte 5–9 €.

Busse ab Vathí und Pythagório ganzjährig Mo–Fr 2x tgl.

PIRGOS UND DER INSELSÜDEN

Der zentrale Teil der Südküste fällt weitgehend schroff ins Meer ab, das Hinterland ist bewaldet. Häfen fehlen, baden kann man nur in wenigen weltabgeschiedenen und nicht ganz einfach zu erreichenden Buchten. Abseits der Küste liegen kleine Dörfer hoch oben an den Hängen, in denen die Zeit still zu stehen scheint. Bedeutende Klöster laden zum Besuch ein, schöne Tavernen zum längeren Verweilen.

Von Pythagório nach Pírgos

Zwei Routen stehen für diese Strecke zur Auswahl. Welche von beiden die schönere ist, lässt sich nicht entscheiden. Am besten kombiniert man beide miteinander – fährt also zunächst von Pythagório über Chóra nach Koumaradéi, von dort dann wieder abwärts zum Kloster Megális Panagías und zum Dorf Mýli und von dort wieder bergauf nach Pagóndas, Spatharéi und Pírgos.

Kloster Timíou Stavroú

Sámos-Atlas: S. 237, D 1
Hinter der alten Inselhauptstadt Chóra (s. S. 101) steigt die Asphaltstraße langsam bergan, bis sie nach 3 km eine Abzweigung zum Kloster Timíou Stavroú und ins Bergdorf Mavratzéi erreicht. Von dort kann man über eine andere, schmalere Straße wieder zur Hauptstraße zurückkehren.

Das **Männerkloster Timíou Stavroú** ist der Kreuzeserhöhung geweiht (die römische Kaiserin Helena, Mutter Konstantins, war im frühen 4. Jh. nach Jerusalem gereist, hatte dort das wahre Kreuz Christi gefunden und es mit nach Konstantinopel genommen, wo es feierlich wieder aufgerichtet wurde). Das mächtige Kloster aus grau-braunem Naturstein, dessen Ziegeldächer von der blauen Kuppel der Klosterkirche überragt werden, ist heute das attraktivste der Insel. Von sich nach dem Brand von 2000 langsam wieder erholendem Wald umgeben überblickt es die Hänge bis hinunter zu den Dörfern Mýli und Pagóndas, zur Heraíon-Ebene und zum Meer.

Man betritt das 1592 gegründete Kloster durch ein altes, rotes Holztor (tgl. 9–12, 17, im Winter 16 Uhr bis Sonnenuntergang). Sogleich steht man im Innenhof, der – wie in fast allen orthodoxen Klöstern üblich – weitgehend von der Klosterkirche eingenommen wird. Das hat einen theologischen Sinn, der in vielen katholischen Klöstern nicht mehr wahrgenommen wird: die Kirche als Mittelpunkt des

Hinter den Klostermauern verbirgt sich ein wahres Pradiesgärtlein.

klösterlichen Lebens. Auf drei Seiten umgeben zweigeschossige Zellentrakte, die an ihren jeweiligen Enden turmartig erhöht sind, den Hof. Gen Süden präsentiert sich der Innenhof heute offen, denn 1950 brannte dieser Flügel ab. An seiner Stelle legten die Mönche einen schönen Garten mit Orangen-, Zitronen- und Olivenbäumen sowie vielen Geranien an, zwischen denen Hühner und Gänse nach Futter suchen. Einige Säulenstümpfe stammen vielleicht von einer frühchristlichen Basilika; die 16 auf dem Hof stehenden *píthoi*, mannshohe Vorratsgefäße aus Ton, dienten einst, mit dem unteren Teil in die Erde eingegraben, zur kühlen Aufbewahrung von Wasser, Wein und Öl.

Man geht nun am Südportal der 1838 aus Naturstein und Ziegeln errichteten Kirche vorbei und gelangt zu einem in die Südwand des Gotteshauses eingelassenen, marmornen Brunnen mit schönen Steinreliefs. Unter dem byzantinischen Doppeladler sind zwei Vögel zu erkennen, die an in Schalen liegenden Früchten picken, dazwischen eine Sonne mit menschlichem Antlitz. Aus zwei weiteren Gesichtern fließt frisches Quellwasser; zwei Trinkschalen hängen für durstige Pilger bereit.

Einen Blick lohnt der turmartige Abschluss des Westflügels: Dort hängen unter den Bögen der ersten Etage zwei *simándra* – ein längliches, schmales hölzernes Brett und seine Entsprechung in Eisen. Beide findet man in fast jedem orthodoxen Kloster. *Simándra* riefen die Mönche zum Gebet, als die Türken während ihrer Herrschaft über Griechenland und Zypern das Läuten von Glocken verboten hatten.

Man betritt die Klosterkirche durch eine offene Vorhalle. Sofort zieht die prächtige Ikonostase das Augenmerk auf sich. Zwei Brüder von der Nachbarinsel Chíos schufen sie Mitte des 19. Jh. in über zehnjähriger Arbeit aus Lindenholz. Auch der Bischofsthron und die Kanzel sind wahrscheinlich ihr Werk. Finanziert wurde ihre Arbeit durch einen Patriarchen von Konstantinopel, der aus Sámos stammte und selbst einige Jahre in diesem Kloster gelebt hatte.

Besondere Aufmerksamkeit verdienen die figürlichen Schnitzereien an der Ikonostase. An den hölzernen Säulen, die die mittlere Tür flankieren, sind links ein Erzengel und rechts die Jungfrau Maria zu sehen: Es handelt sich also um eine Darstellung der Verkündigungsszene (s. auch S. 50f.). Im filigranen Abschluss der beiden Türflügel haben die Künstler zweimal Adam und Eva geschnitzt: Rechts stehen sie unter dem Baum der Erkenntnis, links vertreibt sie ein Engel aus dem Paradies. Rechts der Tür ist unter der Christus-Ikone die Opferung Isaaks als Thema gewählt. Abraham hält mit dem linken Arm seinen Sohn, hat die Rechte schon zum tödlichen Streich erhoben. Da ergreift ein herbeischwebender Engel seinen rechten Arm und hält ihn von der Tötung seines Sohns ab. Unter dem Engel tritt ein Lamm hinzu, um sich statt Isaaks opfern zu lassen. Dass diese Szene ausgerechnet unter der Christus-Ikone zu finden ist, ist kein Zufall: Auch Christus wird als Lamm Gottes bezeichnet, das sich für die anderen Kinder Gottes – eben die Menschen – geopfert hat. Zwei weitere

Schnitzereien finden sich daneben unter der Ikone Johannes' des Täufers: Johannes mit einer Schriftrolle in der Hand und das Haupt des Johannes in einer Schale: Die Herodes-Tochter Salomé hatte seine Enthauptung gewünscht. Links der Tür sind schließlich noch der Evangelist Johannes und Maria mit dem Jesuskind zu erkennen.

 13./14. September: Kirchweihfest.

Mavratzéi

Sámos-Atlas: S. 237, D 1

Das 1,8 km hinter dem Kloster gelegene **Mavratzéi** träumt in einem von Bergen umgebenen Tal von längst vergangenen, besseren Zeiten. 1951 lebten hier noch 551 Menschen, heute sind es keine 150 mehr. Die Dorfschule hat geschlossen, die wenigen verbliebenen Kinder müssen in Koumaradéi die Schule besuchen. Der Waldbrand hat im Jahr 2000 14 Häuser völlig vernichtet. Immerhin haben sich wieder zwei Töpfer im einst für seine Keramikwerkstätten bekannten Dorf niedergelassen – die beiden Brüder Platon und Georg Giakoúmis, die jeder ihren eigenen kleinen Laden im Dorf betreiben.

Geórgios Stámos: an der Platía im Dorf, ganzjährig ab 9 Uhr. In diesem Dorf-*Kafeníon* werden mittags Salate und Fleisch aus der Pfanne serviert, während der Saison wird abends gegrillt. Hauptgerichte 4–7 €.

22./23. April (nicht, wenn diese Tage vor Ostern liegen. Dann am Osterdienstag): Kirchweihfest Ágios Geórgios.

26./27. Juli: Kirchweihfest Ágios Penteleímonas.
25./26. September: Kirchweihfest Ágios Ioánnis.
1./12. Dezember: Kirchweihfest Ágios Spyrídonos.

Räucherfisch mit Kartoffeltalern

Die **Taverne Balkóni** am Ortsrand von Koumaradéi Richtung Mýli wird von einem norddeutschen Ehepaar liebevoll geführt. Von der Terrasse aus genießt man einen prächtigen Blick über die Heraíon-Ebene und auf das Kap Mykale. Sie ist auch hervorragend dazu geeignet, landende Flugzeuge aus der Vogelschau zu beobachten. Kulinarisch wird überwiegend mediterran verfeinerte griechische Küche geboten. Es gibt täglich wechselnde Tagesgerichte. Besonders empfehlenswert ist die ganzjährig erhältliche Linsensuppe griechischer Art mit Zwiebeln, Karotten, Staudensellerie, Lorbeer und Rosmarin aus dem eigenen Kräutergarten. Gerd und Lisa räuchern gelegentlich auch selbst, dann gibt es Pfeffermakrele und geräucherte Zahnbrasse mit Kartoffeltalern. Nachmittags servieren die beiden heiße Waffeln und Eis. Taverne Balkóni, am Ortsende links der Straße von Koumaradéi zum Kloster Megális Panagías, tgl. ab 9.30 Uhr, im Winter nur an Wochenenden. Hauptgerichte 5–10 €.

 Im Sommer fährt Mo–Fr 1x tgl. ein **Bus** von Vathí und Pythagório über Chóra nach Mavratzéi.

Koumaradéi

Sámos-Atlas: S. 236, C 1
Direkt an der Hauptstraße liegt **Koumaradéi** (ca. 200 Ew.), eines der interessantesten Bergdörfer der Insel. Sein Name leitet sich wahrscheinlich von den *kúmara* ab, den in dieser Gegend vor dem großen Waldbrand des Jahres 2000 relativ zahlreich vorkommenden Erdbeerbaumen (s. S. 18). Hier sollte man einen längeren Stopp und am besten ein Mittagessen einplanen. Zwei Töpfereien sind zu besichtigen; außerdem kann man einen Blick in die am Ortsausgang Richtung Pírgos gelegene Manufaktur von Konstantínos Kontáxis werfen. Hier liefern eifrige Sammlerinnen die Kräuter ab, die sie in der *phrygána* der Insel gepflückt haben. In der Manufaktur werden sie sortiert, gereinigt, verpackt und dann nach Athen und ins Ausland verschickt. Neuerdings werden in der Manufaktur sogar ätherische Öle hergestellt.

Besuchenswert ist das Geschäft Der Webstuhl an der Durchgangsstraße. Die perfekt Deutsch sprechende Eva Eleftheríou, die in Berlin studiert hat, und ihr Lebenspartner, der ebenfalls Deutsch sprechende amerikanische Pilot Harold, verkaufen hier neben viel Souvenirkitsch und Billigimporten auch anspruchsvolles Kunsthandwerk aus Sámos. Dazu gehören sogar handgeknüpfte Teppiche, geklöppelte Deckchen, handbemalte Seidentücher, Olivenölseife und viel Keramik. Vor allem

›Shoppingtour‹ im Bergdorf: Koumaradéi ist für seine Handwerksläden berühmt.

lieben Eva und Harold das Gespräch mit ihren Besuchern, sind eine schier unerschöpfliche Informationsquelle, wenn es um altes Handwerk, Sitten und Gebräuche der Samioten geht.

Klió: an der Hauptstraße neben der gleichnamigen Kräuterfabrik, Tel. 22 73 04 10 44. Fünf moderne Studios mit Holzdecken, geräumigen Bädern und Balkonen mit Panoramablick. Inhaber ist der Kräuterhändler, Herr Klironómou. DZ HS ca. 45 €, NS ca. 18 €.

Der Webstuhl: Hauptstraße. In einem ehemaligen Eselstall findet man neben den üblichen Souvenirs auch Handarbeiten der Frauen des Orts.
In den beiden **Töpfereien** an der Durchgangsstraße kann man zwischen Pythágoras-Bechern, Schüsseln, Schalen und Übertöpfen stöbern, bis man das richtige Urlaubsmitbringsel gefunden hat.

Klimbim: rechts an der Hauptstraße von Chóra nach Koumaradéi gelegen, tgl. ab 18 Uhr. Grilltaverne mit Deutsch sprechendem Wirt; besonders gut die Hähnchen und die Schweinerippchen vom Holzkohlengrill. Hauptgerichte 6–10 €.

6./7. Juli: Kirchweihfest Agía Kyriakí.

Mo–Fr 1–2x tgl. **Busverkehr** zwischen Vathí und Pythagório über Koumaradéi und Pírgos nach Karlóvassi.

Kloster Megális Panagías

Sámos-Atlas: S. 236, C 2
Nur knapp 2 km unterhalb von Koumaradéi steht abseits der Straße nach Mýli das einstmals größte Kloster der Insel, **Moní Megális Panagías** (tgl.

ÖLBAUM UND OLIVE

Eine so bedeutende Kulturpflanze wie der Ölbaum forderte schon in der Antike dichterischen Lobpreis heraus. Dia alten Griechen glaubten, der erste Ölbaum sei ein Geschenk der Göttin Athena gewesen, die durch diese Gabe im Wettstreit mit Poseidon zur Schutzgöttin des antiken Athens wurde.

Auch Dichter des 20. Jh. beschrieben ihn in poetischen Worten, wie z. B. der deutsche Literat Erhart Kästner in seinen Aufzeichnungen aus dem Weltkriegsjahr 1944:

»Es gibt keinen Baum, dem man Geduld, Bemühung so ansieht wie ihm. Da steht er auf trockener Erde, harrend und tragend, und seiner Weisheit gelingt es, aus dem Dürren den Saft zu ziehen, der den Alten heilig war: Speise, Reinigung, Schmeidigung der Leiber, Duft und Licht der stillbrennenden Lampen und Opfer. Noch etwas: ein Ölzweig – Sinnbild des Friedens.« Tiefen Frieden verspürt wahrhaftig, wer durch Landschaften fährt, die wie die Hänge um Pagóndas vom Ölbaum geprägt sind. Wanderungen durch Olivenhaine haben ihren besonderen Reiz.

Auf Sámos besitzt fast jede Familie ihre eigenen Bäume. Sie sind nicht nur Nutzpflanze, sondern Symbol für Kontinuität. Man ist stolz darauf, in der Küche sein eigenes Öl zu verwenden, und weiß, dass auch die Kindeskinder noch das gleiche Öl genießen werden. Ölbäume werden jahrhundertealt, sie sind eine Investition in die Zukunft. Erste Früchte trägt ein Olivenbaum erst nach zwölf Jahren, nennenswerte Ernteerträge wirft er erst nach 40 Jahren ab. Dafür kann er aber noch nach 200 oder 300 Jahren bis zu 300 kg Oliven jährlich tragen. Nur jedes zweite Jahr ist ein gutes Erntejahr – jeden zweiten Winter hält sich der Baum mit der Zahl seiner Früchte zurück.

Längst werden nicht mehr alle Früchte geerntet, verwildern manche Haine, weil die Arbeitskräfte fehlen. Dabei stellt gerade der Ölbaum eine ideale Ergänzung zum Saisongeschäft Tourismus dar: Reisen die letzten Fremden im Oktober ab, beginnt die Arbeit im Olivenhain, kehren die Touristen Ende April zurück, ist sie abgeschlossen.

Zunächst einmal muss der Boden unter den Bäumen gereinigt werden. Altes Laub und dürre Äste werden verbrannt. Wer es sich leisten kann, legt dann schwarze Auffangnetze aus Nylon unter den Bäumen aus, in die die Früchte fallen können. Wo Olivenbäume über Straßen ragen, werden manchmal sogar Netze von Baum zu Baum über den Asphalt gespannt. Wer wenig Zeit oder Lust hat, wartet dann darauf, dass der Wind die Oliven von den Bäumen schüttelt. Besser ist es freilich, gelegentlich durch den Hain zu gehen und mit Klopfstangen die reifen Früchte herunterzuschütteln. Ein Pflücken der Oliven oder gar ihre maschinelle Ernte ist anders als in Italien, in Frankreich oder auf Kreta hier auf Sámos nirgends üblich. Nach einem Erntedurchgang wird ein kleiner Teil der Oliven eingelegt und der Rest an eine der genossenschaftlichen oder privaten Ölpressen der

Insel geliefert. Die privaten Unternehmen werden immer noch überwiegend in Naturalien entlohnt: Ihnen stehen 10 % des gepressten Öls zu. Für 1 l Öl werden 2000–2500 Oliven benötigt.

Bei der Ölgewinnung gibt es zwei verschiedene Grundverfahren. Beim modernen Extraktionsverfahren werden die Früchte zunächst zu einem Brei zerkleinert und dann mit einem chemischen Mittel übersprüht, das das Öl herauslöst; anschließend wird es gereinigt. Da die Ausbeute bei dieser Methode groß ist, kann das Öl relativ preiswert verkauft werden. Es bleibt lange haltbar und ist geruchsneutral. Auf Sámos wird diese Methode nicht angewendet. Hier presst man noch nach traditioneller Art. Zwei Varianten sind möglich: Beim Heißpressen wird der Früchtebrei erhitzt und unter hohem Druck ausgequetscht. Besseres Öl gewinnt man jedoch beim Kaltpressen, bei dem der Druck niedrig gehalten und die Erhitzung des Breis bei 50 °C gestoppt wird. Dieses Öl muss anschließend nicht raffiniert werden, behält also sämtlich Geschmacks-, Geruchs- und Fettstoffe und ist damit individueller und ernährungsphysiologisch am wertvollsten. Es ist jedoch nur begrenzt haltbar und teurer als raffiniertes Öl.

Alte Olivenhaine gleichen verwunschenen Wäldern aus Märchen und Mythen.

außer Mo und Fr 9–12 und 17–19 Uhr). Wie eine kleine Festung erhebt es sich in einem einsamen Tal. Einstmals lebten hier über 60 Mönche. Der letzte von ihnen starb 1989; heute wird der gewaltige, zwei- und dreigeschossige Bau nur noch von einer – sehr freundlichen – Nonne bewohnt. Die noch vor 20 Jahren herrlich leuchtenden Wandmalereien aus dem Jahr 1596 in der Klosterkirche verblassen zusehends oder werden durch Feuchtigkeit völlig zerstört; es fehlt Geld für ihre Konservierung und erst recht für eine Restaurierung der Fresken.

Die Fresken bedeckten einst alle Innenwände und Decken der Kirche. Die Westwand des Narthex, also der Eingangshalle, zeigt eine großflächige Darstellung des Jüngsten Gerichts. Wie immer bei diesem Thema werden die Sünder vom glutroten Feuerstrom in die Hölle gerissen. Hier ist auch ein unehrlicher Müller dabei, der immer die Bauern betrog. Um seinen Hals hängt ein Mühlstein. Weitere Fresken im Narthex zeigen Jesus und Maria, mehrere Mönchsheilige, Martyrien verschiedener Heiliger und Szenen aus der Schöpfungsgeschichte. Eine Tür öffnet sich in der Südwand zu einer kleinen Kapelle, die ebenfalls vollständig ausgemalt ist. Auch hier gehören Martyrien zum Themenspektrum: die Enthauptung des Apostels Paulus und die Kreuzigung des Apostels Petrus.

Aus der Kuppel der Kirche selbst blickt Christus als Pantokrátoras, als Weltenherrscher, auf die Menschen herab. Weitere Darstellungen zeigen Heilige, Wunder Jesu, Maria als lebensspendenden Quell und Szenen

aus der Passionsgeschichte. Die holzgeschnitzte und vergoldete Ikonostase stammt aus dem Jahr 1740.

 22./23. August: Kirchweihfest im Kloster mit vielen Besuchern.

Pagóndas

Sámos-Atlas: S. 236, C 3
Von der Brücke über den Imvrássos nahe Mýli windet sich die Straße nach **Pagóndas** (1400 Ew.) durch üppige Olivenhaine auf 200 m Höhe hinauf. Es ist das *ladochóri* der Insel, das Olivenöldorf. So arbeiten hier im Winterhalbjahr noch mehrere Olivenpressen. Der Dorfplatz ist zwar groß, aber wenig anheimelnd, Sehenswürdigkeiten gibt es nicht.

 25./26. Juli: Kirchweihfest Agía Kyriakí.

Tsópela Beach

Sámos-Atlas: S. 236, C 4
Hinter Pagóndas führt die Strecke jetzt durch sich langsam von den Waldbränden erholenden Kiefernwald. Nach knapp 6 km biegt eine breite Schotterpiste nach links hinunter zum kleinen ehemaligen **Kloster Evangelístrias Pagóndou** und zum Tsópela Beach ab. Zum einsam und fotogen gelegenen Kloster gehörten einst 80 ha Wald in unmittelbarer Umgebung, von dem ein Großteil jedoch abgebrannt ist; die letzten Mönche haben die Zellen verlassen. Sommerliches Leben ist hingegen an den zwei kleinen Buchten des **Tsópela Beach** eingekehrt (die Piste dorthin ist

im letzten Teil sehr holprig; der Strand ist besser mit dem täglichen Badeboot von Pythagório oder Iréo aus erreichbar). Wald säumt die beiden Buchten, eine mit einem etwa 150 m langen Feinkiesstrand, die andere mit glattgeschliffenen Felsschollen als Liegeflächen. Ein Picknickplatz mit sieben langen Tischen und Bänken und eine Taverne mit deutsch-griechischem Wirtsehepaar liegen im Schatten alter Kiefern. Die

Wirte der Taverne verkaufen ihr eigenes, hervorragendes Olivenöl auch in Flaschen zum Mitnehmen.

Bemalte **Keramik** direkt am Strand bieten Anna und Jánnis Stavrianoú aus Pagóndas an. Das Töpferehepaar verbringt schon seit über einem Jahrzehnt jeden Sommer zwischen Mai und Oktober in einem Zelt hier unten und verkauft, was den Winter über in ihrer Werkstatt im Bergdorf entstanden ist.

Mit dem Badeboot geht's zum Tsópela Beach.

Spatharéi

Sámos-Atlas: S. 236, B 2
Von der Hauptstraße aus bieten sich auf der Weiterfahrt nun grandiose Ausblicke auf die Küste, das Inselchen Samiopoúla, Agathonísi und bei klarem Wetter auch auf Foúrni, Pátmos, Lípsi und Léros. Dann geht es wieder durch Waldbrandgebiete aus den Jahren 1996 und 2000, die bisher nicht aufgeforstet wurden. Sie enden erst unmittelbar vor dem 320 m über dem Meer gelegenen **Spatharéi** (600 Ew.), einem verschlafenen Dorf mit Platía ohne Meerblick. Im Sommer 2000 wäre es fast den Flammen zum Opfer gefallen. Früher war es für die Langlebigkeit seiner Bewohner bekannt; im 19. Jh. soll eine gewisse María aus Spatharéi 160 Jahre alt geworden sein. Heute wäre in diesem Ort wahrscheinlich schon viel früher vor Langeweile umgekommen.

 Stathmós: einfache Snack-Bar neben dem Wendeplatz des Schulbusses. Einfache Grillgerichte, Omelette und Salat. Hauptgerichte 4–6 €.

26./27. Juli: Kirchweihfest Ágios Panteleímonas.

Pírgos

Sámos-Atlas: S. 236, B 1
Durch weitere, von Waldbränden gekennzeichnete ehemalige Kiefernwälder führt die Straße von Spatharéi hinunter ins Hochtal von **Pírgos,** dem größten Ort am Südhang des Ámpelos-Massivs. Hier wird nun wieder die Inselrundstraße erreicht. Links geht es weiter in Richtung Karlóvassi, rechts

zurück nach Pythagório. Pírgos duckt sich, vom Meer her nicht sichtbar, in 370 m Höhe zwischen grüne Hügel. Auch hier geht die Einwohnerzahl zurück; 1951 lebten noch 1480 Menschen im Ort, heute sind es etwa 650. Ein Teil seiner Bewohner arbeitet in den nahen Steinbrüchen, andere widmen sich intensiv der Imkerei. Von Pírgos führt eine schmale, kurvenreiche Stichstraße zunächst durch Ölbaumterrassen, dann durch ehemalige Waldgebiete und Weingärten in die stillen Bergdörfer **Mesógio** und **Pándroso** am Hang des 1153 m hohen Profítis Ilías, der auch Karvoúni genannt wird. Durch schmale Gassen kann man in beiden Orten zur jeweiligen Platía schlendern, wobei die von Mesógio rund um die Kirche Zoodóchos Pigís die schönere ist. Am Dorfeingang von Pándroso fällt vielleicht das alte Feuerwehrauto auf: Wie in den meisten samiotischen Orten ist auch dieses ein Geschenk aus Deutschland. Das aus Pándroso diente zuvor der Feuerwehr der westfälischen Stadt Hagen. Gegen die Waldbrände war es im Jahr 2000 recht machtlos.

 Stámnos und Diónyssos: zwei große Tavernen am die Hauptstraße überspannenden Aquädukt, ganzjährig tgl. ab 9 Uhr. Ein beliebter Zwischenstopp auf Inselrundfahrten, leider auch für die Ausflugsbusse der Reiseveranstalter. Man sitzt direkt an der Straße.

26./27. Juli: Kirchweihfest Ágios Panteleímonas.

Bus: Mo–Fr 1–2x tgl. zwischen Vathí und Pythagório, über Koumaradéi, Pírgos nach Karlóvassi und zurück.

DÖRFER UND STRÄNDE ZWISCHEN PIRGOS UND KARLOVASSI

An der Küste stehen vereinzelt Ferienhäuser von Samioten am Ufer der Ägäis. Pensionen gibt es nur in zwei winzigen Siedlungen, die einst nicht mehr als einfache Anlegeplätze für die Bewohner der höher gelegenen Bergdörfer waren. Wer hier ein paar Urlaubstage verbringt, lässt den Massentourismus weit hinter sich.

Wo Sámos ganz still ist

Zwischen Pírgos und Karlóvassi liegt kein einziger Ort mehr direkt an der Inselrundstraße. Diese verläuft hinter Pírgos zunächst nahe einer Schlucht, die bis zum Dorf **Neochóri** reicht. Dort laden zwei Tavernen unter schattigen Bäumen zur Rast ein; an mehreren Verkaufsständen kann Honig direkt vom Erzeuger erworben werden. Ein Abstecher nach Neochóri lohnt jedoch nur bei viel Zeit. Lohnenswerter ist 3 km weiter die Fahrt hinunter in die Dörfer Kouméika und Skouréika sowie zu den Stränden von Péfkos und Bállos.

Kouméika, Skouréika, Péfkos Beach

Sámos-Atlas: S. 233, F 3/4, S. 236, A 2

Kouméika (400 Ew.) zeichnet sich durch einen anheimelnden Dorfplatz mit mehreren *kafenía* und einem Brunnen aus dem Jahr 1882 aus, der mit Steinreliefs verziert ist. **Skouréika** (200 Ew.) ist noch viel stiller. Wer nicht gerade von der Dorf-Sammelleidenschaft befallen ist, kann vor dem Ortseingang nach rechts unten abbiegen und gelangt so über eine schmale, kurvenreiche, 4500 m lange Zementstraße hinunter an den etwa 100 m langen Kieselstrand **Péfkos Beach.** Eine Hand voll Wohnhäuser, zwei Tavernen, deren Wirte auch Apartments vermieten, ein kleiner Weingarten – mehr steht nicht in dieser nur während des Sommers bewohnten Siedlung. Das nächste Dorf, Kouméika, ist gut 2 km entfernt.

Ádonis: Péfkos Beach, Tel. 22 73 03 77 35. 13 zur Taverne O Péfkos gehörende Studios mit Balkon. DZ HS 24 €, NS 21 €.

Bella Vista: Péfkos Beach, Tel. (mobil) 69 32 79 93 32, Fax 22 73 03 77 24. Vier Studios oberhalb der gleichnamigen Taverne. DZ HS 25 €, NS 22 €.

5./6. August: Kirchweihfest Metamórfosis tou Sotiroú in Kouméika.

7./8. November: Kirchweihfest Ágii Taxiárchis in Neochóri.
5./6. Dezember: Kirchweihfest Ágios Nikólaos in Kouméika.

Busverbindung: nach Skouréika jeden Montag ein Bus frühmorgens und einer mittags ab Karlóvassi und Plátanos. Ansonsten fährt ein Bus nur Mo–Fr 1–2x tgl. auf der Hauptstraße Pírgos–Karlóvassi.

Bállos

Sámos-Atlas: S. 233, F 4

Etwas mehr Leben herrscht während des Sommers in **Bállos,** wo im Winter allerdings nur zwei Familien wohnen. Vier Tavernen, eine Bar und ein Mini-Markt stehen zum Geldausgeben zur Auswahl. Der etwa 2 km lange Strand ist im Westen steinig bis kieselig, wird nach Osten hin jedoch feinkiesig und weist im äußersten Osten sogar einige Sandflächen auf. Eine zweite, einsame Kiesbucht erreicht man nach etwas mühsamer Kletterpartie östlich von Bállos. Ein österreichischer Reiseveranstalter empfiehlt Bállos »für Stressgeplagte mit hohen Ansprüchen an eine intakte Umwelt« – und hat Recht damit.

Princess Tía: am östlichen Ortsende, Tel. 22 73 03 16 66, Fax 22 73 03 16 84, www.princesstia.gr. Die beste Unterkunft in Bállos. 14 Studios in einem zweigeschossigen Haus mit kleinem Innenhof, kleinem Garten, Kinderspielplatz und Gartenbar, nur 30 m vom Strand entfernt. Sehr geräumige Zimmer mit großen Bädern, Balkon oder Veranda. Ausgesprochen freundliches, junges Besitzerpaar. DZ HS 42 €, NS 36 €.
Amflíssos: Tel. 22 73 03 16 69, Fax 22 73 03 16 68. Kleines Hotel mit nur 15 Zimmern und Englisch sprechender Wirtin an der Uferstraße. DZ HS 40 €, NS 30 €.
Bállos: am westlichen Ortsende, Tel. 22 73 03 16 80. Sieben preiswerte, einfache Zimmer mit geräumigen Bädern, teils mit Balkon und Meerblick. Inhaber Kyriákos Triandáfyllou, ein ehemaliger Schiffskoch, betreibt auch die gleichnamige Taverne im Haus. Entfernung zum Strand ca. 40 m. DZ HS 27 €, NS 20 €.

Drei gute Tavernen entlang der Uferstraße. Aus dem Rahmen fällt die versteckt in einem üppigen Garten gelegene **Taverne O Kypriakós,** tgl. ab 11 Uhr, die man über einen am westlichen Ortsende sogleich hinter der Taverne Bállos beginnenden Fußpfad erreicht. Die aus Zypern stammende Wirtin bietet ihren Gästen immer auch einige zypriotische Köstlichkeiten zur Auswahl an. Hauptgerichte 6–10 €.

Einsame Strände

Wer von Bállos aus nicht nach Karlóvassi, sondern in den Südwesten der Insel weiterfahren möchte, kann der Straße in Küstennähe folgen, die nach 6 km Órmos Marathókampou erreicht. Sie ist nur anfangs asphaltiert, aber gut befahrbar. Stichstraßen führen zwischendurch immer wieder an einsame Küstenabschnitte mit kleinen, naturbelassenen Stränden.

Atemberaubende Kulisse:
Bállos Beach mit Kérkis

Kokkári und der Norden der Insel

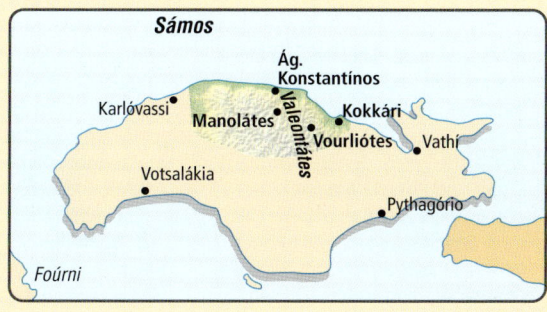

Sámos

Ág. Konstantínos

Karlóvassi

Manolátes

Valeondátes

Kokkári

Vourliótes

Vathí

Votsalákia

Pythagório

Foúrni

AN DER KÜSTE UND IN DEN BERGEN ZWISCHEN KOKKARI UND KARLOVASSI

Zwischen Vathí und Karlóvassi lassen die Hänge des Ámpelos nur Platz für zwei kleine Küstenebenen. Am Rand der einen liegt der Ferienort Kokkári. Die zweite, Kámpos Vourliotón, ist touristisch noch unentdeckt und lockt mit schönen Kirchen. Die sechs Bergdörfer hoch über diesem Küstenabschnitt haben ihre Ursprünglichkeit bewahrt. Hier kann man einen Urlaub am Meer gut mit Wandertagen verbinden.

Kokkári

Sámos-Atlas: S. 238, A 1
Kokkári zählt im Winter zwar offiziell noch etwa 900 Einwohner, wirkt in den kalten Monaten aber dennoch fast menschenleer. Im Sommerhalbjahr hingegen entpuppt es sich als lebhaftester Urlaubsort der Insel neben Pythagório. Sehenswürdigkeiten hat

www.kokkari.de

Eine exzellente Website zum Thema Kokkári und Sámos allgemein hat Wolfgang Becker aus Krefeld zusammengestellt. Sie finden dort zahlreiche Fotos, den Busfahrplan, Zitate und vor allem auch nahezu endlos viele Links zu anderen Sámos-Seiten sowie ein gut frequentiertes Chat-Forum von Sámos-Liebhabern und –Interessenten.

Kokkári nicht zu bieten; wer nur im Rahmen einer Rundfahrt kommt, hat den Ort nach 60 Minuten kennen gelernt. Der kleine, historische Ortskern aus der zweiten Hälfte des 19. Jh. liegt auf einem niedrigen Felsrücken zwischen dem lang gestreckten Kiesstrand Long Beach und einer sichelförmigen Bucht, die an ihren beiden Enden von winzigen Kaps begrenzt wird. An dieser Bucht reihen sich Cafés und Tavernen aneinander; am kilometerlangen Kiesstrand steht eine Vielzahl kleiner Hotels und Pensionen. Immer weiter dehnt sich der Ort in die Küstenebene hinein aus, frisst Feld um Feld. Dahinter gibt sich das Ámpelos-Massiv mit kahlen, senkrecht aufsteigenden Felswänden besonders schroff und alpin.

Das abendliche Leben konzentriert sich in Kokkári auf eine noch kleinere Fläche als in Pythagório; nach einer Stunde *vólta* hat man fast alle gesehen, die im Ort gerade Urlaub machen. Anders tagsüber: Da bleiben viele Kokkári-Urlauber nicht am Long Beach, sondern laufen oder fahren zu den beiden nahen Kiessstrandbuchten von **Lemonákia** (300 m lang, 1700 m vom Ortszentrum von Kokkári) und **Tsamadoú** (400 m lang, 2500 m vom Zentrum). Beide liegen tief unterhalb der Küstenstraße, sind von viel Grün umgrenzt, bieten glasklares Wasser und einen weiten Blick auf die nördliche Ägäis. An beiden Stränden werden Sonnenschirme und Liegestühle vermietet, Tavernen sorgen für das leibliche Wohl.

Städtische Tourist-Information: an der Hauptstraße zwischen Dorfkirche und Ortsausgang Richtung Vathí. Immer wieder andere Öffnungszeiten, manchmal auch monatelang ganz geschlossen.

Árion: ca. 800 m westlich von Kokkári und 500 m östlich des Lemonákia-Strands ruhig am Berghang gelegen, Tel. 22 73 09 20 20, Fax 22 73 09 20 06, www.arion.gr. Eins der besten und teuersten Hotels des Orts mit Süßwasserpool, Sauna und Fitnessraum. Alle 108 Zimmer in doppelstöckigen Häuschen mit Balkon oder Terrasse und Kühlschrank.

In Kokkari versprechen kleine Hotels und Pensionen angenehme Urlaubstage.

Blütenparadies

Der Preis für die schönsten Blumentöpfe der Insel muss wohl der **Café-Bar Cavos** an der Uferpromenade von Kokkári zugesprochen werden. Das ist die letzte Bar vor den Stufen zur äußersten Spitze des Hafenbeckens. Zum Genuss der Blütenpracht gesellen sich hier auch ein exzellentes Frühstück und leckere, täglich frisch von Wirtin Ulrike gebackene Kuchen. Gäste können hier auch ein Internet-Terminal nutzen.

Kostenloser Shuttle-Bus ins Ortszentrum und zum Lemonákia und Tsamadoú Beach. DZ HS 135 €, NS verhandelbar.
Olympia Village: im Ortskern, Tel. 22 73 09 24 20, Fax 22 73 09 24 57. 23 Apartments für maximal drei Personen in einer dorfähnlichen, besonders umweltbewusst geführten Anlage am Ende einer Sackgasse, blumenreicher Innenhof. DZ HS 86 €, NS verhandelbar.
María: nahe der Uferstraße, Tel. 22 73 09 25 79, Fax 22 73 09 24 71, mariastudios@yahoo.gr. 20 geräumige Studios und vier Apartments in einem modernen Komplex. Zimmer ohne Klimaanlage mit Moskitonetz, Zimmer mit Klimaanlage ohne. Die Wirtin María Sispaídi spricht gut Deutsch. DZ HS 42–47 €, NS 40–45 €.
Élena: in einer kleinen Gasse beim Postamt, Tel. 22 73 09 21 64. Freundliche Pension mit Deutsch sprechender Wirtin, Gemeinschaftsküche im Erdgeschoss, Dachgarten, sieben Zimmer. DZ HS 40 €, NS 30 €.

Lemonákia Beach:
Lemonákia: Tel. 22 73 09 23 57, 22 73 09 23 83. Sechs Zimmer in einem 30 m von der Küstenstraße und 100 m vom Strand entfernt stehenden Haus am Hang über der Bucht. DZ HS 22 €, NS 20 €.

Tsamadoú Beach:
Armonía Bay: Tel. 22 73 09 22 79, Fax 22 73 09 25 83, www.armoniabay.gr. 22 Zimmer in einem villenähnlichen Bau mit schöner Terrasse in Hanglage, etwa 100 m vom Strand. Gut für einen ruhigen Strandurlaub in grüner Umgebung. DZ HS 80 €, NS 60 €.

Basilico: auf dem Kap zwischen Strand und Hafenbucht, tgl. ab 18 Uhr. Nicht gerade billiges, aber besonders schön gelegenes italienisches Restaurant mit delikaten Nudelgerichten und exzellenten Steaks. Hauptgerichte 7–15 €.
Diónissos: an der Uferstraße, tgl. ab 18 Uhr. Urige Metzgereitaverne mit vielen, auch ausgefalleneren griechischen Gerichten. Originell der an die Wand gepinselte Werbespruch des gut Englisch sprechenden Wirts: »Die Götter wohnen auf dem Olymp, die Sterblichen gehen zu Diónissos«. Hauptgerichte 7–12 €.
Ammos Plaz: am zentrumsnahen Beginn des Long Beach, tgl. 12–16 und ab 18 Uhr. Gute Auswahl an traditionellen griechischen Gerichten, Folienkartoffeln als Spezialität. Abends werden Tische und Stühle auf den Strand gestellt. Hauptgerichte 6–12 €.
O Kokkorás: an der Uferpromenade, tgl. ab 12 Uhr. Spezialitäten sind Oktopus-Stew und gefülltes Huhn. Die Fischsuppe *kakaviá* wird hier auch als Vorspeise serviert. Hauptgerichte 6–12 €
Bíra: an der Bushaltestelle gegenüber der Hauptkirche, tgl. ab 9 Uhr. Traditionsreiche Taverne mit Tischen und Stühlen unter Maulbeerbäumen, große Auswahl auch an *mezédes* zu *oúzo* oder Wein. Besonders gut: ein ganzes kleines gefülltes

Huhn mit Kartoffeln für 7 €. Liter *retsína* vom Fass 6 €.

 Lapislazuli: an einer Gasse im Ortskern nahe der Platía. Von einem deutschen Paar entworfene und gefertigte Schmuckstücke aus Lapislazuli.

Pinocchio: Souvenirs aller Art, darunter auch schöne Olivenholzschnitzereien, angeboten von einem deutsch-griechischen Paar, das in Notfällen auch als Ersatz für die Tourist-Information behilflich ist.

Cabana Dancing Club: an der Uferstraße, Tel. 22 73 09 23 11, www.cabana-club.gr, im Juli und August tgl., im Mai, Juni, September und Oktober nur Sa ab 23 Uhr. Diskothek am Meer, griechische und internationale Musik bis zum Sonnenaufgang.

22./23. April (wenn dieser Termin vor Ostern liegt, dann am Ostermontag): Kirchweihfest Ágios Geórgios.

25./26. Juli: Kirchweihfest Agía Paraskeví.

26./27. Juli: Kirchweihfest Ágios Panteleímonas.

5./6. Dezember: Kirchweihfest Ágios Nikólaos.

Busverbindung im Sommer Mo–Fr 14x tgl. zwischen Vathí, Kokkári und Tsamadoú Beach, Sa 11x, So 9x. Im Winter zwischen Vathí und Kokkári Mo–Fr 7x, Sa 3x tgl. Zwischen Karlóvassi und Kokkári im Sommer Mo–Fr 8x tgl., Sa/So 5x tgl., im Winter Mo–Fr 7x, Sa 6x tgl.

Taxistand an der Hauptkirche von Kokkári.

Avlákia

Sámos-Atlas: S. 235, E 1

6 km westlich von Kokkári fristet der kleine Küstenweiler **Avlákia** ein sehr

Glasklares Wasser und eine gute Infrastruktur machen den Lemonákia Beach beliebt.

viel bescheideneres Dasein. Zwar sind auch hier Ende der 90er Jahre des 20. Jh. einige neue Pensionen entstanden, doch für einen angenehmen Urlaub stehen sie viel zu dicht an der viel befahrenen Küstenstraße. In den drei Tavernen am Meer geht es noch recht beschaulich zu; eine abendliche *vólta* ist nach drei Minuten beendet. Zum nächstgelegenen Strand, dem **Tsampoú Beach** (vor Ort meist ›Tsabou Beach‹ geschrieben), geht man etwa zehn Minuten. In seinem östlichsten, Avlákia am nächsten gelegenen Teil sonnt man sich meist im Adams- oder Evakostüm. Am Hauptstrand, zu dem man mit dem Auto hinunterfahren kann, gibt es Tavernen. Auch hier werden Sonnenschirme und Liegestühle vermietet.

🍴 **Dolphin:** am Ufer, tgl. ab 10 Uhr. Einfache Taverne am Meer, griechische Hausmannskost. Hauptgerichte 5–10 €.

🔄 Alle **Busse**, die zwischen Vathí, Kokkári und Karlóvassi verkehren, halten in Avlákia.

Küsten- und Bergdörfer zwischen Avlákia und Karlóvassi

Pnáka-Quelle und Vourliótes

Sámos-Atlas: S. 235, E 2
Kurz nach Passieren des Tsampoú-Strands zweigt nach links eine 4 km lange Stichstraße Richtung Vourliótes ab, einem der bekanntesten und meist-besuchten Bergdörfer der Insel. Kurvenreich windet sich die Straße bis auf 320 m Höhe hinauf. Unterwegs ist ein kurzer Abstecher zur **Quelle Pnáka** möglich. Dort lädt eine Taverne unter vier schattigen Platanen zur Rast, und eine kleine, neuere Kapelle lohnt aufgrund ihrer seltenen Ikone die Besichtigung (ständig geöffnet). Das Kultbild, es hängt an der Ikonostase, stammt vermutlich aus dem 19. Jh. und zeigt die Stillende Anna, also die Mutter Mariens, wie sie, auf einem Bett liegend, die hl. Jungfrau stillt. Davor sitzt Mariens Vater Joachim lesend in einem Sessel; drei weitere Frauen stehen am Bett. Von der Quelle führt ein ausgeschilderter Wanderweg nach Paleochóri in die Ebene hinunter und nach Vourliótes hinauf.

1 km weiter auf der steilen Straße nach Vourliótes erinnert in einer Linkskurve ein Denkmal an die Opfer eines Unglücks am 29. Januar 1979: Ein Linienbus stürzte hier den Abhang hinunter. Kurz darauf ist **Vourliótes** (500 Ew.) erreicht. Am besten lässt man sein Fahrzeug am Dorfeingang stehen und geht die restlichen 250 m bis zur Platía zu Fuß. Diese Platía gehört trotz misslungener Modernisierung noch immer zu den schönsten der Insel. Fünf Tavernen umringen den winzigen Platz, dazu eine Gemischtwarenhandlung und die Dorfarztpraxis, in der nur dienstags und donnerstags Sprechstunde abgehalten wird. Wo welches der in heftiger Konkurrenz stehenden Lokale seine Tische und Stühle aufstellen darf, zeigen deutliche Linien auf dem Pflaster an. 40 Schritte unterhalb der Platía wurde die Dorfkirche Ágios

DIE WUNDERVOLLE KARRIERE DES AGIOS RAFFAIL

Viele Charakteristika der griechischen Religiosität ordnen Besucher aus den römisch-katholisch oder evangelisch geprägten Ländern eher dem Bereich des Volks- oder Aberglaubens zu. Doch für die meisten orthodoxen Christen sind von Heiligen vollbrachte Wunder eine unbestreitbare Realität. Sie sind nicht die seltene Ausnahme, sondern fast eine Selbstverständlichkeit. Seit etwa 20 Jahren ist ein neuer Stern am Himmel der Wunderheiler so populär geworden, dass er selbst so anerkannte althergebrachte Heilige wie Nikólaos und Paraskeví in den Schatten stellt: der hl. Raffaíl. Überall im Lande bauen die Gläubigen ihm neue Kirchen und Kapellen, in so gut wie keiner Kirche fehlt seine Ikone. In Devotionalienhandlungen ziert ein Abdruck davon Lesezeichen und Streichholzschachteln, Schlüsselanhänger und Talismane fürs Auto. Die Raffaíl-Ikone ist leicht zu erkennen: Zwischen zwei erwachsenen männlichen Heiligen steht ein kleines Mädchen.

Bis zum 3. Juli 1957 kannte noch niemand diese drei. An jenem Tag entdeckten Arbeiter bei Ausschachtungsarbeiten in einem Olivenhain auf der Insel Lesbos ein wohlriechendes Skelett, zwischen dessen Kiefern ein byzantinischer Ziegel mit eingraviertem Kreuz lag. Die Arbeiter meldeten den seltsamen Fund einem Priester. Den suchte in den nächsten Nächten im Schlaf ein Mann in weißem Gewand auf, der behauptete, das Skelett sei das seine. Und er erzählte seine Lebensgeschichte: 1454 sei er auf der Flucht vor den Türken mit einem anderen Mönch namens Nikólaos und einem Mädchen namens Iríni nach Lesbos gekommen, habe dort in einem Kloster gelebt und sei einige Jahre später zusammen mit den beiden von Türken zu Tode gequält worden. Der Priester berichtete dem Bischof seine Visionen, woraufhin erneut an der Stelle gegraben wurde. Und in der Tat entdeckte man Spuren eines mittelalterlichen Klosters und die Skelette eines weiteren Mannes und eines Mädchens: Nikólaos und Iríni. Die Heiligen zeigten sich sogleich aktiv. Als ein Bauarbeiter, der die Gebeine in einem Sack davontragen sollte, mit dem Fuß gegen den Sack trat, wurde umgehend sein Bein taub. Ein anderer, der den Sack wie irgendeinen gewöhnlichen Sack anzuheben versuchte, war die Hand gelähmt, bis er ehrfurchtsvoll mit der anderen Hand ein Kreuz schlug.

Schon bald pilgerten viele Menschen herbei, zahlreiche Wunder geschahen. So wurde 1962 über der Stätte eine erste Kapelle gegründet, Keimzelle eines der reichsten und größten Klöster Griechenlands. Seine Äbtissin schrieb von 1962 bis heute schon über 45 Bücher über die Wundertaten der Heiligen – und die sind damit so prominent geworden, dass sie in keiner griechischen Kirche fehlen dürfen. Sie helfen in allerlei Notfällen, insbesondere bei scheinbar unheilbaren Krankheiten. Kein Wunder also, dass Pilgerfahrten zu ihrem Kloster auf Lesbos inzwischen so populär sind wie nach Jerusalem. Auch viele Samioten fahren jedes Jahr hin.

Ioánnis Theológos gerade im traditionellen Stil ausgemalt. Zu sehen sind u. a. die Geburt Jesu, die Kreuzigung, die Hadesfahrt Christi und der Tempelgang Mariens. Die Ikonostase zeigt schöne figürliche Schnitzereien: den Sündenfall, die Opferung Isaaks und die Kreuzigung.

 Mary's House: am nördlichen Ortsrand, Tel. 22 73 09 32 91. Vier geräumige Zimmer bei einer freundlichen Wirtin. DZ HS 40 €, NS 30 €.

Mehrere **Tavernen** am schönen Dorfplatz, von denen aus Fairness-Gründen keine besonders hervorgehoben werden soll.

15./16. Juli: Kirchweihfest Agía Marína.
25./26. Juli: Kirchweihfest Agía Paraskeví.
14./15. August: Kirchweihfest Mariä Entschlafung mit Musik und Tanz.

Busse von Vathí über Kokkári nach Vourliótes Mo, Mi, Fr je 1x.

Kloster Vrontá

Sámos-Atlas: S. 235, E 2
Von Vourliótes kann man auf der Asphaltstraße noch 2 km weiterfahren und gelangt so zum ehemaligen **Kloster Vrontá.** 1476 wurde es hier auf 460 m Höhe gegründet und 1566 fertig gestellt. Bei den Waldbränden im Sommer 2000 erlitt es starke Schäden. Das Feuer vernichtete das Lebenswerk von Abt Theófilos, der es seit 1960 restauriert und liebevoll verschönert hatte. So hatte er im romantischen, von dreistöckigen Zellenbauten mit Rund- und Spitzbogengalerien gesäumten Innenhof eine kleine Sammlung alter Gerätschaften angelegt, zu denen Stubenlampen aus den 1950er Jahren ebenso gehörten wie alte Stühle und Fässer, Pflüge, Dreschflegel und sogar alte Fahrradfelgen. Theófilos betätigte sich ferner als Hobbykünstler: Im Innenhof hatte er zwei blaue Holzkreuze aufgestellt, die deutlich seine ökumenische Gesinnung zeigten. Auf der Inschrifttafel am Kreuz standen nicht nur die üblichen griechischen Buchstaben INBI, sondern auch die uns bekannteren lateinischen INRI – und diese Aussage, »Jesus von Nazareth, König der Juden«, wird noch einmal in hebräischen Buchstaben gemacht.

In der – zur Zeit meist verschlossenen – Hauptkirche des Klosters beeindruckt die Ikonostase, die hier nicht nur mit figürlichen Reliefs, sondern mit vollplastischen Schnitzfiguren Gottvaters, Jesu und dreier Apostel verziert ist. Ebenso schön ist eine Ikone der Mariengeburt, die 1777 mit einem außerordentlich fein gearbeiteten Silberoklad bedeckt wurde. Leider kaum noch zu erkennen sind die Wandmalereien der Kirche.

Wenn Theófilos gesund bleibt, wird er bestimmt mit dem Wiederaufbau seines Klosters beginnen. Geldspenden kann er dafür gewiss gebrauchen.

 **6./7. September:** Kirchweihfest.

Kámpos

Sámos-Atlas: S. 235, E 1
Auf die Küstenstraße zurückgekehrt, erreicht man als nächstes die kleine,

fruchtbare Ebene von **Kámpos,** die von alters her zur Gemeinde Vourliótes gehört. In den 1990er Jahren entstanden hier einige kleine Pensionen, doch gibt es kein Zentrum im eigentlichen Sinn. Der aus groben Kieseln bestehende Strand (Sválas Beach) ist zwar meist menschenleer, wirkt aber auch recht trostlos.

Für Liebhaber alter Kirchen wird Kámpos zu einem Höhepunkt der Sámos-Reise. Wo nach rechts ein Wegweiser von der Küstenstraße nach »Svála« und »Kámpos Beach« weist, führt links ein schmales Sträßlein in den Weiler **Paleochóri** hinein. Steigt man hinter dem ersten kleinen Haus, das rechts des Weges steht, ein paar Stufen hinab, steht man auf gleicher Höhe mit der sehr fotogenen Kreuzkuppelkirche Agía Pelagía, neben der Weinstöcke und Ölbaume wachsen. Innen ist sie völlig schmucklos.

Folgt man nun der Gasse durch den Weiler bergan, erreicht man am oberen Siedlungsrand die weiß gekalkte, ständig geöffnete Kreuzkuppelkirche **Agía Matróna** mit den schönsten Wandmalereien der Insel. Die Fresken, die wahrscheinlich aus dem 18. Jh. stammen, leuchten fast so frisch wie am ersten Tag; die meisten Darstellungen sind auch für den theologischen Laien leicht verständlich und vielleicht sogar amüsant. Themen der linken Längswand sind drei Szenen aus der Schöpfungsgeschichte. Man sieht, wie Gott Adam schafft, wie er ihm die Tiere untertan macht und wie er aus einer Rippe Adams Eva schneidet. Wer genau hinschaut, erkennt schon die beiden Köpfe des Paares, aber erst drei Arme und

Beine: Gott ist mit seiner Arbeit noch nicht ganz fertig. An der rechten Längswand wird die Geschichte vom Sündenfall erzählt: Im oberen Streifen erkennt man Adam und Eva am Baum der Erkenntnis, vor dem sich schon die Schlange in Positur gebracht hat. Dann essen beide vom Apfel, während sich die Schlange um den Baum windet; schließlich steht ein Engel vor den Sündern. Im unteren Bildstreifen treibt er Adam und Eva vor sich her. Dann sieht man Eva, die für Adam und sich Wolle spinnt, da beide ja schamhaft wurden und Kleidung zur Bedeckung ihrer Blößen brauchen. In einer letzten Szene liegt Abel bereits tot am Boden, während sein Bruder Kain noch den Stock in Händen hält, mit dem er seinen Bruder erschlagen hat.

Andere Themen der Wandmalereien in der Kirche bilden das Gastmahl des Abraham und der die Seligen zum Paradies geleitende Petrus, die drei Jünglinge im Feuerofen und die Enthauptung des Täufers, Christi Verklärung und Mariä Verkündigung, Christi Himmelfahrt und das Pfingstwunder. Schließlich sind noch die zwölf Apostel dargestellt. Der Pantokrator in der Kirchenkuppel fehlt, aber in den beiden umlaufenden Bildfeldern darunter sind wie üblich Engel und alttestamentarische Könige zu erkennen.

 Wanderung nach Vourliótes: An der Kirche Agía Matróna in Paleochóri vorbei führt ein Wanderweg zur Quelle Pnáka und von dort weiter nach Vourliótes (Gesamtgehzeit ca. 1 Std.).

Die zwischen Vathí und Karlóvassi verkehrenden **Busse** halten in allen

155

Küstenorten: im Sommer Mo–Fr 8x, Sa/So 5x tgl.; im Winter Mo–Fr 7x, Sa 3x tgl.

Nachtigallental Valeontátes

Sámos-Atlas: S. 235, D 1/2
Die Küstenstraße erreicht nun an einer Kreuzung mit zwei Tavernen unter hohen Platanen den Ortsrand von Ágios Konstantínos. Hier zweigt nach links eine 4 km lange Stichstraße durchs **Nachtigallental Valeontátes** nach Manolátes hinauf ab. Zunächst folgt sie einem Bachlauf, in dem von Mai bis August zahlreiche Oleander blühen. Zwei auch bei Einheimischen sehr beliebte Sommertavernen werden passiert; dann überquert die schmale Straße den Bach. Nun hat man die Wahl: Wer mag, kann von hier in ca. einer Stunde auf sehr schönem Pfad nach Manolátes hinaufwandern, oder man fährt weiter mit dem Auto. Die Straße schlängelt sich nun in Serpentinen durch dichten Laubwald, in dem das Lied der Nachtigall tatsächlich noch häufig zu hören ist. Schließlich endet sie auf dem großen Parkplatz des 350 m hoch gelegenen **Manolátes** (120 Ew.).

Daphne: rechts oberhalb der Straße von Ágios Konstantínos nach Manolátes, Tel. 22 73 09 40 03, Fax 22 73 09 45 94, www.daphne-hotel.gr. Am Hang zwischen Wald und Weingärten ruhig gelegenes Hotel mit 30 Zimmern am Beginn des Nachtigallentals. Entfernung zum Meer etwa 900 m (kostenloser Shuttle-Bus), zur nächsten Linienbushaltestelle ca. 350 m, nach Manolátes etwa 3 km. Süßwasserpool. DZ HS 60 €, NS 55 €.

Aidonókastro: 100 m oberhalb der an der Straße nach Manolátes gelegenen Taverne Ta Aidonia (dort parken), Tel. 22 72 09 46 86, Fax 22 73 09 44 04; außerhalb der Saison Tel./Fax in Athen 21 05 44 01 82. Der gut Englisch sprechende Wirtschaftsingenieur Jánnis Pamoúkis hat mit seiner ›Nachtigallenburg‹ eine der ungewöhnlichsten Ferienunterkünfte Griechenlands geschaffen. Er restaurierte mehrere Natursteinhäuser in einem menschenleeren, verfallenden Weiler, den das umgebende Grün aufzufressen drohte. In ihnen bietet er jetzt 16 Studios und Apartments an, die Teilen eines volkskundlichen Museums gleichen. Wer sich für die Urlaubsdauer ein Fahrzeug mietet, kann nirgends auf der Insel stimmungsvoller und origineller wohnen. Entfernung zum Strand etwa 2 km. DZ HS 53 €, NS 47 €.

Ta Aidónia: große Freilufttaverne unter schattigen Bäumen im unteren Teil des Tals. An Hochsommerabenden bei Einheimischen sehr beliebt. Sie kommen, um Lämmer und Spanferkel vom Spieß zu essen und an Wochenenden, um griechische Live-Musik zu hören. Hauptgerichte 6–13 €.

Wanderung vom Nachtigallental nach Manolátes: 10 m hinter der Brücke über den Bach im Nachtigallental zweigt hinter einem gelben Haus mit der Hausnummer 23 ein Pfad nach links von der Straße ab (Reste von roten und blauen Punkten). Schon nach wenigen Metern entpuppt er sich als alter, gepflasterter Weg, neben dem klares Wasser in einer Rinne dem Tal entgegen rauscht. Der Pfad führt an zwei kleinen Terrassen mit Orangen- und Mandarinenbäumen vorbei und passiert kurz darauf ein altes Natur-

Auch über Reiseveranstalter buchbar: Aidonokástro

steinhaus. Zistrosen blühen im Frühjahr, Kyklamen im Herbst am Wegesrand, Steineichen beschatten den Wanderer. Schließlich stößt der Pfad auf einen Feldweg, dem man nach rechts folgt. Nach 20 m steht an seinem Rand eine neue, dem hl. Dimítrios geweihte Kapelle, von deren Terrasse aus sich ein prächtiger Blick aufs Meer bietet. Zwei Minuten weiter mündet dieser Feldweg auf einen anderen, dem man nun nach rechts entlang von Weingärten folgt. Nach etwa drei Minuten zweigt von ihm nach links oben wieder ein alter, gepflasterter Pfad ab, der schließlich auf die Asphaltstraße mündet. Auf ihr erreicht man nach weiteren 10 Minuten das Dorf Manolátes.

Manolátes

Sámos-Atlas: S. 235, D 2
Manolátes durfte bisher als das blumenreichste Dorf des Inselnordens gelten. Es besitzt zwar keine lauschige Platía wie das von hier aus gut auf etwa gleicher Höhe jenseits eines tiefen Tals zu erkennende Vourliótes, dafür entlang seiner Hauptgasse aber einige kleine Kunsthandwerksläden, in denen zu stöbern sich lohnt. Um das ganze Dorf kennen zu lernen, folgt man am besten zunächst dieser Gasse, die an der Taverne I Giórgides einen schönen Brunnen aus dem 19. Jh. passiert, und dann den Hinweisen zur Taverne Loúkas am äußersten Dorfrand. Deren Terrasse bietet einen grandiosen Ausblick auf die Berghänge und Weingärten, Vourliótes und die Küste. Wer im Oktober kommt, kann hier miterleben, wie der Wirt seinen eigenen Tresterschnaps, den samiotischen *soúma*, destilliert.

Ángella's Studios: am östlichen Ortsrand nahe der Kirche, Tel. 22 73 09 44 78, im Winter in Athen unter Tel. 21 02 65 97 08. Nur in der Hauptsaison geöffnetes Haus mit drei Zimmern, schöne Aussicht über die grünen Hänge aufs Meer. Wegweiser zur Pension an der Taverne AAA nahe der Hauptgasse. DZ HS stark von der Nachfrage abhängig, ca. 25–35 €.

Loúkas: am oberen Dorfrand, tgl. ab 9 Uhr. Ländliche Taverne in freier Natur, selbst gebrannter Tresterschnaps, Terrasse mit zahlreichen kuriosen Zierkürbissen. Hauptgerichte 5–10 €.
I Giórgides: an der Hauptgasse, ganzjährig tgl. ab 8 Uhr. Einfache Gerichte, schöne Terrasse am alten Dorfbrunnen. Hauptgerichte 4–9 €.
AAA: links der Hauptgasse, tgl. ab 9 Uhr. Kleine Snack-Bar mit Tischen und Stühlen auf einer kleinen Erweiterung der Gassen, die man mit viel Wohlwollen als Dorfplatz bezeichnen könnte. Hauptgerichte 4–8 €.

Zwei Keramikgeschäfte und ein Kunsthandwerksladen warten an der Hauptgasse auf Kundschaft.

Keine Busverbindung nach Manolátes.

Ágios Konstantínos

Sámos-Atlas: S. 235, D 1
Zurück an der Küste, kann man nun **Ágios Konstantínos** (500 Ew.) einen Kurzbesuch abstatten. Die moderne Siedlung zieht sich über 1 km lang am Meer hin, besitzt jedoch nur am östlichen Ortsrand einen – unattraktiven – Kieselstrand. Viel schöner ist der etwa 250 m landeinwärts gelegene Weiler

Áno Ágios Konstantínos, der historische Siedlungskern des Orts. Dort gibt es allerdings weder eine Taverne noch Unterkünfte; hier wollen die Einheimischen unter sich bleiben. Sehr fotogen liegt am unteren Dorfrand, nur 30 Schritte vom Parkplatz entfernt, die schneeweiße, mindestens 400 Jahre alte Kapelle des hl. Konstantin. Sie wurde aus Ziegeln und Bruchstein erbaut, selbst das Schieferdach ist weiß gekalkt. Die Kuppel sitzt auf einem sehr niedrigen, achteckigen Tambour, vor dem Eingang steht malerisch eine Bank unter vier Mandarinenbäumchen.

Coral: am westlichen Ortsrand zwischen Ufer und Inselrundstraße, Tel. 22 73 09 43 90. Evelyn aus Wien und ihr griechischer Ehemann Kóstas Kalamovrákas betreiben die kleine Pension mit fünf modernen, geräumigen Zimmern, hübschem Garten und einem Frühstück wie Zuhause. DZ HS 30 €, NS 25 €.

Preise wie vor 20 Jahren

Das *kafenío* I Ánixi in Stavrinídis östlich unterhalb der Dorfkirche ist wahrscheinlich eins der preiswertesten *kafenía* der griechischen Inselwelt. Für einen Tresterschnaps, einen griechischen Kaffee oder ein großzügig eingeschenktes Glas Brandy zahlte man Ende 2002 je 50 Cents, für eine Flasche *retsína* 2 €. Die gleichen Preise galten auch im *kafeníon* Mélissa an der Kirche.

Aíolos: am Fischerhafen, tgl. ab 12 Uhr. Kleine Familientaverne, deren Wirt selbst Fischer ist. Tische auf der Hafenmole und auf dem kleinen Kieselsteinstrand unter Tamarisken. Hauptgerichte 5–10 €.

20./21. Mai: Kirchweihfest Ágios Konstantínos mit Musik und Tanz. **14./15. August:** Kirchweihfest Mariä Entschlafung mit Musik und Tanz.

Busverbindung mit der Inselhauptstadt Vathí und Karlóvassi im Sommer Mo–Fr 8x, Sa/So 5x tgl., im Winter Mo–Fr 7x, Sa 3x tgl.

Ámpelos und Stavrinídes

Sámos-Atlas: S. 234/235, C/D 1
Kurz hinter der Stichstraße ins alte Dorf zweigt von der Inselrundstraße nach links eine weitere Straße in die Berge ab. Sie durchquert einen Kiefernwald mit Kinderferienlager und großem Picknickplatz und schlängelt sich dann in die beiden wenig besuchten, aber stimmungsvollen Bergdörfer Ámpelos (350 Ew.) und Stavrinídis (60 Ew.) empor. **Ámpelos** liegt besonders reizvoll an einem steilen Hang nur wenige hundert Meter Luftlinie vom Meer entfernt; an manchen Stellen scheint das Dorf fast über der Ägäis zu schweben. **Stavrinídis** lohnt den Stopp wegen seines geschlossenen Ortsbilds, einer exzellenten Taverne und einiger besonders uriger und superpreiswerter *kafenía*. Von Stavrinídis aus führen zwei von der Dorfkirche an beschilderte Wanderwege in die zu Fuß jeweils nur 2 km entfernten Orte Manolátes und Ágios Konstantínos.

 **Privatzimmer Vassilía Vouroú:** Stavrinídis, der an der Kirche beginnenden Gasse folgen (Wegweiser nach Ágios Konstantínos, die Gasse wird hinter der Pension zum Wanderweg), Tel. 22 73 09 40 22. Zwei sehr preiswerte Zimmer in einem modernen Haus mit Panoramablick, schöne Terrasse, die Wirtsleute sprechen Deutsch. DZ HS/NS 15 €.

Irída: Stavrinídis, am Dorfeingang am Ende der Asphaltstraße, im Sommer tgl. ab 9, im Winter Fr–So ab 11 Uhr. Das junge Wirtsehepaar Vassílis und Katarína zaubert gemeinsam in der offenen Küche hervorragende griechische und samiotische Spezialitäten zu supergünstigen Preisen. Besonders lecker sind ihre *revithokeftédes*, eine Art Reibekuchen aus Kichererbsenmehl, ihr *tzazíki* und die speziell samiotischen *flogiéres*, in Öl ausgebackene, mit Käse und Schinken gefüllte Teigröllchen. Hauptgerichte 4–10 €.

20. Juli: Stavrinídis, abends Kirchweihfest Profítis Ilías mit Musik und Tanz im *kafeníon* Mélissa an der Kirche. **22./ 23. April** (wenn dieser Termin vor Ostern liegt, dann am Ostermontag): Kirchweihfest Ágios Geórgios in Ámpelos.

Linienbusverbindung zwischen Ámpelos, Kokkári und Vathí Mo, Mi, Fr je 1x. Keine Busverbindung nach Stavrinídis.

Ágios Nikólaos

Sámos-Atlas: S. 234, C 1
Die Küstenstraße passiert in ihrem weiteren Verlauf Ágios Dimítrios, von wo aus eine Straße zum am Meer gelegenen, praktisch strandlosen Weiler **Ágios Nikólaos** führt. Die gute Fischtaverne und ein nettes Café liegen direkt über dem Meer.

 Psarádes: 900 m unterhalb der Küstenstraße, dort ausgeschildert. Fischtaverne mit großer Terrasse überm Meer. Nur frischer Fisch erster Qualität. Hauptgerichte 10–20 €.

Abseits der Touristenrouten: Stavrinídes

 Die **Linienbusse** zwischen Vathí und Karlóvassi halten an der Küstenstraße.

Kontakéika, Ydroússa

Sámos-Atlas: S. 234, B 1/2
Zwei letzte Abstecher bieten sich anschließend an. Der eine führt ins nur 1 km von der Hauptstraße entfernte Dorf **Kontakéika** mit dem ursprünglichen *kafeníon* I Théa an der Hauptgasse zur Platía und einem prächtigen Gummibaum vor der Hauptkirche Kímisis tis Theotókou. Das 5 km von der Küstenstraße entfernte **Ydroússa** zeichnet sich durch einen besonders schönen Blick auf die beiden Gebirgsmassive der Insel aus. Der Ort wirkt sehr gepflegt; viele der älteren Häuser aus dem 19. und frühen 20. Jh. stehen an mit EU-Mitteln frisch gepflasterten Gassen. In der Hauptkirche, Ágios Athanássios geweiht, haben sich zahlreiche Wandmalereien aus dem 19. Jh. gut erhalten, darunter eine Visualisierung des so genannten Akathist-Hymnus und eine Darstellung des Jüngsten Gerichts. Wer genau hinschaut, erkennt im Bereich der Höllenstrafen ein Teufelchen, das einen Sünder am Grillspieß über offenem Feuer gart.

 17./18. Januar: Kirchweihfest Ágios Athanássios in Ydroússa.
14./15. August: Kirchweihfest Mariä Entschlafung in Kontakéika, mit Musik und Tanz.

 Busse zwischen Karlóvassi und Ydroússa Di 2x.

Karlóvassi, Votsalákia und der Inselwesten

KARLOVASSI UND DIE BERGDÖRFER IM HINTERLAND

Das mächtige Gebirgsmassiv des Kérkis, dessen Vígla genannter Gipfel die Ägäis um 1433 m überragt, prägt den Westen der Insel. Noch immer führt keine Straße ganz um das Massiv herum, so dass manche Dörfer von Karlóvassi aus nur via Marathókampos im Süden zu erreichen sind. Karlóvassi selbst ist ein weitläufiges Hafen- und Universitätsstädtchen am Meer, das nicht nur vom Tourismus lebt.

Entdeckungsreisen im Inselwesten

Touristisch sind die Küstenorte im Inselwesten erst im vergangenen Jahrzehnt aus ihrem Dornröschenschlaf erwacht. Mit Votsalákia (s. S. 175ff.) ist ein völlig neuer Urlaubsort in einer vorher nur landwirtschaftlich genutzten Ebene entstanden – und selbst das auf den ersten Blick nicht gerade berauschend schöne Karlóvassi profitiert jetzt trotz seines steinigen Strands von der steigenden Bettennachfrage europäischer Reiseveranstalter.

Karlóvassi

Sámos-Atlas: S. 233, D/E 1
Karlóvassi ist eine außergewöhnliche Stadt. Obwohl sie nur 5500 Einwohner zählt, erstreckt sie sich über mehrere Kilometer an der Küste entlang und tief in die Küstenebene hinein, die im Nordosten vom Ámpelos- und im Nordwesten vom Kérkis-Massiv begrenzt wird. Aus der Vogelschau betrachtet, wird deutlich, dass die erst 1958 durch Zusammenlegung dreier bis dahin unabhängiger Gemeinden entstandene Stadt aus fünf noch immer nicht ganz zusammengewachsenen Teilen besteht. Ganz im Westen säumen im Ortsteil **Órmos** (auch Ríva genannt) riesige Lagerhallen und Fabrikgebäude das Ufer. Bei genauerem Hinsehen entpuppen sich viele von ihnen als dachlose Ruinen, während andere als Kaserne, als Schreinerei, Kfz-Werkstatt, Steinschneiderei oder Bar genutzt werden. Die Atmosphäre ist trostlos. Dabei beruhte auf diesem Viertel bis zum Ersten Weltkrieg der Wohlstand der Karlovassioten. Über 50 Gerbereien verarbeiteten Häute aus Kleinasien und ganz Sámos, wie in Vathí gab es auch hier Zigarettenfabriken und große Olivenölpressen. Das verdiente Geld investierten die Fabrikbesitzer und Händler für ihr Seelenheil

in viel zu groß geratene Kirchen und für ihr weltliches Glück in prächtige, klassizistische Villen, die von weitläufigen Gärten umgeben waren. Sie standen freilich nicht im Industrieviertel Órmos, sondern vor allem in den Ortsteilen Néo und Meséo Karlóvassi. Manche von ihnen sind inzwischen aufwändig restauriert, andere verfallen.

Das landeinwärts von Órmos gelegene **Néo Karlóvassi** (Neu-Karlóvassi) bildet heute das eigentliche Stadtzentrum mit Schulen, Rathaus und Geschäften für den Bedarf der Einheimischen. Hier hat auch die Universität der Ägäis ihren Sitz. Auf der anderen Seite des Trockenbachs Kerkítio schließt sich daran das sehr viel lockerer bebaute **Meséo Karlóvassi** (Mittel-Karlóvassi) an, dessen kleine Platía recht dörflich wirkt und sicherlich die stimmungsvollste des Städtchens ist. Im Westen folgt das Hafenviertel **Limáni,** in dem die meisten neuen Urlaubshotels und die Weinkellerei EOSS stehen. Die Tavernen am Hafen sind der abendliche Treffpunkt von Touristen und jüngeren Einheimischen. Überragt wird Limáni von einem niedrigen Berg, den sehr fotogen eine Kirche der hl. Dreifaltigkeit bekrönt. Am und auf dem Berg liegen die Häuser von **Paleó Karlóvassi** (Alt-Karlóvassi), das von allen Stadtteilen am dörflichsten und idyllischsten wirkt.

Der lang gestreckte **Stadtstrand** von Karlóvassi besteht überwiegend aus Kies und großen Kieselsteinen; unmittelbar am Strand verläuft die Uferstraße. Ein viel schönerer Platz zum Baden ist der 2,5–4 km vom Hafen entfernte **Potámi-Strand.**

Sehenswertes in Néo Karlóvassi

Sehenswürdigkeiten von überregionaler Bedeutung besitzt Karlóvassi nicht. Wer anderswo auf der Insel Urlaub macht, muss sich hier nicht lange aufhalten.

Das Zentrum der Stadt bildet die **Platía Valaskátsi** in Néo Karlóvassi, die auch Endstation der Linienbusse ist. Am Taxistand, an dem eine Parkbank nur für Taxifahrer reserviert ist (»Only Taxi Drivers«), steht seit 1992 eine **Büste des Aristarch.** Für die ausländischen Besucher ist die Inschrift auch auf Englisch abgefasst: »First to discover the earth revoltes around the

Kaffeehaus-Konzerte

Das große *kafeníon* Skorpós in Néo Karlóvassi an der Platía neben der National Bank, ist ein Kaffeehaus alten Stils. Von morgens um 8 Uhr bis spätabends sitzen hier die Einheimischen, schlürfen ihren Mokka und spielen *távli*, *dáma* oder Karten. Auf der kleinen Empore, auf der heute Stühle gestapelt werden, spielte noch in der Vorkriegszeit häufig ein Orchester auf. Es wurde inzwischen durch ein Radio und ein Fernsehgerät ersetzt. Zu essen gibt es leckere, von Bestellung zu Bestellung variierende Kleinigkeiten zum *oúzo* oder *soúma* – zu genießen authentische Atmosphäre für wenig Geld.

Der Hafen von Karlóvassi: abendlicher Treffpunkt von Einheimischen und Urlaubern.

sun. Copernikus copied Aristarchos 1530 A.D.« Es stimmt freilich nicht ganz, dass Kopernikus den Aristarch kopierte, als er behauptete, die Erde drehe sich um die Sonne. Er kannte vielmehr dessen Theorien und ließ sich von ihnen anregen. Der auf Sámos um 320 v. Chr. geborene Mathematiker und Astronom Aristarch leistete jedoch noch mehr. So stellte er fest, dass die Erde sich um sich selbst dreht und versuchte als erster, die Entfernung zwischen Erde, Mond und Sonne sowie deren Größe zu errechnen (irrte sich dabei aber gewaltig). Unter der englischen Inschrift steht eine Widmung nur in Griechisch: »Zum Gedenken an jene, die auf fremder Erde mit dem unerfüllten Traum auf Rückkehr starben.«

Nur ein paar Schritte vom nördlichen Rand der Platía entfernt steht die prachtvolle, 1898 erbaute **Hauptkirche** von Karlóvassi, Kímisis tis Theotókou. Ihr Inneres birgt noch den Thron, auf dem der christliche Fürst von Sámos, der Hegemon, während seiner Gottesdienstbesuche Platz nahm. Wiederum nur einige Schritte entfernt erhebt sich die prächtige, dreigeschossige **Villa des Hegemon,** in der heute die Universitätsverwaltung untergebracht ist.

Die Universität der Ägäis in Karlóvassi wurde erst 1984 gegründet, um die Ägäischen Inseln auch kulturell aufzuwerten. Ihren Hauptsitz hat sie in Mytilíni auf der Insel Lesbos; Standorte einzelner Fakultäten sind ferner Rhodos, Chíos, Sýros und eben Karlóvassi. Hier auf Sámos kann man Mathematik, Kommunikationswissenschaften, Informatik, Statistik und Dokumentation studieren. Es gibt etwa 600 Studenten, die von etwa 25 Lehrkräften unterrichtet werden. Die einzigen ausländischen Studenten sind bisher Zyprioten; die Unterrichtssprache ist Neugriechisch. Von den Lehrkräften lebt nur ein Teil ständig auf Sámos, die anderen pendeln wöchentlich zwischen Athen und der Insel. Technisch ist die Uni bestens ausgestattet: In ihren beiden Lehrsaalgebäuden stehen über 70 hochmoderne Computer in Tag und Nacht geöffneten Räumen. Zur Universität gehört auch eine Bibliothek mit immerhin über 15 000 Bänden – eine Mensa aber fehlt bisher. Zum Abendessen gehen viele Studenten stattdessen in die Taverne Diónysos, in der sie einen Rabatt bekommen und bis zum Monatsende anschreiben lassen können.

Dem Hauptgebäude der Universität gegenüber zeigt das kleine **Folklore History Museum** (Odós Irodótou/ Ecke Odós Ioánnou Hatzigiánnis, Mo–Fr 10–13 Uhr, Eintritt frei) Handarbeiten, Stickereien, Trachten, Haushaltsgegenstände und landwirtschaftliche Geräte aus dem 19. und frühen 20. Jh.

Vom alten Glanz des Städtchens zeugen ferner zwei weitere große Gebäude: die noch als Grundschule genutzte Porphýrias-Schule im Süden der Platía Valaskátsi und die ehemalige Mädchenschule Chatzigianneío Parthenagogío, die heute die Universitätsbibliothek von Karlóvassi beherbergt (an der Straße von der Platía nach Meséo).

Meséo Karlóvassi

In Meséo Karlóvassi lohnen die alten **Villen,** die **Platía** mit ihren Tavernen und die markante **Kirche Isódia tis Theotókou** einen Blick. In letzterer zeugen die prächtige Marmorikonostase, die mit Silberoklad bedeckten vier Hauptikonen und die große Frauenempore von einstigem Wohlstand.

Paleó Karlóvassi

Ein schöner, etwa einstündiger Spaziergang führt schließlich vom Hafenviertel Limáni über eine enge, kurvenreiche Asphaltstraße nach Paleó Karlóvassi hinauf. Em Ende der Straße weist ein Schild den Weg zur **Höhle des Ágios Antónios.** Zunächst geht es auf gepflasterter Gasse an einigen Häusern und einer kleinen Kirche vorbei (am Spielplatz rechts halten), dann auf mit roten Pfeilen markiertem Pfad durch fast tropisch üppiges Grün in etwa 10 Minuten zur Höhle, in die vor langer Zeit ein Eremit eine kleine Kirche hineinbaute. Sie steht ständig offen, drei verbleichende, auf Blech gemalte Ikonen bilden den einzigen Schmuck.

Zur Straße zurückgekehrt, kann man nun in den Ortsteil Paleó hineingehen, dessen Häuser einen Felsrücken einnehmen. Die Atmosphäre ist ländlich, Autos haben in den Gassen keinen Platz. Die auf der Felsnase erbaute, weithin sichtbare **Kirche Agía Triáda** ist ein besonders schöner Platz, um den Sonnenuntergang zu beobachten. Von der kleinen Platía aus führt eine Gasse hinunter nach Meséo Karlóvassi, das man an dessen schönem Dorfplatz erreicht.

Auskünfte nur in den **privaten Reisebüros,** die sich auf die Umgebung des Hafens konzentrieren. **Hafenpolizei:** Tel. 22 73 03 08 88.

Samaina Inn: Ortsteil Limáni, Odós Kanári, Tel. 22 73 03 54 45, Fax 22 73 03 44 71, www.greek-tourism.gr/samos/samaina. Durch die Uferstraße vom Kieselstrand getrenntes, drei- bis viergeschossiges Hotel in architektonisch dem Lande angepassten Stil, etwa 500 m vom Hafen entfernt. 127 Zimmer, darunter auch Familienzimmer mit vier Betten. DZ HS 105–135 €, NS verhandelbar.

Ánema by the sea: Ortsteil Limáni, an der Uferstraße, Tel. 22 73 03 05 00, Fax 22 73 03 05 06, www.anema.gr. Freundliche Anlage mit 56 Studios und Apartments, alle mit Balkon; Pool, Tennisplatz. DZ HS 60–70 €, NS ab 40 €.

Samaina Port: Ortsteil Limáni, am Hafen, Tel. 22 73 03 06 10, Fax 22 73 03 44 71, www.greek-tourism.gr/samos/samaina. Das einer klassizistischen Villa gleichende Hotel mit nur 20 Zimmern ist ideal für alle, die gern etwas Lärm in Kauf nehmen, um mitten im Geschehen zu wohnen. Auf der Hotelterrasse sitzt man direkt auf der Kaimauer. Der Pool des etwa 500 m entfernten, teureren Schwesterhotels Samaina Inn kann kostenlos genutzt werden. DZ HS 40–80 €, NS verhandelbar.

Amánda: Néo Karlóvassi, an der Straße nach Vathí, Tel. 22 73 03 52 30, Fax 22 73 03 34 54, ganzjährig geöffnet. Modernes Hotel mit 24 geräumigen Zimmern, etwa 5 Gehminuten von der Platía dieses Stadtteils entfernt. Alle Zimmer mit Balkon und Klimaanlage, Deutsch sprechendes Wirtsehepaar. DZ HS 36–45 €, NS ab 30 €.

Astir: in Meséo Karlóvassi östlich (also rechts) der Straße, die von der Platía und der Kirche Isódia tis Theotókou zum Meer führt, Tel. 22 73 03 31 50, Fax 22 73 03 40 74, www.astirofsamos.com. Älteres, aber sehr gepflegtes und liebevoll geführtes Hotel, 250 m vom Meer und zentral jeweils 1 km von Hafen und Néo Karlóvas-

si entfernt gelegen. Große Liegewiese mit Pool. Im Hochsommer auch mit Halbpension buchbar (plus 5 €/Person). DZ HS 35 €, NS 28 €.

Parapénde: Meséo, Platía, ganzjährig tgl. ab 12 Uhr. Eine von drei Tavernen auf dem stimmungsvollsten Platz von Karlóvassi; von den Speisen her sind die beiden anderen ebenso gut. Hauptgerichte 6–12 €.

Remetzo: am Hafen, tgl. ab 10 Uhr. Wirtin Sofía bereitet alle Speisen selbst zu. Spezialität des Hauses sind *imám*, also gefüllte Auberginenscheiben, auch der Oktopus in Rotweinsauce ist nicht zu verachten. Hauptgerichte 5–10 €.

Diónysos: Néo Karlóvassi, an der am Trockenbachbett entlangführenden Straße, tgl. ab 11 Uhr, im Juli und August geschlossen. Die Studententaverne der Stadt (s. S. 166f.). Viele Grillgerichte, besonders leckere Käsetaschen *(tiropittákia),* Roséwein vom Fass. Hauptgerichte 4–9 €.

Cafés:

Palió: Paleó Karlóvassi, am Ende der Autostraße, ganzjährig tgl. ab 7 Uhr. In dem kleinen Café, das früher Klein-Paris hieß, sitzt man unter Einheimischen. Mahlzeiten und Snacks werden nicht serviert.

Royal Café: Limáni, für seine leckeren, aber auch kalorienreichen Eisbecher gerühmtes Café am Hafen. Auch Internet-Arbeitsplätze.

EOSS-Weinkellerei: Limáni, an der Uferstraße, Mo–Fr 10–15 Uhr. Hier kann man alle samiotischen Weine verkosten und direkt vom Erzeuger kaufen.

Karakoúdas: Órmos, Odós Soufoúli (Straße nach Kokkári). Großes Angebot an Lederwaren aus eigener Produktion.

Vathiótou: Néo Karlóvassi, Odós Lykoúrgou Logothéti (Straße nach Marathókampos). Die Töpferei ist bereits seit 1922 in Familienbesitz; hier erhält man auch den Gerechtigkeitsbecher. Er beruht auf dem System der kommunizierenden Röhre. Gießt man ihn zu voll, beachtet also den Eichstrich nicht, fließt sämtliche Flüssigkeit aus dem Becher.

Cine Parádisos (Sámos): Limáni, an der Hauptstraße, im Hochsommer tgl. ca. 21 Uhr. 2002 vollständig modernisiertes Freiluftkino mit Barbetrieb.
Popcorn (inzwischen vielleicht umbenannt in **Privilege):** Limáni, in einem der alten Lagerhäuser neben dem Zollamt am Hafenbecken. Der Musik-Club, der unter Griechen derzeit absolut ›in‹ ist. Griechische und internationale Pop-Musik; Hochbetrieb herrscht erst nach 1 Uhr morgens.
Exodus: Limáni, Odós Kanári, tgl. ab 22 Uhr. Von Studenten bevorzugte Disco mit Tanzfläche im Innenhof eines alten Natursteinhauses am Meer.

14./15. August: Kirchweihfest Mariä Entschlafung mit Gottesdiensten und Prozession in Meséo Karlóvassi und mit Musik und Tanz am Hafen.
5./6. Dezember: Kirchweihfest Ágios Nikólaos in Néo Karlóvassi.

Von Mai bis Sept. je nach Nachfrage **Bootsausflüge** vom Hafen aus zu den Seitáni-Stränden, nach Ágios Isídoros, nach Limniónas und zur Insel Samiopoúla.

Zentrale Bushaltestelle an der Platía von Néo Karlóvassi.
Verbindung mit Vathí über Kokkári Mo–Fr 8x tgl., Sa/So 5x tgl. (im Winter Mo–Fr 7x, Sa 3x). Mit Vathí über Pírgos und Pythagório ganzjährig Mo–Fr 1–2x tgl. Mit Marathókampos Mo–Fr 4x tgl. (im Winter 2x). Mit Votsalákia 3x tgl. (im Winter 2x

Lokale Medien

Die Medienlandschaft auf Sámos ist weitaus vielfältiger, als die geringe Einwohnerzahl der Insel vermuten lässt. Den größten Einfluss besitzen natürlich die täglich eingeflogenen nationalen Tageszeitungen aus Athen und die großen, überwiegend privaten Fernsehsender der Hauptstadt. Für die Kommunalpolitik von Bedeutung sind indes ebenso die sieben samiotischen Wochenzeitungen und Monatszeitschriften, die neun privaten Hörfunksender sowie ein privater Fernsehsender. Zusätzlich leisten sich sechs nationale TV-Programme einen lokalen Korrespondenten auf der Insel, der allerdings nicht fest angestellt ist, sondern als freier Mitarbeiter honoriert wird.

wöchentl.), mit Kallithéa 1x tgl. (im Winter 2x wöchentl.). Mit Drakéi 1x tgl. (im Winter 1x wöchentl.). Mit Léka und Kosmadéi im Sommer 4x wöchentl. je 2 Busse (im Winter 1x wöchentl.). Mit Ámpelos im Sommer 2x tgl. je 2 Busse. Mit Skouréika und Plátanos ganzjährig 1x wöchentl. je 2 Busse. Mit Ydroússa ganzjährig 1x wöchentl. je 2 Busse.
Taxistand an der Platía von Néo Karlóvassi, zu Schiffsankünften auch am Hafen.
Funktaxis Tel. 22 73 03 07 77.
Fähre: In die Inselhauptstadt Vathí kann man auch mit der großen Autofähre fahren, die an den meisten Tagen jedoch sehr früh morgens abfährt (zwischen 3.30 und 5.30 Uhr, Fahrzeit ca. 1 Std.).

Potámi, die Wasserfälle und die Seitáni-Strände

Sámos-Atlas: S. 232/233, B/C/D 1
Vom Hafen aus führt eine gut ausgebaute Asphaltstraße noch ein Stück nach Westen an der Küste entlang. Sie passiert eine futuristisch anmutende, moderne Kapelle und senkt sich dann zum etwa 1 km langen Sand-, Kies-, und Kieselsteinstrand **Potámi Beach** mit großem Parkplatz und einigen wenigen Unterkünften und Tavernen hinab. Kurz bevor die Straße den schmalen, ganzjährig Wasser führenden Bach Potámi überquert, steht ein deutlich sichtbarer Wegweiser mit der Aufschrift »Metamorfosis Sotiros Ancient Chapel/ Potami Waterfalls«. Der sogleich in einen Fußpfad übergehende Feldweg erreicht nach etwa 150 m die wahr-

scheinlich älteste Kirche der Insel, **Metamórphosis tou Sotiroú.** Gottesdienste finden hier nicht mehr statt, die Tür ist nie verschlossen. Von außen wirkt der Bau aus dem 11. Jh. recht klein, innen überrascht seine Höhe. Vier Säulen mit schönen Kapitellen, die vermutlich von einer frühchristlichen Basilika aus dem 6. Jh. stammen, tragen die Kuppel. Die Ikonostase ist nicht aus Holz geschnitzt, sondern aufgemauert und weiß gekalkt.

Im Südosten der Kirche ist, etwa 20 m von ihr entfernt, an den Fels in blauer Schrift der griechische Hinweis »PROS KASTRO« gemalt. Hier beginnt ein kleiner, sehr steiler Pfad, der in wenigen Minuten zur Ruine einer **Festung** aus byzantinischer Zeit hinaufführt. Die Aussicht von dort oben ist fantastisch.

Der Weg lohnt: Potámi Beach

Leichter ist es, dem Potámi-Bach aufwärts zu folgen. Der Pfad wechselt mehrmals die Uferseite, viermal ist das Gewässer auf wackligen Trittsteinen zu überqueren. Ein dichtes Baumkronendach bietet angenehmen Schatten, verlaufen kann man sich nicht. Nach etwa 15 Minuten endet der Pfad. Von hier aus gibt es nur zwei eher ungewöhnliche Wege, zu den Wasserfällen zu gelangen.

Möglichkeit Eins: Man kann entweder durch eine niedrige Felsschlucht den Bach etwa 40 m weit aufwärts schwimmen, kommt dann zum ersten der kleinen Wasserfälle. Zwei weitere folgen weiter oben. Um bis zum letzten zu gelangen, muss man die vorangehenden Wasserfälle überwinden. In den Wasserfällen hängen Kletterseile, an denen man sich hochziehen kann.

Möglichkeit Zwei: Man kraxelt am Wegesende die durch ein Geländer gesicherte Felswand empor. Abwärts gibt es dann nur auf der halben Strecke Geländer, die zudem noch sehr wackelig sind. Die letzte Hälfte des Pfads besteht aus Granitgestein. Es gibt dort zwar ein Geländer, doch das verläuft nicht unbedingt da, wo der Abstieg am leichtesten ist. Es hilft eigentlich nur beim Wiederhochklettern. Man kommt schließlich etwa 20 bis 30 m hinter den Wasserfällen heraus, die man zwar hört, aber nicht sieht. Trotzdem lohnt für Sportliche mit gutem Schuhwerk der Weg.

Zu den einsamen Stränden **Mikró Seitáni** und **Megálo Seitáni** westlich des Potámi Beach gelangt man am bequemsten mit dem Badeboot von Karlóvassi aus. Der Kleine Seitáni-Strand

ist völlig unverbaut, am sandigen Großen Seitáni-Strand stehen ein paar Ferienhäuser von Einheimischen; hier hat im Hochsommer auch eine Taverne geöffnet.

 Potámi Studios: Potámi Beach, Tel. 22 73 03 26 93 (telefonisch schwer zu erreichen). Neun Studios im Maisonette-Stil mit dem Schlafzimmer auf der Zwischenebene, bei einer gut Englisch sprechenden Wirtin, ruhig im Osten des Strandes gelegen.

Sun Set: Potámi Beach, an der Hauptstraße, tgl. ab 12 Uhr. Schöne Terrasse mit Blick aufs Meer, mittags auch leckere Kleinigkeiten für Strandbesucher. Hauptgerichte 6–12 €.

Busse: s. S. 169, Karlóvassi.

Im Hinterland von Karlóvassi

Von Karlóvassi aus führen drei Straßen in Richtung Süden. Um die Bergdörfer im Hinterland der zweiten Inselstadt kennen zu lernen, fährt man am besten zunächst von Néo Karlóvassi über Kondéika nach Plátanos, dann nach Ágii Theódori und von dort über Kastanéa nach Nikoloúdes und Kosmadéi. Auf dem Rückweg kann man abschließend noch Léka besuchen.

Plátanos

Sámos-Atlas: S. 233, F 2
Abseits der Straße nach Kondéika liegt 4 km außerhalb von Karlóvassi das große **Kloster Profítis Ilías,** dessen

Bauten weitgehend aus dem 18. und 19. Jh. stammen. Die Kirche wurde 1787 erbaut. Heute wird es vom Militär genutzt; Kirchenbesuche sind jedoch möglich.

Durch das von Weingärten umgebene **Kondéika** (300 Ew.) steigt die schmale Straße nach **Plátanos** (400 Ew.) auf 550 m Höhe hinauf, ein Dorf mit viel historischer Bausubstanz, einer besonders schönen Pension (s. unten) und einer reizvollen Platía. Aus dem alten Dorfbrunnen am Platz sprudelt noch immer schmackhaftes Trinkwasser – und die Käsetaschen, *tirópittes*, die Bäcker Chrisóstomos jeden Morgen ab 4 Uhr in seiner Bäckerei an der Platía backt, gelten unangefochten als die besten der Insel.

Rooms Karvoúnis: Plátanos, am südöstlichen Dorfrand (Hinweis auf Zementmauer am Ortseingang gemalt), Tel./Fax 22 73 03 92 22, ganzjährig geöffnet. Inhaber Stamátis Sarrinikoláou vermietet in seinem modernen, liebevoll gepflegten Haus vier Zimmer und eine Ferienwohnung. Die Atmosphäre ist familiär, der Blick von den Balkonen begeistert. Stamátis betreibt selbst die Imkerei und baut Wein nach ökologischen Gesichtspunkten an; von der Platía ist sein gastliches Haus etwa 400 m entfernt. DZ HS 30 €, NS 24 €.
Andere Unterkünfte gibt es in den Bergdörfern im Hinterland von Karlóvassi nicht (bis auf das kleine Hotel Parthenon an der Platía von Plátanos, das aber wegen seines unfreundlichen Wirts und allgemeiner Ungepflegtheit völlig unakzeptabel ist).

O Néos Kósmos: Kondéika, an der Hauptstraße am unteren Ortstrand, tgl. ab 10 Uhr. Hauptgerichte 5–10 €.
Sofía's Restaurant: Plátanos, Platía, tgl. ab 8 Uhr. Sofía ist die Frau des Dorfbäckers. Der beginnt um 4 Uhr mit dem Backen von Brot und *tirópittes;* danach kommt das Mittagessen für Tavernengäste in den Ofen. Die Gerichte wechseln täglich; hier gibt es statt der üblichen Pommes frites *batátes tou foúrnou,* Kartoffeln aus dem Backofen. Wirtin Sofía spricht etwas Deutsch. Hauptgerichte 5–8 €.

22./23. April (oder, wenn dieser Termin in die Fastenzeit fällt, am Ostermontag): Kirchweihfest Ágios Geórgios in Plátanos.

Das ehemalige Kloster Kakoperáto

19./20. Juli: Kirchweihfest Profítis Ilías im gleichnamigen Kloster bei Néo Karlóvassi.
25./26. Juli: Kirchweihfest Agía Paraskeví in Kondéika.
7./8. September: Fest der Mariengeburt in Kondéika.
13./14. September: Fest der Kreuzerhöhung in Kondéika.

 Busse: s. S. 169, Karlóvassi.

Ágii Theódori, Kastanéa

Sámos-Atlas: S. 233, D/E 2
Von Plátanos geht es nun sehr kurvenreich hinunter zur Hauptstraße und auf ihr eine kurze Wegstrecke zurück in Richtung Karlóvassi. Wo links die Straße nach Marathókampos abzweigt, kann man nach rechts einen 1 km kurzen Abstecher ins Dorf **Ágii Theódori** (150 Ew.) unternehmen, das versteckt und einsam in einem winzigen Hochtal liegt.

Kurz bevor man Marathókampos erreicht, zweigt dann nach rechts eine Asphaltstraße ab, die ins stille Dorf **Kastanéa** (250 Ew., auch: Kastanía) führt. 1943, im Zweiten Weltkrieg, verübte das italienische Militär hier ein Massaker an der Zivilbevölkerung. Dessen wird alljährlich am 30. August in einer feierlichen Veranstaltung gedacht. Am Dorfplatz hat die Gemeinde unter dem Haus der Winzergenossenschaft ein altes Waschhaus mit insgesamt elf Waschplätzen restaurieren lassen; in der Umgebung der mächtigen, auf einer Terrasse erbauten Dorfkirche Kímisis tis Theotókou gibt es Gemischtwarenhandlungen und mehrere sehr urtümliche und freundliche *kafenía*, in denen man gerne eine Pause einlegt.

 31. Januar/1. Februar: Kirchweihfest Ágios Trýfonas in Ágii Theódori.

26./27. Juli: Kirchweihfest Ágios Panteloímonas in Ágii Theódori.

30. August: Gedenkfeiern zur Erinnerung an das Massaker von 1943 in Kastanéa.

Nikoloúdes, Kosmadéi, Léka

Sámos-Atlas: S. 232/233, C/D 1, C 2
Die Strecke zwischen Kastanéa und Kosmadéi gehört zu den landschaftlich reizvollsten des gesamten Inselostens. Bis zum winzigen Weiler **Nikoloúdes** (50 Ew.) fährt man durch dichten Wald, danach lichten sich die Hänge, die bis zum Frühsommer der Ginster gelb färbt. Hier üben häufig noch Köhler ihr traditionelles Handwerk aus. Die Platane am oberen Ortsrand an der Hauptstraße gilt als mächtigste der Insel.

In Kosmadéi (200 Ew.) endet die Straße am Ortseingang. Unterwegs passiert man an zwei Stellen Wegweiser: einmal nach Potámi, Mikró und Megáli Seitáni (s. S. 170f.) und später dann zum ehemaligen Kloster Kakoperáto. **Kosmadéi** selbst lohnt einen kurzen Ortsbummel und eine längere Rast in einem seiner beiden *kafenía*. Der Ausblick von ihnen auf Karlóvassi, den Kérkis und das Ámpelos-Massiv ist faszinierend.

Schön ist auch der Ausblick vom Dorfplatz von **Léka** (550 Ew.) über Zitronen-, Orangen- und Granatapfelbäume auf Karlóvassi, das Meer und den Ámpelos. Von hier sind es dann nur noch 3 km bis hinunter zur Platía von Meséo Karlóvassi.

 Chrisí Cardiá: Nikoloúdes, an der Hauptstraße, tgl. ab 9 Uhr. Die herzliche und äußerst gesprächige Wirtin Maria Vasiláki serviert gute Hausmannskost. Hauptgerichte 5–10 €.

Kerketéus: Kosmadéi, 20 m von der Platía, tgl. ab 9 Uhr. Wer Hunger hat, geht hierhin und genießt von der Terrasse aus den Panoramablick. Hauptgerichte 5–10 €.

Panórama: Léka, am oberen Ortsrand neben der Hauptkirche Ágios Ioánnis, tgl. ab 10 Uhr. Schlichte Snack-Bar mit besonders schöner Aussicht. Einfache Gerichte 3–7 €.

To Stéki: Kosmadéi, an der Platía, tgl. ab 8 Uhr. Hier gibt es nur Kleinigkeiten zu essen, dafür bietet dieses alteingesessene *kafeníon* viel Ursprünglichkeit. Gäste können auch die Oliven aus eigenem Anbau der Wirtin in großen Limonadenflaschen als kulinarisches Souvenir mit nach Hause nehmen.

 24./25. März: Fest Maria Empfängnis in Kosmadéi.

14./15. August: Fest Mariä Entschlafung in Léka und Kosmadéi.

6./7. September: Kirchweihfest Ágii Taxiárches in Kosmadéi.

Busverbindungen s. S. 169, Karlóvassi.

ZWISCHEN MARATHOKAMPOS, VOTSALAKIA UND DRAKEI

Von der einzigen Kreisstadt im Inland führt diese Route zum Urlaubsort Votsalákia und den schönen Stränden im Süden des Kérkis-Massivs. Der stille, weltabgeschiedene Weiler Ágios Isídoros an der Westküste überrascht mit einer der größten traditionellen Bootswerften Griechenlands, auf der noch hölzerne Kaikis gebaut werden. In Drakéi endet die Straße: Von hier aus kommt man nur zu Fuß weiter.

Marathókampos

Sámos-Atlas: S. 233, D 3
Marathókampos (1800 Ew.) liegt als einzige und kleinste Kreisstadt der Insel nicht direkt am Meer, sondern in 300–400 m Höhe. Das hat den Ort vor dem Tourismus und vor vielen Neubauten bewahrt. Enge, oft steile Gassen und schmale Tordurchgänge halten den Autoverkehr aus dem Ortskern fern, die meisten Häuser sind noch ziegelgedeckt. Früher lebten die Menschen hier vom Olivenanbau und von der Seefahrt, heute betreiben viele Tavernen und Pensionen an den zum Kreis gehörenden Stränden. Besondere Sehenswürdigkeiten gibt es nicht. Um einen Eindruck vom Ortscharakter zu bekommen, genügt es, von der nahe der Hauptstraße gelegenen Dorfkirche aus etwa 250 m weit der Hauptgasse zu folgen, die an kleinen Geschäften vorbei zum 1861 gebauten Loúnga-Brunnen führt, der Hauptquelle der Stadt. Auf der kleinen Platía dort sitzt man viel schöner als in den Lokalen an der Hauptkirche.

I Loúnga: Marathókampos, Platía Enoséos (am Loúnga-Brunnen im historischen Ortskern), von der Hauptstraße aus ausgeschildert, tgl. ab 12 Uhr. Griechische Tavernenkost unter einer uralten Platane. Hauptgerichte 6–10 €.

Linienbusse: s. S. 169, Karlóvassi. **Taxihalteplatz** an der Hauptkirche. Funktaxis Tel. 22 73 03 10 00.

Órmos Marathókampou und Votsalákia

Sámos-Atlas: S. 232/233, C/D/E 3
Der Hafen von Marathókampos war und ist das 5 km entfernte **Órmos Marathókampou** mit seiner kurzen, aber schönen Hafenpromenade und einem zwar langen, leider jedoch sehr steinigen Strand. Hier produziert eine alter-

tümliche Fabrik im Winterhalbjahr noch Seife aus Olivenöl; ansonsten lebt die Siedlung vom Tourismus. Der spielt freilich in der sich westlich an Órmos anschließenden Küstenebene **Kámpos** mit dem Ferienort **Votsalákia** eine viel größere Rolle. Noch vor 20 Jahren standen hier lediglich kleine, bescheidene Bauernhäuschen inmitten von Olivenhainen; heute ist Votsalákia einer der bedeutendsten Urlaubsorte der Insel. Mehrere große Hotels, aber auch eine ganze Reihe kleiner, familiär geführter Apartmenthäuser und Pensionen zeugen davon. Der grobsandige, stellenweise kieselige Strand ist über 2 km lang, die Kulisse des Kérkis im Hinterland faszinierend schön.

Wer lange Sand-Kiesstrände bevorzugt ist in Votsálakia richtig.

oben aus Klostergärten und von ihren Ziegen, Hühnern, Bienen und Obstgärten weitgehend selbst ernähren. Den klostergemäß gekleideten Wanderer – und nur den – erwarten Quellwasser und ein von den Nonnen kredenztes Gläschen *oúzo*. Der Weg zum Kloster ist an der Hauptstraße am westlichen Ortsende ausgeschildert. Die ersten 4 km kann man mit dem Jeep fahren, danach ist auf jeden Fall eine etwa einstündige Wanderung auf schönem, stetig bergan führendem Pfad erforderlich.

 **Kambos Village** mit den **Hotels Anthemis Village, Orpheas** und **Posseidon Village:** Votsalákia, etwa 100–200 m landeinwärts der Uferstraße im so genannten Zentrum, Tel. 22 73 03 71 85, Fax 22 73 03 71 01. Aus drei Hotelkomplexen bestehende Anlage mit gemeinsamer Rezeption und drei Süßwasserpools. Kinderclub für 4–12-jährige. DZ HS 60–67 €, NS ab 28 €.
Katerina: Votsalákia, ca. 200 m landeinwärts von der Uferstraße (Abzweigung unmittelbar östlich der Autovermietung Alamo), Tel. 22 73 03 74 64, mobil 69 45 56 06 68. Die im Nachbarhaus lebenden Wirtsleute Sarrigiánnis vermieten sechs sehr geräumige, ruhige Apartments für drei bis vier Personen. Die Wohnungen bestehen aus jeweils zwei Zimmern, Küche und Bad. DZ HS 50 €, NS 40 €.
Albatros: Votsalákia, ca. 50 m landeinwärts von der Uferstraße (Abzweigung westlich der Autovermietung Alamo), Tel. 22 73 03 74 62. Zehn Studios für bis zu drei Personen in zwei kleinen, zweigeschossigen Gebäuden, mit schönem Garten. DZ HS 50 €, NS 35 €.

In 500 m Höhe scheint das kleine, schon im 11. Jh. gegründete **Nonnenkloster Evangelístria** am Hang des Kérkis zu schweben. Kunstschätze haben die erst kurz nach dem Zweiten Weltkrieg in einem Kiefernwald erbauten, bescheidenen Klostergebäude nicht zu bieten. Doch es beeindruckt, zu sehen, wie sich die drei Nonnen hier

Sommerakademie Samos

Wer Lust auf Kreativ-Ferien hat, dem bietet die Sommerakademie Samos ein interessantes Programm von Yoga über Malerei bis hin zu Schauspiel und Gesang. Die in der Regel zweiwöchigen Seminare finden in Votsalákia, Bállos und Órmos Marathókampou statt. In ruhiger und entspannter Atmosphäre heißt es dann: Entdecken Sie Ihr kreatives Potenzial! Infos unter www.sommerakademie-samos.at, Beatrix Leidwein, Odoakergasse 10/18/3/5, 1160 Wien, Tel. 066 44 83 97 73.

Pélagos: Votsalákia, am östlichen Ortsrand nahe der Uferstraße, Tel./Fax 22 73 03 70 06. 25 Studios und Apartments für bis zu vier Personen, auf sechs Gebäude verteilt. Kleiner Süßwasserpool, ca. 60 m vom Strand. DZ HS 50 €, NS 25 €.

Votsalákia: Votsalákia, an der Uferstraße im so genannten Zentrum, Tel. 22 73 03 73 55, Fax 22 73 03 71 89. Das älteste Hotel am Ort mit 70 Zimmern in verschiedenen, zumeist zweigeschossigen Gebäuden. Süßwasserpool, 50–100 m vom Strand. DZ HS 47 €, NS 33 €.

Kleópatra: Órmos Marathókampou, am Ostende der Uferpromenade nahe dem Hotel Kérkis Bay, Tel. 22 73 03 74 43, 22 73 03 74 86. Acht Studios in einem zweigeschossigen Haus mit üppigem Garten; individuell regulierbare Klimaanlage. Ca. 250 m vom Strand. DZ HS 35 €, NS 30 €.

Kérkis Bay: Órmos Marathókampou, in einer Seitengasse der Uferpromenade, Tel. 22 73 03 72 02, Fax 22 73 03 73 72.

Kleines, zweigeschossiges Hotel mit 25 Zimmern, etwa 50 m von der Uferpromenade und 300 m vom Kieselsteinstrand entfernt. Besonders schöne, schattige Terrasse und pflanzenüberwucherte Fassade. DZ HS 40 €, NS 34 €.

Pelagía: Votsalákia, am östlichen Ortseingang, etwa 50 m landeinwärts von der Uferstraße, Tel. 22 73 03 70 34, Fax 22 73 03 30 82. Apartments und Studios für maximal vier Personen in einem zwei- bis dreigeschossigen Haus mit schönem Garten. Zwischen Juni und September an Reiseveranstalter vergeben, sonst frei buchbar, sehr günstig. Die Tochter des Hauses spricht englisch. DZ 20 €, bei längerem Aufenthalt noch günstiger.

Giórgos: Votsalákia, zwischen Uferstraße und Strand, tgl. ab 10 Uhr. Auf einer schattigen Terrasse werden frischer Fisch und verschiedene, auch nichtsamiotische Weine vom Fass serviert. Abends drehen sich immer Hühnchen und oft Lämmer, Zicklein oder Spanferkel am Spieß. Hauptgerichte 6–15 €.

Lekátis: Órmos Marathókampou, an der Uferpromenade, ganzjährig tgl. ab 9 Uhr. Familiär geführte Taverne am Fischereihafen, gut gewürzte Saucen, gute Auswahl auch an gekochten Gerichten. Besonders lecker das *chtapódi stifádo,* geschmorte Krake mit Gemüsezwiebeln. Hauptgerichte 6–12 €.

Café Rosa: Votsalákia, zwischen Uferstraße und Strand, tgl. ab 10 Uhr. Deutsche Küche unter südlicher Sonne. Hauptgerichte 6–12 €.

Bonita: Votsalákia, an der Uferstraße, tgl. ab 12 Uhr. Pizza aus dem Holzbackofen. Hauptgerichte 5–10 €.

Nick the Greek: Votsalákia, zwischen Uferstraße und Strand am östlichen Ortsrand, tgl. ab 10 Uhr. Einfache Strandtaverne mit herzlichen Wirtsleuten, Hausmannskost. Hauptgerichte 5–10 €.

Flamingo Club: Votsalákia, an der Uferstraße, tgl. ab 10 Uhr. Café-Bar mit lauter Musik, in der manchmal auch getanzt wird.

Nemesis Club: unterhalb der Straße nach Psilí Ámmos, tgl. ab 22 Uhr. Beach Club am Strand.

Busse: s. S. 169, Karlóvassi.
Taxi: Tel. 22 73 03 76 00.

Von Votsalákia nach Drakéi

Psilí Ámmos West, Limniónas, Patniótes

Sámos-Atlas: S. 232, B/C 4
Einer der schönsten Inselstrände überhaupt folgt schon 2 km hinter Votsalákia: **Psilí Ámmos West.** Er ist noch fast unverbaut, ca. 500 m lang, feinsandig und liegt so weit unterhalb der ohnehin wenig befahrenen Küstenstraße, dass man die Fahrgeräusche kaum hört. Kurz nach Passieren des Strands zweigt eine Stichstraße zur nahen Bucht von **Limniónas** (auch: Limiónas) ab. Das Sträßlein schlängelt sich durch einen Olivenhain, in dem Hotels und Pensionen stehen und erreicht dann die Bucht mit ihrem 300 m langen Grobsandstrand. Nun führt es als gute Piste am Ufer entlang weiter westlich nach **Patniótes** mit einer Taverne. Mehrere kleine Felsbuchten mit kleinen Kiesstrandflecken erfreuen hier insbesondere die Schnorchler.

 Golden Sand: Psilí Ámmos, unterhalb der Küstenstraße, Tel. 22 73 03 73 36, Fax 22 73 03 71 89, www.welcome2samos.gr/Pelates/GOLDEN SAND.htm. Zwölf inmitten von Olivenbäumen, Kiefern und Blumen gelegene Studios für bis zu vier Personen, nur 30 m vom Sandstrand entfernt. Trotzdem ist ein kleiner Süßwasserpool vorhanden. Einkäufe werden auf Wunsch von der Rezeption erledigt. DZ HS 47 €, NS 35 €.

Galíni: Limniónas, an der Zufahrtsstraße, Tel./Fax 22 73 03 74 83. Vier Studios im Olivenhain, ca. 400 m vom Strand entfernt. DZ HS 40 €, NS 35 €.

Limnionas Bay: Limniónas, an der Stichstraße zum Strand, Tel./Fax 22 73 03 70 57. Zweigeschossiges, sehr ruhig in einem Olivenhain gelegenes Hotel mit Süßwasserpool und 36 Apartments für bis zu vier Personen. Entfernung zum Strand ca. 150 m. DZ HS 74 €, NS 39 €.

Limnionas Studios: Limniónas, Tel. /Fax 22730 37341, www.greek-hotels.com/samos/limnionas. Moderne Studios für 2–4 Personen am Meer. DZ HS 65 €, NS 35 €.

Blue Horizon: Psilí Ámmos, oberhalb der Küstenstraße, Tel. 22 73 03 75 20, 22 73 03 72 64. Die kleine Anlage mit Mini-Markt und zehn Studios ist ca. 100 m vom Sandstrand entfernt. Balkone mit herrlichem Ausblick. DZ HS 34 €, NS 22 €.

Benzinuhr checken!

Zwischen Órmos Marathókampou und Drakéi gibt es keine Tankstellen. Die auf manchen Landkarten eingezeichnete Straße von Drakéi nach Karlóvassi gibt es nicht. Überprüfen Sie also unbedingt noch einmal ihren Tankinhalt, bevor Sie sich in den äußersten Westen der Insel vorwagen!

DER LANDARZT KOMMT

Es gibt auf Sámos zwar nur ein Krankenhaus in Vathí und ein staatliches Gesundheitszentrum mit ein paar Notfallbetten in Karlóvassi, aber immerhin 13 Landärzte, die regelmäßig zwei- bis dreimal pro Woche auf die Dörfer gehen. Auch das abgelegenste von ihnen, Drakéi im äußersten Inselwesten, wird zweimal in der Woche von einer Ärztin aufgesucht, die auf Krankenschein behandelt. Ihr Kommen wird von vielen immer schon sehnsüchtig erwartet – des hohen Unterhaltungswerts wegen.

An der Straße ins Dorf liegt ihre einfache Praxis, doch dahinein gehen Frau Doktor und ihre zumeist recht alten Patienten und Patientinnen nur ungern. Röntgengeräte, ein EKG oder ähnlich teure Apparate stehen da ohnehin nicht herum. So wickelt man die Sprechstunde lieber auf der Terrasse von Athinas *kafenion* schräg gegenüber ab. Dort erzählt jeder sein Leid *choram publicam* und hat auch gleich mitleidige Zuhörer, die Trost spenden oder der geduldigen Medizinerin Ratschläge erteilen. Das Blutdruckmessen hat fast den gleichen Unterhaltungswert wie eine Soap Opera im Fernsehen, das Setzen einer Spritze ist so spannend wie ein ›Tatort‹. Irgendein Rezept erhält jeder Patient, denn das hat den Wert einer Trophäe. Der nächste jüngere Mann, der in die Apotheke nach Karlóvassi oder Marathókampos fahren wird, bringt die verordneten Medikamente für alle mit – und die Höhe der jeweils fälligen Zuzahlungen ist dann bei der Auslieferung in Athinas *kafenío* gleich wieder ein Gesprächsthema für mehrere Stunden.

🍴 **Limniónas:** am gleichnamigen Strand, tgl. ab 9 Uhr. In dieser Taverne wird stets frischer Fisch serviert, den Mitglieder der Familie fangen. Hauptgerichte 6–18 €.
Balcony to the Aegean Sea: Limniónas, am Strand, tgl. ab 10 Uhr. Taverne mit grandioser Aussicht. Hauptgerichte 6–13 €.
Galíni: Limniónas, oberhalb der Bucht, tgl. ab 9 Uhr. In der Taverne in einem Olivenhain werden überwiegend Grillgerichte serviert. Hauptgerichte 6–12 €.
To Kochyli (Kohili): Patniótes, tgl. ab 9 Uhr. Hoch über dem Meer gelegene Tavernenterrasse, etwa 100 m vom Strand entfernt. Schmackhaft zubereitete, fettarme Küche. Hauptgerichte 6–12 €.

Agía Kyriakí, Paleochóri, Kloster Eleímonas

Sámos-Atlas: S. 232, A/B 4
Die Hauptstraße in den ›Fernen Westen‹ der Insel passiert den kleinen Binnenweiler **Agía Kyriakí,** in dessen Umgebung besonders viele alte Johannisbrotbäume wachsen. Meist schwelen in dieser Gegend unmittelbar an der Straße mehrere Kohlenmeiler, auf denen noch auf traditionelle Weise Holzkohle produziert wird.

Die Straße windet sich nun den Kérkis-Hang empor und erreicht eine Passhöhe, auf der erstmals die Westküste der Insel in Sicht kommt. Hier

Balkon über der Ägäis: Paleochóri

steht ein Wegweiser mit der Aufschrift »Paleochóri/Ágios Ioánnis Eleímonas«. Der Weg dorthin ist zwar nicht asphaltiert, lässt sich aber mit Jeeps und kleineren Autos problemlos befahren. Der fast menschenleere Weiler **Paleochóri** lohnt den Abstecher nicht. Schön dagegen ist der Weg hinunter zum 4 km von der Hauptstraße entfernten **Kloster Ágios Ioánnis Eleímonas.** Die etwa 135 Jahre alten Gebäude stehen in einem üppig grünen und wasserreichen Tal. Nur im Sommer wohnen hier gelegentlich noch einige Priester. Ein Pfad führt zu einem ungefähr 200 m entfernten, völlig naturbelassenen Kieselstrand.

Kallithéa, Drakéi

Sámos-Atlas: S. 232, A 3, B 2
Die Hauptstraße erreicht 6 km nach der Passhöhe das Dorf **Kallithéa** (200 Ew.), das seinem Namen ›Schöne Aussicht‹ vollkommen gerecht wird. An klaren Tagen reicht der Blick bis zur Kykladeninsel Náxos, der größten jenes Archipels.

Nochmals 6 km weiter kommt man nach einer Fahrt durch dichten Wald nach **Drakéi** (140 Ew.), wo die Straße endet. Zwei urige *kafenía,* die zugleich Gemischtwarenhandlungen sind, warten auf Kunden; eine Taverne stillt den Hunger. Man sollte ruhig einen kurzen

Kaiki-Werft in Ágios Isídoros

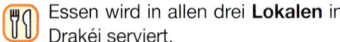

Spaziergang durchs Dorf und am alten Dorfbrunnen vorbei zur fünf Minuten außerhalb gelegenen Friedhofskapelle Ágios Geórgios unternehmen. Die geringfügigen Freskenreste in der Kapelle sind noch nicht datiert.

 Kafenío I Ánixi/The Spring: erstes *kafeníon* in Drakéi, an der Straße ins Innere, Tel. 22 73 03 78 70. Wirtin Athína vermietet sehr einfache und sehr preiswerte Zimmer unterhalb ihres Kaffeehauses. DZ HS 25 €, NS 15 €.

Essen wird in allen drei **Lokalen** in Drakéi serviert.
Die beste Aussicht bietet die Dachterrasse der **Taverne Kóstas** an der Hauptstraße, ab 8 Uhr. Inhaber Kóstas wird unterstützt von seinem Vater Stamátis, der je zwei Jahre lang in Detmold und Rüsselsheim gearbeitet hat und Deutsch spricht. Der *soúma* des Hauses ist vielleicht der beste der Insel; der selbst gebrannte Vorrat reicht normalerweise leider nur von Ende Oktober bis Mitte Juni. Danach wird fremder *soúma* ausgeschenkt. Hauptgerichte 5–8 €.

Busse: s. S. 169, Karlóvassi.

Ágios Isídoros, Valsamós-Bucht

Sámos-Atlas: S. 232, A 2
Zwischen Kallithéa und Drakéi liegen tief unten an der Küste zwei lohnenswerte Ziele, die über mittelmäßige Waldwege von Drakéi und Kallithéa aus zu erreichen sind. **Ágios Isídoros** ist schon von der Hauptstraße aus

deutlich zu erkennen. Auf einer winzigen Halbinsel drängt sich ein halbes Dutzend Gebäude. Es sind Werften, die unter offenem Himmel noch immer die traditionellen hölzernen Kaikis bauen, die heute zwar nicht mehr als Lastensegler, dafür aber als Fischer- und Ausflugsboote begehrt sind. Das Holz für die Boote stammt aus den Wäldern des Kérkis; die Werftarbeiter leben in

Drakéi und Kallithéa. In der westlich an-schließenden **Valsamós-Bucht** steht nur ein einziges Haus, das im Hoch-sommer als Taverne und Pension ge-nutzt wird. Der Strand ist steinig; Ein-heimische kommen gern zum Schnor-cheln und Angeln hierher.

Valsamós: an der gleichnamigen Bucht, Tel. 22 73 03 83 02, 22 73 03 82 72, nur Ende Mai bis Ende September. Vier einfache, aber ordentliche Zimmer neben der gleichnamigen Taverne, die Übernachtungsgäste auch beköstigt. Für Eremiten ideal. DZ 25 €.

Valsamós: an der gleichnamigen Bucht, nur Ende Mai bis Ende Sep-tember ab 8 Uhr. Geringe Auswahl, doch besonders freundliche Inhaberinnen. Hauptgerichte 5–8 €.

Bootsausflüge

Ausflugsboot im
Hafen von Pythagório

Sámos-Atlas S. 236/237

NACH PATMOS, FOURNI UND SAMIOPOULA

Pátmos besitzt eines der schönsten und ehrwürdigsten Klöster Griechenlands. Die Inselarchitektur ähnelt mit ihren strahlend weißen Häusern der der Kykladen. Foúrni hat noch immer das Flair einer Fischerinsel weit abseits der Touristenströme. Das nur im Sommer bewohnte Samiopoúla hat dem kulturhistorisch Interessierten nichts zu bieten, ist aber des Naturerlebnisses und der Bootsfahrt wegen die Tour wert.

Pátmos

Sámos-Atlas: S. 237, E/F 3/4

Pátmos ist eine der wenigen Inseln der Welt, die in der Bibel namentlich erwähnt werden und deren Identität unzweifelhaft feststeht. Gläubigen Christen ist Pátmos darüber hinaus einzigartig, weil sich Gott hier einem Menschen offenbarte: Johannes (s. S. 190). Das griechische Parlament hat Pátmos darum 1983 per Gesetz zur ›Heiligen Insel‹ erklärt.

Die ›Insel mit dem Heiligenschein‹ gilt aber auch Urlaubern ohne religiöse Gefühle und größeres Geschichtsinteresse als Juwel. Auf Pátmos umschlingen sich Land und Meer besonders intensiv. Die Insel misst nur 12 km in der Länge und lässt sich deshalb von jedem ihrer maximal 269 m hohen Hügel aus gut überblicken. An mehreren Stellen drängen Buchten von Osten und Westen her so tief in den ohnehin schmalen Inselkörper ein, dass nur noch enge Landbrücken die verschiedenen Inselteile miteinander verbinden. Der schmalste von ihnen ist nur 300 m breit; auf ihm liegt der Hafenort Skála. Strände säumen viele der Buchten. Manche sind sandig, an anderen liegt man auf Kies oder farbigen Kieselsteinen.

Vom Schiff aus betrachtet wirkt Pátmos zunächst kahl und steinig. Wer jedoch die Insel durchstreift, wird von ihren unterschiedlichen Landschaften überrascht sein. Es finden sich Hochebenen, auf denen man sich nach Irland oder Schottland versetzt fühlt, und üppig grüne Täler mit bambusähnlichem Rohr und vereinzelten Palmen, die an afrikanische Oasen erinnern.

Bootsausflüge nach Pátmos werden von allen Reiseveranstaltern und -büros angeboten. Ihr Vorteil: Transfer zwischen Hotel und Schiff sowie Führung in den Klöstern. Ihr Preis: ca. 51 €. Man kann den Ausflug viel preiswerter auf eigene Faust unternehmen. Tragflügelboote fahren im Sommer mehrmals tgl. von Vathí und Pythagório aus hinüber (erste Verbindung: 7 Uhr ab Vathí, 7.50 Uhr ab Pythagório, Ankunft auf Pátmos je nach Wochentag und Route 8.45 und 10.10 Uhr. Letzte Rückfahrt ab Pátmos meist 16.30 Uhr).

Die drei Inseldörfer

Zur Vielfalt auf kleinstem Raum tragen auch die drei Inseldörfer bei. **Kámpos** im Norden der Insel ist bis heute ein weitläufiges Bauerndorf geblieben, das Tagesausflügler kaum jemals besuchen. **Skála** hingegen ist zumindest im Sommer ein äußerst geschäftiges Hafenstädtchen mit Hotels, Pensionen, Straßencafés und Tavernen. Wenn an manchen Tagen bis zu acht Kreuz-

fahrtschiffe gleichzeitig im Hafen und auf Reede liegen, wird der Ort von Myriaden moderner Kreuzfahrer überschwemmt. Abends spielt sich in Skála das Nachtleben der Insel ab. Bis Ende der 80er Jahre des 20. Jh. waren Diskotheken auf der ›Heiligen Insel‹ nur in Kellerräumen geduldet, jetzt tanzt die internationale Jugend im Anblick des bei Nacht lila leuchtenden Riesenkreuzes des Klosters Koumána und des angestrahlten Johannesklosters. Am Strand von Skála, den sich die Urlauber mit Gänsen und Enten teilen, ist das Ablegen von Bikini-Oberteilen zwar weiterhin verboten, an entlegeneren Buchten aber muss sich sogar Pátmos mit Nudisten abfinden.

Ebenso finden sich die noch etwa 20 Mönche des einst allmächtigen Johannesklosters mit dem Tourismus ab,

Bollwerk des Glaubens: Johanneskloster auf Pátmos

der nicht zuletzt die Klosterkassen durch Landverkäufe an Bauwillige und Eintrittsgelder für das Klostermuseum füllt.

Wie eine trutzige Kreuzritterburg ragen die zinnenbekrönten Klostermauern auf einem Hügel über Skála aus dem kykladisch-weißen Häusergürtel der **Chóra** auf. Terrassenfelder und kleine Kiefernwälder bedecken den Hang zwischen Skála und Chóra, an dem bei genauerem Hinsehen auch das Kloster der Apokalypse auszumachen ist. In den uralten Gassen der Chóra fühlt man sich ins Mittelalter zurückversetzt. Bisher übersteigt die Zahl der alten Krämerläden noch die der Souvenirgeschäfte und die der Klöster und Kirchen die von Zimmervermietern. Autos und Mopeds sind aus den Gassen verbannt, statt dessen streunen Katzen umher, und Esel transportieren die Lasten.

Soviel Idylle und Schönheit hat gut betuchte Griechen und Ausländer auf die Insel und vor allem nach Chóra gelockt. Der Verleger Axel Springer war einer der ersten, der sich eine Villa bei Skála bauen ließ. Andere Prominente erwarben alte Herrenhäuser in der Chóra und ließen sie stilvoll instand setzen. Schon morgens um sieben joggen alternde New Yorkerinnen durchs Dorf, abends treffen sich der britische Bestseller-Autor und die kalifornische Malerin im Café 1673 und in der Stoa Bar in Chóra oder im Café Aman und dem Art Café von Skála. Der Normalurlauber profitiert davon: Tavernen, Restaurants und Bars auf Pátmos haben ein für griechische Verhältnisse hohes Niveau, neben traditionellen, urig gebliebenen Tavernen findet man Gourmet-Restaurants in historischem Ambiente.

Der Hafenort Skála

Skála entstand vor 400 Jahren als Lager- und Stapelplatz für die Waren patmischer Händler. Erst zu Beginn des 19. Jh. erbaute man erste Wohnhäuser; heute zählt der Ort etwa 1450 Bewohner. Die alten Lagerhäuser sind bis auf eins – das Café Arion – verschwunden; die Italiener, die von 1912 bis 1943 den Dodékanes besetzt hielten, ließen die meisten von ihnen niederreißen. Sie schufen auch das Verwaltungsgebäude mit dem markanten, viereckigen Turm an der hafennahen Platía Eleftherías, dem Hauptplatz des Dorfs.

Geht man von hier aus in Richtung Buchtausgang und biegt dann nach rechts in die Gasse ab, an der das Hotel Byzance liegt, kommt man durch ein kykladisch anmutendes Wohnviertel zur kleinen **Kapelle Agía Paraskeví** aus dem 17. Jh. hinauf. Sie krönt einen niedrigen Felsen unmittelbar über dem Fischerhafen und bietet einen besonders schönen Blick auf Skála. Folgt man hingegen der Uferstraße in Richtung inneres Buchtende, findet man an der Abzweigung der Straße nach Kámpos einen kleinen, von einem Gitter umgebenen **Fels,** auf dem der hl. Johannes mehrere Patmier getauft haben soll.

Tourist Information der Gemeinde: im italienischen Hafengebäude, Tel. 22 47 03 16 66.
Hafenpolizei: im Gebäude des Hafencafés am Anleger, Tel. 22 47 03 12 31.

Steht man beim Anlegen des Schiffes an Deck, kann man die Lage vieler Hotels schon erkennen, weil die meisten von ihnen mit Schriftzügen auf dem Dach oder am oberen Teil der Fassade auf sich aufmerksam machen.

Skála: Etwas zurückversetzt am inneren Buchtende, ca. 150 m vom Anleger. Tel. 22 47 03 13 43, Fax 22 47 03 17 47, skalahtl@iznet.gr. Zentrumsnah und dafür relativ ruhig, viele Rundreisegruppen. 45 Zimmer, schöner Garten. DZ HS 80 €, sonst ab 40 €.

Byzance: Nahe der Fischermole, Tel. 22 47 03 10 52, Fax 22 47 03 16 63, byzance@hol.gr. Zwei benachbarte, relativ ruhig gelegene Häuser mit schöner Dachterrasse. DZ HS 58 €, sonst ab ca. 35 €.

Castelli: Nahe dem inneren Buchtende. Vom Anleger nach rechts gehen, dann hinter dem großen Parkplatz vor dem Restaurant Old Harbour in die Gasse nach links abbiegen. Tel. 22 47 03 13 61, Fax 22 47 03 16 56. Ruhig gelegen, viele der 45 Zimmer mit Blick auf die Bucht. Kleiner Pool. DZ HS 52 €, sonst ab 38 €.

Galíni: 150 m vom Anleger. Vom Schiff nach links gehen, dann auf Wegweiser achten. Tel. 22 47 03 12 40, Fax 22 47 03 17 05. An einer kleinen Gasse abseits der Hauptverkehrsstraßen, familiär geführt, nur 11 Zimmer. DZ HS 47 €, sonst ab 24 €.

Popi: Nahe dem Hotel Castelli (s. o.), Tel. 22 47 03 18 84. Sehr saubere Pension mit sechs Zimmern, davon drei mit Meerblick. Zwei Gemeinschaftsbäder und kleine Gemeinschaftsküche. HS 25 €, sonst ab 20 €.

Old Harbour: An der Uferstraße hinter dem großen Parkplatz, Tel. 22 47 03 11 70, Tischreservierung empfehlenswert, tgl. ab 18 Uhr. Mediterrane Küche für gehobene Ansprüche, serviert

Die weißen Würfelhäuser von Skála erinnern an die Kykladen.

APOKALYPSE AUF PATMOS

Die Offenbarung des Johannes bildet das letzte Buch des Neuen Testaments. Der Text war an die sieben großen christlichen Gemeinden Kleinasiens adressiert: Ephesos, Smýrna, Pergamon, Thytira, Sardes, Philadelphia und Laodikeia. Zunächst schildert Johannes kurz, was ihm auf Pátmos widerfuhr. Dann beginnt der Wortlaut der Offenbarung mit Ermahnungen an eben diese Gemeinden. Doch zuvor benennt Johannes die hier herrschenden Missstände: Man lausche Häretikern, verzehre auf heidnischen Altären geopferte Tiere und fröne der althergebrachten Hurerei. Umkehr tut not!

Im Anschluss entfaltet sich Seite für Seite ein Szenarium des Schreckens. Die Apokalyptischen Reiter richten mit Hunger, Pest und Schwert, die Sterne stürzen auf die Erde herab, die Posaunen der Engel künden Feuer und Hagel an, Ungeheuer steigen vom Himmel herab und aus Meer und Erde auf. Die alte Welt wird vernichtet, das sündhafte Rom zur Einöde. Erst nach 1000 Jahren wird der Thron Christi für das Jüngste Gericht bereit sein. Die Seligen werden in das Neue Jerusalem einziehen, in eine himmlische Stadt aus Edelsteinen, Gold und Perlen, in der nie Dunkelheit herrscht, da Gottes Herrlichkeit sie erleuchtet. Nehmen wir einmal an, der Text der Offenbarung sei Menschenwerk, nicht göttliche Vision. Wer war dann jener Johannes, was bezweckte er mit diesen apokalyptischen Zeilen?

Historisch gesichert ist nur: Jener Johannes lebte in den Jahren 95/96 als Verbannter auf Pátmos. Allein vom Lebensalter her kann er mit dem Jünger Christi gleichen Namens also kaum identisch sein. Stilistisch und theologisch unterscheidet er sich so sehr vom Verfasser des Johannes-Evangeliums, dass die Forschung im Gegensatz zur orthodoxen Kirche die Annahme eines identischen Verfassers ablehnt.

Wahrscheinlich war der Johannes der Apokalypse ein Judenchrist, der vielleicht nach der Zerstörung des Tempels in Jerusalem im Jahr 70 nach Kleinasien flüchtete, wo er die verschiedenen christlichen Gemeinden gut kennen lernte. Womöglich war er ein Wanderprediger, der häufig mit Visionen arbeitete. Diese stellten in der Urkirche keine Seltenheit dar. Plötzliche Eingebungen waren Ausdruck des Volksglaubens und fanden Eingang in die kirchliche Liturgie. Und auch Visionen vom nahen Weltuntergang traten häufiger auf: Aus der Zeit zwischen 200 v. Chr. und 200 n. Chr. sind bis heute mehrere Dutzend jüdische und christliche Apokalypsen erhalten geblieben.

Die Offenbarung des Johannes war konkret an die sieben kleinasiatischen Gemeinden adressiert. Drohungen sollten sie auf den rechten Weg zurückbringen; Verheißungen die Bereitschaft fördern, nötigenfalls das Martyrium auf sich zu nehmen. Gerade zum Zeitpunkt der Entstehung dieser Schrift war das nötig geworden, denn Kaiser Domitian ließ wieder einmal, wie 30 Jahre zuvor schon Kaiser Nero, Christen von wilden Tieren zerreißen und viele andere qualvolle Tode sterben.

auf einer Terrasse mit Hafenblick. Hauptgerichte 8–20 €.

Pantélis: An der Parallelgasse zur Uferstraße schräg gegenüber vom gut sichtbaren Café Arion. Einfache Taverne mit großer Auswahl auch an gekochten Gerichten. Muffeliger Service, gute Küche. Hauptgerichte 5–8 €.

Chiliomódi: Im Ortskern an der Straße nach Chóra, ca. 100 m von der Uferstraße. Einfache Ouzeri mit großer Auswahl an kleinen Fischen und Meeresfrüchten, bei Einheimischen sehr beliebt. Hauptgerichte ab 5 €.

Das Kloster der Apokalypse

Auf halbem Wege zwischen Skála und der Chóra liegt unmittelbar an der Straße das weiß gekalkte Kloster Tis Apokálipsis zwischen Zypressen und Eukalyptusbäumen. Vom Klostertor führen Stufen an den verschlossenen Zellentüren des nur noch von einem Mönch bewohnten, im 17. Jh. gegründeten Konvents hinunter zur **Grotte der Offenbarung.** Dort soll Johannes im Jahr 95 oder 96 die Vision der Apokalypse empfangen und sie seinem Schüler Prochóros diktiert haben (s. S. 190). Die Grotte ist Teil einer Doppelkirche, deren nördliche Hälfte der hl. Anna geweiht ist. An jedem Sonntagmorgen um 7 Uhr findet hier ein Gottesdienst statt.

Von der Felsdecke der Grotte hängen sieben Öllampen herab. Sie symbolisieren die sieben Leuchter, die Johannes in seiner Vision erblickte. In der Felsdecke ist deutlich ein langer, dreifacher Riss zu erkennen. Die Gläubigen interpretieren ihn als Symbol der hl. Dreifaltigkeit: Er soll während des heftigen Erdbebens entstanden sein, das der Offenbarung vorausging. In die durch ein Messinggitter geschützte Aushöhlung in der Felswand, die ein silberner Nimbus mit Krone umrahmt, soll der müde Johannes sein Haupt zur Ruhe gebettet haben. Schräg oberhalb davon ist eine zweite Nische ebenfalls mit Silber umrahmt. In ihr stützte der Heilige seine Hand ab, während Prochóros auf dem natürlichen Felspult daneben, das jetzt von einem Altartuch bedeckt ist, die dem Johannes eingegebenen göttlichen Offenbarungen auf Pergament niederschrieb.

Die kleine Ikonostase der Felskapelle wird von einer großen Ikone beherrscht, die der kretische Maler Thomás Vathás, der 1599 in Venedig starb, gemalt und signiert hat. Sie setzt die Worte im ersten Kapitel der Offenbarung ins Bild um, in denen Johannes beschreibt, was ihm widerfuhr. Am besten liest man den entsprechenden Bibeltext, um die Ikone zu verstehen: »Ich war im Geist an des Herrn Tag und hörte hinter mir eine große Stimme wie eine Posaune, die sprach: Ich bin das A und O, der Erste und der Letzte; und was du siehst, das schreibe in ein Buch und sende es zu den Gemeinden in Asien [für jede der sieben Gemeinden steht ein Engel mit einer Kirche in der Hand]… Und ich wandte mich um, zu sehen nach der Stimme, die mit mir redete. Und als ich mich wandte, sah ich sieben goldene Leuchter und mitten unter den sieben Leuchtern einen, der war eines Menschen Sohne gleich, der war angetan mit einem langen Gewand und begürtet um die Brust mit einem goldenen Gürtel. Sein Haupt aber und sein Haar war weiß wie weiße Wolle, wie der Schnee, und seine Augen wie eine Feuerflamme und seine Füße gleich wie Messing, das im Ofen glüht, und seine Stimme wie Wasserrauschen; und er hatte sieben Sterne in seiner rechten Hand, und aus seinem Munde ging ein scharfes, zweischneidiges Schwert, und sein Angesicht leuchtete wie die helle Sonne. Und als ich ihn sah, fiel ich zu seinen Füßen wie ein Toter…«

Ein Silberreliquar links von der Ikonostase birgt den Schädel des hl. Makários Kalógeras, der 1713 die Patmiáda-Schule gründete. Deren 1952 fertig gestellter Neubau liegt etwas oberhalb des Offenbarungsklosters, ist aber nicht öffentlich zugänglich. Während des 18. und 19. Jh. genoss die Schule als eine Art Universität im gesamten orthodoxen Raum hohes Ansehen; die Italiener schlossen sie und ließen die Gebäude verfallen. Heute fungiert sie als Internat. Etwa 70 Jungen zwischen 12 und 19 Jahren werden hier auf das Abitur und ein Theologie-Studium vorbereitet.

Das Johanneskloster in der Chóra

Zur Chóra führen eine Asphaltstraße sowie ein gepflasterter Fußweg hinauf, der knapp 1 km vom Meer entfernt nach einer scharfen Rechtskurve links von der Asphaltstraße abzweigt. Beide münden auf einen lang gestreckten Platz unterhalb des Oikonómou-Viertels der Chóra. Wendet man sich oberhalb des Platzes nach links, gelangt man durch eine von Souvenirgeschäf-

ten und Tavernen gesäumte Gasse zum Treppenaufgang ins Kloster Moní Ágios Ioánnis Theológos, das Johanneskloster.

Es ist über 900 Jahre alt und entstand im späten 11. Jh. Das Byzantinische Reich geriet in dieser Zeit von allen Seiten her unter Druck. Von Osten drängten die Seldschuken nach Byzanz, um 1080 erreichten sie die Ägäis-Küste. Vor ihnen wich auch ein Mönch namens Christódoulos aus, der seine Karriere im Stylós-Kloster auf dem Latmós-Berg am kleinasiatischen Bafa-See begonnen hatte. Mit weiteren Brüdern emigrierte er zunächst nach Kos und dann nach Pátmos. Diese zu jener Zeit menschenleere Insel erbat er sich vom byzantinischen Kaiser als Geschenk für eine Klostergründung. Dem Kaiser kam die Bitte gelegen. Er hatte ein großes Interesse dran, die ägäischen Inseln wieder zu bevölkern und als Außenposten gegen die Feinde zu nutzen. Im April 1088 erhielt Christódoulos die kaiserliche Chrysobulle, die Pátmos für alle Zeit zum Eigentum des Klosters erklärte – sie ist heute noch im Klostermuseum zu sehen. Gleichzeitig wurde das Kloster auf ewige Zeit von allen Steuern befreit und erhielt das Recht, mit eigenen Schiffen Handel zu treiben. Christódoulos begann sofort mit 150 Mönchen, Arbeitern aus Kleinasien und Spezialisten aus Konstantinopel mit dem festungsähnlichen Klosterbau. Wegen eines Seldschukenüberfalls mussten sie ihre Arbeiten 1092 aber unterbrechen; Christódoulos zog sich auf die Insel Euböa zurück, wo er am 16. März 1093 starb. Kurz darauf

JOHANNESKLOSTER

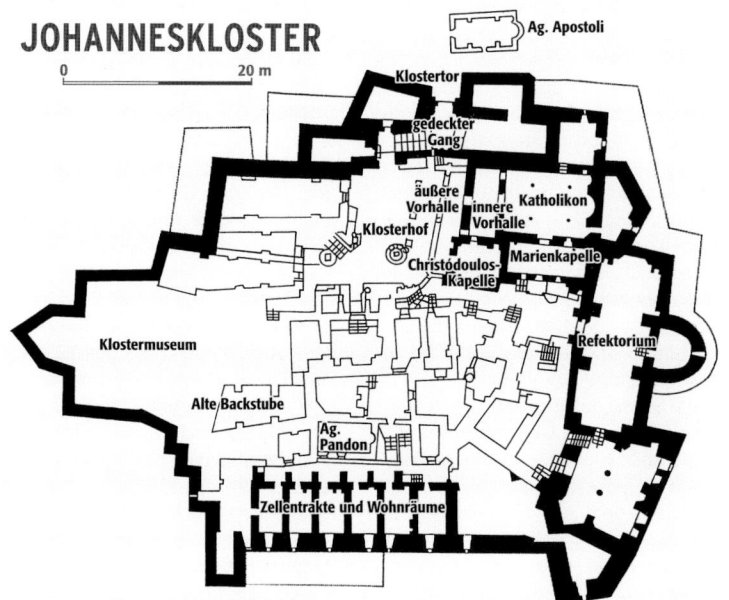

0   20 m

Ag. Apostoli

Klostertor

gedeckter Gang

äußere Vorhalle

innere Vorhalle

Katholikon

Klosterhof

Christódoulos-Käpelle

Marienkapelle

Klostermuseum

Refektorium

Alte Backstube

Ag. Pandon

Zellentrakte und Wohnräume

brachten die Mönche seine Gebeine nach Pátmos und setzten den Klosterbau fort. Den Arbeitern war es zunächst verwehrt, in Klosternähe zu wohnen. Im Jahr 1132 aber wurde dieses Verbot aufgehoben. Den Mönchen erschien es sinnvoller, einen lebenden Schutzgürtel um die Klostermauern zu legen. Damit nahm die Entwicklung der Chóra ihren Anfang.

Das Kloster wurde bald zu einem viel besuchten Pilgerziel. Die Verehrung der Gebeine des hl. Christódoulos bewirkte mannigfache Wunder, das Kloster erhielt Ländereien und vieles andere geschenkt. Die Klosterbibliothek, deren Grundstock bereits Christódoulos gelegt hatte, entwickelte sich zu einem

Zentrum der Gelehrsamkeit. Die Äbte genossen ein hohes Ansehen, wurden zu Bischöfen und Patriarchen der Ostkirche gewählt. Die Handelsflotte des Klosters fuhr dank ihrer Zoll- und Steuerbefreiung erhebliche Gewinne ein. Das diplomatische Geschick der Äbte und der Ruf der Insel als heilige Stätte der gesamten Christenheit sorgten dafür, dass die Venezianer und die Johanniterritter von Rhodos Pátmos unbehelligt ließen und später sogar die Türken die Heiligkeit des Orts respektierten.

Klosterbesichtigung

Durch das **Klostertor** mit seiner Pechnase, durch die Angreifer mit heißem Öl oder Blei übergossen werden konnten, und durch einen **gedeckten Gang** betritt man den überraschend engen, mit Kieselsteinen ausgelegten **Klosterhof.** Gleich links liegt die vom Klostergründer Christódoulos im späten 11. Jh. begonnene Kirche. Ihr vorgelagert sind eine aus antiken Architekturelementen zusammengefügte **äußere Vorhalle,** der Exonarthex mit Fresken aus dem 17.–19. Jh., und eine **innere Vorhalle,** der Esonarthex, mit Wandmalereien aus der Zeit um 1600. Thema der Darstellungen sind Szenen aus der Johannes-Legende.

Im Süden des Esonarthex leitet eine kleine Tür in die **Christódoulos-Kapelle** über. Hier ruhen in einem hölzernen, mit Treibsilber überzogenen Reliquiar aus dem Jahr 1796 die Gebeine des Klostergründers. Auf dem Reliquiar dargestellt sind die Kreuzigung Christi und der Tod des Christódoulos, anwesend sind der Evangelist Johannes und dessen Schüler Prochóros. Christus steht hinter dem Sterbebett,

um die Seele des Christódoulos in Empfang zu nehmen.

Ebenfalls vom Esonarthex aus gelangt man in die Hauptkirche, das **Katholikon.** Es ist ein im Vergleich zu anderen Klosterkirchen des späten 11. Jh. eher schlichter Bau. Die einzigen verzierten Bauteile sind Spolien aus spätantiker und frühchristlicher Zeit. Ganz offensichtlich war Christódoulos auf eine schnelle Fertigstellung des Gotteshauses bedacht. Der schöne Marmorfußboden der Kirche ist denn auch erst ein Werk des 12. Jh. In jener Zeit wurde die Kirche erstmals mit Fresken ausgeschmuckt, die bereits um 1600 übermalt wurden.

In der Südwand des Katholikon leitet eine hölzerne, 1745 mit Ikonen bemalte Tür in eine **Marienkapelle** über. Ihre Fresken aus den Jahren 1185–90, lange unter einer jüngeren Freskenschicht aus dem Jahre 1745 verborgen, wurden wieder freigelegt. Große Teile dieser jüngeren Fresken hängen jetzt gerahmt an der Süd- und Ostwand des **Refektoriums.** Dieser Speisesaal der Mönche aus dem 11./12. Jh. beeindruckt durch seine Größe und Schlichtheit.

Auf dem Weg zum Klostermuseum passiert man nun einige **Zellentrakte und Wohnräume** und kann einen Blick in die **Alte Backstube** werfen, deren steinerner Backofen aus dem 12. Jh. schon halb ins Museum hineinragt. Der lange Backtrog ist aus Platanenholz geschnitzt.

Im klimatisierten **Klostermuseum,** auch als Schatzkammer bezeichnet, liegen einige der über 1000 Handschriften und der über 3000 gedruck-

Öffnungszeiten der Klöster

Die Besichtigungszeiten für das Apokalypse- und das Johannes-kloster wechseln häufig. An allen Wochentagen sind sie vormittags geöffnet, an einigen auch nachmittags. In der Tourist Information in Skála (s. S. 188) hängen die Zeiten auch im Fenster aus. Eintritt kostet nur die Schatzkammer des Johannesklosters.

ten Bücher aus dem Klosterbesitz aus. Besonders wertvoll sind eine illuminierte Handschrift des Buchs Hiob aus dem 9. Jh. (Manuskript Nr. 171) und ein Evangeliar aus den Jahren 1334/35 (Codex Patmos 81). Die aufgeschlagene Seite zeigt den Evangelisten Matthäus, der gerade die Anfangsworte seines Evangeliums schreibt. Die älteste Handschrift ist der Codex Purpurensis aus der Zeit um 500 mit einem Fragment des Markus-Evangeliums. Weitere Exponate von besonderem Wert sind eine kleine Mosaikikone des hl. Nikolaus aus dem 11. Jh. und ein beidseitig bemaltes Triptychon (um 1580–1600) des kretischen Malers Geórgios Klóntzas.

Zu den übrigen Ausstellungsobjekten gehören liturgische Geräte und reich bestickte Gewänder, wertvolle Patriarchen- und Bischofsstäbe mit kostbaren Einlegearbeiten sowie kunstvoll geschnitzte Weihkreuze mit Miniaturdarstellungen biblischer Szenen. Bemerkenswert ist der weltliche Schmuck in der letzten Vitrine am vorgeschriebenen Rundgang. Prunkstücke sind zwei Ohrgehänge aus dem 17. Jh. in Gestalt patmischer Segelschiffe.

Die Chóra

Die Chóra wuchs nach dem Fall Konstantinopels 1453 und der Eroberung von Rhodos durch die Türken 1522/23 zu einer geschäftigen Stadt heran. Damals ließen sich hier weit über 100 wohlhabende Familien nieder, die wegen der Türkenherrschaft aus Konstantinopel und Rhodos geflüchtet waren. Mit ihrem Kapital, ihrer Bildung und

ihren Handelsbeziehungen bescherten sie Pátmos seine eigentliche Blütezeit. 1580 besaß die Insel über 40 Handelsschiffe, die zwischen Italien und dem Schwarzen Meer kreuzten. Man baute Schiffe für Venedig und exportierte Strümpfe und Keramik von der Insel. Mit den Seeräubern arrangierte Pátmos sich nicht nur, man versorgte sie auch mit Proviant und wurde als Hehler für sie tätig. Am Rande der Chóra entstanden große, befestigte Herrenhäuser; man gab sich dem Luxusleben hin. Der Boden der Insel und die Flotte indes gehörten dem Kloster, dem Feudalherren der Insel.

Im venezianisch-türkischen Krieg von 1645–49 machte das Kloster einen großen Fehler: Es stellte sich auf die Seite der Türken. Im Juli 1659 landete daraufhin eine venezianische Flotte in Skála, zerstörte oder stahl die patmischen Schiffe und plünderte die Chóra. Das erweckte den Zorn der weltlichen Inselbürger, denn sie waren es schließlich, die für die Politik der Kleriker die Köpfe hinhalten mussten. Als dann 1669 reiche Kreter als Flüchtlinge auf die Insel kamen, erhielten die ›bürgerlichen Strömungen‹ erneuten Auftrieb. Fortan nahmen sich die Kaufmannsfamilien das Recht zum Handel auf eigene Rechnung; 1772 wurde der Boden der Insel zwischen Kloster und Inselbewohnern aufgeteilt.

Für einen Bummel durch die Chóra sollte man mindestens zwei Stunden einplanen. Er beginnt am Buswendeplatz am unteren Ortsrand und führt einmal rund ums Kloster. Wer mag, kann anschließend auf einem alten Pfad in etwa 30 Minuten zur Bucht von

Gríkos hinunterwandern, dort den Strand genießen und anschließend mit dem Linienbus wieder nach Skála zurückfahren.

Vom Buswendeplatz aus geht man nicht nach links in Richtung Kloster, sondern in entgegengesetzter Richtung am kleinen Marktgebäude vorbei zur Platía tou Xanthoú mit dem klassizistischen **Rathaus** [1] aus dem Jahr 1884. Hier folgt man dem nur griechisch beschrifteten Wegweisern nach links (ΙΕΠΑ ΜΟΝΗ ΖΟΟΔΟΧΥ ΠΗΓΗ) durch einen vom Tourismus noch fast unberührten Teil des Orts und gelangt zum Simandíri-Haus und dem Nonnenkloster Zoodóchos Pigí.

Das 1625 erbaute **Simandíri-Haus** [2] ist ein typisches Beispiel für ein altes Kapitänshaus. Es wird noch immer von direkten Nachfahren des Erbauers bewohnt, ist aber zugleich als lebendiges Museum öffentlich zugänglich. Zu den kuriosen Schätzen aus Familienbesitz gehören ein alter Zahnarztstuhl mit fußgetriebenem Bohrer und ein Grammophon, auf dem die Besitzerin für Besucher gern alte Platten abspielt, zu deren Musik sie manchmal sogar tanzt.

Das Kloster **Zoodóchos Pigí** [3] aus dem Jahr 1607, in dem noch ein halbes Dutzend Nonnen lebt, ist wie das Johanneskloster von zinnenbekrönten Mauern umschlossen. Die meisten der 45 Zellen stehen leer, werden aber gerade restauriert. Die drei Kirchen des Klosters bergen keine Schätze, doch lohnt ein kurzer Besuch schon allein wegen des prächtigen Blütenparadieses im Klosterhof. Besucher werden meist von der alten Nonne Efpraxía herumgeführt, die das Futter für die vielen Klosterkatzen zum Teil durch Verkauf von Weihrauch an Touristen und Pilger finanziert.

Nach dem Klosterbesuch geht man nun in Richtung Rathaus zurück und biegt an einem jetzt leer stehenden ehemaligen Krämerladen nach rechts ab. Oberhalb der Gasse erhebt sich bald die 1956 erbaute, meist verschlossene Kreuzkuppelkirche **Panagía Diasósousan** [4]. Ihr Kirchhof mit fünf Palmen, vielen Bänken und einem schönen Inselblick lohnt eine

Sehenswürdigkeiten

1. Rathaus
2. Simandíri-Haus
3. Zoodóchos Pigí
4. Panagía Diasósousan

Essen und Trinken

5. Vangélis Paradise Garden
6. Balcony
7. Galaxy
8. Pántheon

Rast. Nur zwei Minuten weiter steht man dann auf der Platía Lesvías mit zwei Tavernen.

In der Chóra werden einige wenige Privatzimmer vermietet. Eine Liste der Vermieter gibt es in der Tourist Information in Skála. Bei der Vermittlung ist aber auch Vangélis aus der gleichnamigen Taverne behilflich.

Vangélis Paradise Garden 5: An der Platía des Dorfs. Traditionstaverne mit Tischen auf dem Dorfplatz und in einem paradiesischen Garten; viele patmische Spezialitäten. Hauptgerichte 6–10 €.

Balcony 6: An der Souvenirgasse zum Kloster. Schöne Aussichtsterrasse, einfache Gerichte ab 5 €.

Galaxy 7: Am Ende des Buswendeplatzes. Einfache Snack-Bar und Pizzeria ohne besondere Atmosphäre, aber mit gutem Blick auf Skála. Hauptgerichte ab 5 €.

Pántheon 8: An der Souvenirgasse zum Kloster. Altes, kürzlich restauriertes *kafeníon* mit kleinem Speiseangebot und schöner Aussicht. Fast immer gegrillter Oktopus zum *oúzo*. Hauptgerichte ab 5 €.

Wanderung von Chóra nach Gríkos

Der alte Fußweg von der Chóra hinunter an die Bucht von Gríkos beginnt an der Taverne Alóni dicht unterhalb der Straße von Chóra nach Gríkos, etwa 900 m vom Buswendeplatz und 500 m von der Platía entfernt. Man folgt der kurzen Zementstraße, die zwischen der Taverne und einer weißen Kapelle hindurchführt, überquert zwischen Feldmauern ein Feld und setzt seine Wanderung auf dem gepflasterten Weg fort. Schon nach 15 Gehminuten erreicht man bei den Apartments Evgénikos den Ortsrand von Gríkos und ist nach weiteren fünf Minuten am Strand. Hält man sich hier links, kommt man zur Haltestelle der Linienbusse nach Skála.

Foúrni

Foúrni ist selbst den meisten Griechen noch völlig unbekannt. Kein deutscher Reiseveranstalter hat die Insel im Programm. Es gibt weder größere Hotels noch Reisebüros auf der Insel, die Preise für Fisch und Langusten sind niedriger als fast überall in der Ägäis. Dabei ist Foúrni im Gegensatz zu anderen griechischen Inselzwergen keineswegs arm und entvölkert. Obwohl hier nur etwa 1200 Menschen leben, gibt es sämtliche Schultypen bis hin zum Lýkio, an dem die Schüler ihr Abitur ablegen können. 70 Kinder und Jugendliche besuchen diese Schulen.

Noch zehrt Foúrni nämlich vom Wohlstand, den ihm die Fischerei einbrachte. Um 1970 lebten hier noch

1500 Menschen, die Schulen zählten 250 Schüler. Auf den zwei Dutzend großen Fischereibooten der Fournioten waren sogar Gastarbeiter aus Ägypten tätig. Die EU hat durch ihre Abwrackprämien die Zahl der großen Kaikis auf zwei reduziert – doch die Fournioten sind fündig genug, zunächst die EU-Gelder zu kassieren und dann unter den Namen von Verwandten neue Boote bauen zu lassen. Ein wenig Piratenblut fließt wohl noch in ihren Adern. Nicht umsonst steht an der Hafenmole ›Kalós Iltháte. Foúrni Korseón‹ – ›Herzlich willkommen auf der Insel, wo einst die Brotbacköfen der Korsaren standen‹.

Momentan ist Foúrni in einer Umstellungsphase. Viele Bewohner investieren in den aufkeimenden Tourismus, bauen Zimmer und Apartments. Neuerdings gibt es sogar ein Taxi und im Sommer mehrmals wöchentlich direk-

Scheint im Blau zu schweben: Foúrni

Nur zwei von ihnen sind bewohnt: die Hauptinsel Foúrni und das unmittelbar benachbarte Thýmanina. Auf Thýmaina gibt es nur ein einziges Dorf, in dem etwa 130 Menschen leben. Eine einklassige Volksschule sorgt für die Kleinsten, zum Besuch der weiterführenden Schulen setzen die jungen Insulaner täglich nach Foúrni über. Bis zum Juni 2002 war Thýmaina Griechenlands letzte Insel ohne Kaffeehaus, Taverne und Fremdenzimmer. Die Einheimischen fuhren zum Kaffeetrinken mit dem Boot hinüber ins nur zehn Minuten entfernte Foúrni. Dann hatte ein Insulaner den Mut, an einem Strand neben dem Inseldorf eine Taverne zu eröffnen, über der er auch drei Fremdenzimmer vermietet.

Auf der Hauptinsel Foúrni leben im gleichnamigen Hauptort etwa 850 Menschen, weitere 200 im 15,3 Straßenkilometer entfernten Dorf Chryssomiliá. Eine Wanderung oder Fahrt über die beide miteinander verbindende Staubpiste, die bald vollständig asphaltiert sein soll, zählt zu den faszinierendsten Landschaftserlebnissen, die die Ägäis zu bieten vermag. Man erkennt deutlich, dass die Hauptinsel eigentlich aus zwei Bergstöcken besteht, die nur durch einen schmalen, niedrigen Isthmos miteinander verbunden sind. Man bewegt sich quasi auf einem Panorama-Höhenweg, von dem aus die baumlosen Hänge zu beiden Seiten steil zum Meer hin abfallen. In der Ferne hat man dabei immer die hohen Berge von Sámos und Ikaría vor Augen.

te Fährverbindungen mit Piräus. Auch die Schattenseiten des Fortschritts machen sich schon bemerkbar: Im Jahr 2001 ereignete sich auf der Insel der erste tödliche Verkehrsunfall.

Zwei Inseln, drei Dörfer

Genau genommen ist Foúrni der Name einer Inselgruppe, die aus 15 ganz unterschiedlich großen Eilanden besteht.

Der Hauptort Foúrni

Nennenswerte Sehenswürdigkeiten hat der Inselhauptort nicht zu bieten. Hierher kommt man, um nichts anderes zu tun, als in den Tavernen am Hafen zu sitzen, dem Bootsverkehr und den verbliebenen Fischern nachzuschauen, mit Einheimischen und anderen Fremden zu reden oder dicke Bücher zu lesen.

Der Fähranleger von Foúrni ist das eigentliche Zentrum des Dorfs. Er nimmt die Mitte des von Tamarisken und Oleander beschatteten Hafensaums ein, der erst seit dem Hafenausbau im Jahr 1989 teilweise zementiert ist. Hier befinden sich auch alle Tavernen und die meisten Kaffeehäuser des Orts. Dem alten Fähranleger unmittelbar gegenüber steht der Inselkiosk, der von frühmorgens bis spätabends geöffnet ist. Hier beginnt als eigentliche Dorfstraße eine schmale, gepflasterte Maulbeerbaumallee. An ihr liegen die größtenteils noch urig-einfachen Gemischtwarenhandlungen von Foúrni sowie das Postamt. Sie endet nach 200 m am winzigen Dorfplatz mit weiteren *kafenía,* zwei schattigen Platanen, der schmucklosen Dorfkirche, dem Gefallenendenkmal und einem Marmorsarkophag, der vermutlich aus hellenistischer Zeit stammt.

Strand von Kámbi

Folgt man vom alten Fähranleger aus der Straße nach Chryssomiliá, kommt man nach etwa 10 Minuten zu den alten Windmühlen von Foúrni. Hier zweigt ein Pfad ab, der nach weiteren

Ausflugsboote steuern Samiopoúla im Sommer an.

10 Minuten am Grobsand-/Kiesstrand von Kámbi endet. Dort kann man sich zwischen Fischerbooten in den Tamariskenschatten legen oder von etwas erhöht gelegenen, einfachen Tavernen aus den Blick auf die Ägäis genießen.

🛏 Zu allen Schiffsankünften stehen Zimmer- und Apartmentvermieter am Anleger bereit und bieten freie Unterkünfte an. Doppelzimmer kosten in der HS meist 35–42 €, in der NS 18–25 €. Wer im Voraus reservieren will, ruft entweder Níkos Kondílas an (Tel. 22 75 05 13 64, Fax 22 75 05 12 09), der insgesamt 42 Zimmer und Ferienwohnungen im Hauptort Foúrni und am Strand von Kámbi vermietet, oder Manólis Markákis (Tel. 22 75 05 12 68, Fax 22 75 05 13 55), der 19 Zimmer im Hauptort am Hafen anbietet.

🍴 In den Tavernen am Hafen kosteten Langusten im Jahr 2002 etwa 35 €, Frischfisch der besten Kategorie 33 €. Abends sitzt man auch im Kafeníon I Drosiá an der Platía gut, wo der Wirt zu jedem Gläschen *oúzo* andere neue, von ihm frisch zubereitete Leckereien zu einem sagenhaft günstigen Preis serviert. Für fünf *oúzo* mit *mezé* zahlt man nur etwa 7 €, ist satt und auf dem Heimweg stützungsbedürftig,

🎶 An zwei Tagen im Jahr, dem 25. März und dem 28. Oktober, wird die Platía zum Folkloretheater. Schüler tanzen dann in Trachten zu griechischer Musik aus dem Kassettenrecorder. Das größte Fest der Insel wird am 15. August mit Musik und Tanz in allen Tavernen gefeiert.

↪ Áb Pythagório und Vathí, im Hochsommer wahrscheinlich auch ab Karlóvassi fahren mehrmals wöchentl. morgens um 7 Uhr und um 8.15 Uhr **Trag-flügelboote** nach Foúrni, die dort zwischen 8.45 und 9.30 Uhr ankommen. Von Foúrni fahren sie zwischen 17 und 18.10 Uhr nach Sámos zurück. Man sollte einen solchen Ausflug auf keinen Fall an einem der letzten Urlaubstage unternehmen, da immer wieder ein fahrplanmäßiges Boot ausfällt und man dann für einen oder auch mehrere Tage auf Foúrni festhängen.

Moped- und Fahrradvermietung: Esca-pe, zwischen dem alten Fähranleger und der neuen Mole, Mopeds 12–15 €/Tag, Fahrräder 5 €.

🏧 2002 gab es auf Foúrni keine Bank und keinen Bargeldautomaten, also genug Bargeld mitnehmen!

Samiopoúla

Sámos-Atlas: S. 236, B 4

Die von Macchia bedeckte Insel vor der samiotischen Südküste gehört zum Dorf Spatharéi und wird vor allem als Weideinsel für Ziegen genutzt. Mauern schützen ein paar Felder und einen Bauernhofkomplex vor ihnen. Hier lebt noch eine Familie, die im Sommer in ihrem Hof eine Taverne betreibt (Sie vermietet keine Fremdenzimmer mehr!). Viel unternehmen kann man auf Samiopoúla nicht: Wer nicht nur in der Taverne sitzen möchte, kann sich am 50 m langen, feinsandigen Strand nahe dem Bootsanleger sonnen oder über die wege- und völlig schattenlose Insel wandern.

🚤 **Bootsausflüge** nach Samiopoúla werden im Sommer mehrmals wöchentl. von Pythagório, Órmos Marathókampou und Votsalákia aus angeboten.

AUSFLUG AN DIE TÜRKISCHE KÜSTE

Wer nach Kuşadası übersetzt, könnte von dort zu Fuß bis nach Hongkong laufen. Das zu wissen, ist schon ein berauschendes Gefühl. Wer abends lieber nach Sámos zurückkehrt, schaut sich das kleinasiatische Städtchen mit seinen Bazaren an, genießt den Hauch orientalischen Flairs und wandelt im berühmten Ephesos auf den Spuren der griechisch-römischen Antike, der Siebenschläfer und der Jungfrau Maria.

Kuşadası

Kuşadası (27 000 Ew.) ist neben Bodrum das bedeutendste Touristenzentrum an der türkischen Ägäisküste. Sámos wirkt dagegen äußerst beschaulich. In der modernen Marina des Orts, dessen Name übersetzt ›Vogelinsel‹ bedeutet, haben 600 Boote bis hin zur Luxusyacht Platz. Die Hotels am Ort und an den nahen, langen Sandstränden beherbergen Tausende von Touristen. Das Souvenirangebot in den Bazargassen ist um ein Vielfaches reicher als auf den griechischen Inseln; hier wie in den Restaurants am Ufer wird fast überall Deutsch gesprochen.

Ephesos

Nur 20 km entfernt in Selçuk (20 000 Ew.) liegen die weitläufigen und äußerst anschaulichen Ausgrabungen des antiken Ephesos.

Im Altertum war **Ephesos** das bedeutendste Finanz- und Handelszentrum Kleinasiens und zählte zeitweise eine Viertelmillion Einwohner. Der Artemis-Tempel aus dem 6. Jh. v. Chr., der in seinen gigantischen Ausmaßen dem Hera-Tempel von Sámos entsprach, galt als eines der antiken Weltwunder und war ein bedeutender Wallfahrtsort. Über seine ökonomische Bedeutung für die Hersteller und Verkäufer von Devotionalien und Souvenirs wird in der biblischen Apostelgeschichte (Apg. 19, 23–40) berichtet: Als der Apostel Paulus in Ephesos immer mehr Menschen bekehrte, zettelte der Goldschmied Demetrius einen Aufruhr an, da er um sein Geschäft bangte.

Den orthodoxen Christen war Ephesos Wallfahrtsort, weil hier ein später in eine Kapelle umgebautes Haus steht, in dem Maria ihre letzten Lebensjahre verbracht haben soll. Im Jahre 431 war die Stadt Schauplatz des III. Ökumenischen Konzils, das die Lehre des Nestorius verdammte und die Verehrung Marias als Gottesmutter begründete. Später wurden in Ephesos auch die ›Siebenschläfer‹ verehrt (deren Patronatstag bei uns für die bäuerlichen Wetterregeln von Bedeutung ist). Die sieben Christen entgingen während einer Christenverfolgung um das Jahr 250 dem Martyrium, weil sie durch ein Wunder in einen todesähnlichen Schlaf sanken, aus dem sie erst unter dem christlichen Kaiser Theodosius II. (408–450) wieder erwachten.

Rundgang

Im Rahmen eines organisierten Tagesausflugs besucht man meist zunächst die Ruinen der **Johannesbasilika,** die unter Kaiser Justinian (527–65) über dem legendären Grab des Evangelisten Johannes errichtet wurde. Danach wird das **Ephesos-Museum** besichtigt, dessen Exponate überwiegend aus römischer Zeit stammen. Von besonderer Bedeutung sind zwei römische Marmorstatuen der Artemis, die als exakte Kopien eines nicht erhaltenen hölzernen Kultbilds gelten. Zwischen Taille und Brust der Göttin sind etliche Stierhoden als Fruchtbarkeitssymbole befestigt, die auf uralte Opferrituale verweisen. Manche Archäologen interpretieren die Stierhoden auch als Brüste und bezeichnen die Artemis von Ephesos auch als vielbrüstige Göttin.

Einen Gang durch die Ausgrabungen beginnt man am besten am oberen, also am südlichen Eingang. Vorbei am **Variusbad,** einer römischen Thermenanlage aus dem 1. Jh., gelangt man zur gleich alten Basilika am **Staatsmarkt,** dem oberen Marktplatz der Stadt. Der 165 m lange Bau diente als eine Art Finanzbörse. Dahinter liegt das **Odeon** aus dem 2. Jh., das auf 23 Sitzreihen 1400 Zuschauern Platz bot. Der einst holzgedeckte Bau diente nicht nur als Konzertsaal und lyrisches Theater, sondern auch als Ort der Ratsversammlungen. Ebenfalls hinter der Basilika und neben dem Odeon stand das **Prythaneion,** das eigentliche Rathaus, in dem das heilige Feuer der

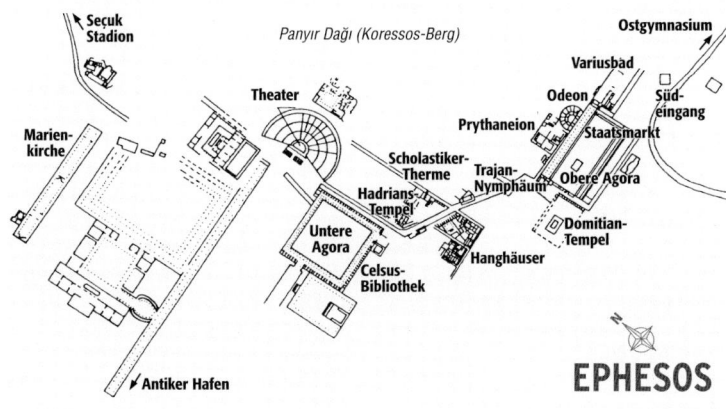

Herdgöttin Hestia brannte. In diesem Bau, von dem noch zwei Säulen stehen, wurden die beiden Artemis-Statuen mit den Stierhoden gefunden, die im Ephesos-Museum zu sehen sind.

Von der **Oberen Agora** führt eine in der Antike Embolos, von den Archäologen Kuretenstraße genannte, gepflasterte Gasse hinab zur **Unteren Agora.** Links dieser Straße wurde auf einer 50x100 m großen Terrasse von den Ephesern erstmals ein Tempel zu Ehren eines römischen Kaisers, des Domitian (86–91), errichtet. Mit dem **Domitian-Tempel** sollte der Stadt die Gunst Roms bewahrt werden.

Auffällige Bauten an der Kuretenstraße sind die Brunnenanlage des **Trajan-Nymphäums,** die einst dreigeschossige **Scholastiker-Therme** mit angeschlossener Gemeinschaftslatrine und dazugehörigem Freudenhaus sowie der von den Archäologen anschaulich restaurierte **Hadrians-Tempel** mit schönem Reliefschmuck. Auf der anderen Straßenseite wurde das ausgedehnte Wohnviertel der so genannten **Hanghäuser** freigelegt, die terrassenförmig hintereinander erbaut waren. Auf dem Obergeschoss des unteren Hauses stand meist ein Teil des Untergeschosses des nächsthöher ge-

Antike Pracht: Celsus-Bibliothek

schen 105 und 107 Statthalter der römischen Provinz Asia mit Sitz in Ephesos war, und wurde von 110–135 im Auftrag seiner Söhne erbaut. Sie war zugleich öffentliche Bücherei und Grabbau des Celsus.

An der Celsus-Bibliothek beginnt die zweite Hauptstraße der Stadt, die Marmorstraße. Sie passiert sogleich die **Untere Agora.** Den Marktplatz mit 111 m Seitenlänge umgab eine doppelte Säulengalerie. Im Westen des Platzes gelangt man durch ein Tor und über eine 160 m lange und 24 m breite Prachtstraße zum ehemaligen Hafen der antiken Stadt. An der Marmorstraße folgt das gut erhaltene **Theater,** das auf 66 Rängen 24 000 Zuschauer fassen konnte. Es gibt heute den Bauzustand der Zeit um 100 wieder. Der Weg zum Ausgang führt an den Überresten antiker Sportstätten vorbei. Möglich ist noch ein Abstecher zu den Ruinen der **Marienkirche,** in der das III. Ökumenische Konzil stattfand. Sie gilt als erste der Maria geweihte Kirche der Welt.

Wer Kuşadası und Ephesos auf einem Tagesausflug sehen will, bucht am besten einen organisierten Ausflug mit Führung, der allerdings pro Person inkl. Mittagessen und Hafentaxen ca. 100 € kostet. Am besten fragt man vor der Buchung, ob auch ein Besuch der Johannesbasilika und des Museums von Ephesos im Preis inbegriffen ist. Bei Ankunft in der Türkei muss man eventuell seinen Reisepass oder Personalausweis abgeben, den man erst bei der Ausreise zurück erhält.

legenen. Enge Stufengassen erschlossen von der Kuretenstraße aus den Zugang zu diesen Häusern. Heute schützt eine moderne Dachkonstruktion das Hanghaus 2. In Zukunft soll es für Besucher geöffnet werden.

Die Kuretenstraße führt auf die **Celsus-Bibliothek** zu, deren Fassade von österreichischen Archäologen, die in Ephesos graben, mit Hilfe österreichischer Wirtschaftsunternehmen eindrucksvoll rekonstruiert wurde. Über das Unternehmen informieren deutschsprachige Tafeln äußerst ausführlich. Die antike Bibliothek trägt den Namen eines römischen Prokonsuls, der zwi-

REISEINFOS VON A BIS Z

Alle wichtigen Informationen rund ums Reisen auf einen Blick – von A wie Anreise bis Z wie Zeitungen

Extra: Ein Sprachführer mit Hinweisen zur Aussprache, wichtigen Redewendungen, einem Überblick über die samiotische Speisekarte und Zahlen

Bei Kastanéa

REISEINFOS VON A BIS Z

Anreise 209
...mit dem Flugzeug 209
...mit dem Schiff 209
...mit dem Auto 209
Apotheken 209
Ärztliche Versorgung 209
Auto fahren 210
Behinderte 210
Diplomatische Vertretungen 210
Einreisebestimmungen 210
Eintrittspreise 211
Elektrizität 211
Feiertage 211
Fotografieren 212
Frauen unterwegs 212
Geld 212
Gesundheitsvorsorge 212
Informationsstellen 213
Infos im Internet 213
Karten und Pläne 213
Kioske .214
Literaturtipps 214
Notfälle 214
Notruf .215
Öffnungszeiten 215
Post 215
Radio und Fernsehen 215
Rauchen 215
Reisekasse und Preise 215
Sicherheit 215
Souvenirs 216
Telefonieren 216
Toiletten 216

Trinkgeld 217
Unterkunft 217
  Hotels 217
  Pensionen und Privatzimmer . .217
  Studios und Apartments 217
  Ferienhäuser 218
  Jugendherbergen 218
  Camping 218
Verkehrsmittel 218
  Flugzeug 218
  Bus .218
  Taxi .218
  Mietfahrzeuge 218
  Schiff/Fähre 219
Zeit 219
Zeitungen 219

Glossar 220

Sprachführer 222
  Die wichtigsten
  Redewendungen 223
  Speiselexikon 225

Register 227

Sámos-Atlas 231

Abbildungs- und
  Quellennachweis 240

Impressum 240

Anreise

mit dem Flugzeug

Charterflüge nach Sámos werden zwischen Ende April und Mitte Oktober von vielen Flughäfen in den deutschsprachigen Ländern aus angeboten. Die Flugzeit beträgt ab Salzburg etwa 2 Std. 40 Min., ab Nürnberg sind es 3 Std. und ab Hamburg 3 Std. 55 Min.

Außerdem ist Sámos ganzjährig über Athen zu erreichen. Von dort fliegt Olympic Airways mehrmals täglich auf die Insel (www.olympic-airways.gr).

Für Flugzeug-Fans: Die Landebahn auf Sámos (09/27) ist 2030 m lang und 45 m breit; drei Parkpositionen sind vorhanden.

Für Sparsame: Einen Linienbusverkehr zum Flughafen gibt es nicht. Wer sparsam sein will, nimmt sich ein Taxi nach Pythagório und fährt von dort mit dem Linienbus nach Vathí (dort zahlreiche Umsteigemöglichkeiten) oder nach Iréo (als Urlaubsort) weiter. Über die aktuellen Taxipreise (Flughafen-Pythagório z. Zt. ca. 5 €) informiert eine Tabelle am Flughafen. Die Busfahrt von Pythagório nach Vathí kostet ca. 1,10 €. Zwischen dem 16.9. und 14.6. verkehren auf Sámos sonntags überhaupt keine Linienbusse.

mit dem Schiff

Wer über Athen anreist, kann auch mit dem Schiff nach Sámos weiterfahren und dort entweder in Karlóvassi oder Vathí aussteigen (Ziel muss beim Ticketkauf angegeben werden; unterschiedlicher Fahrpreis). Meist fahren die Fähren in Piräus um 16.30 oder 17 Uhr ab, an einigen Tagen im Hochsommer auch um 20 Uhr. Die Fahrzeit beträgt etwa 12 Stunden, so dass man meist am sehr frühen Morgen auf Sámos eintrifft. Der Fahrpreis beträgt in der Tourist Class (ohne Kabine) etwa 20 €, in der 1. Klasse (mit Kabine) ca. 30–35 €.

Aktuelle Fahrplanauskünfte im Internet: www.gtpnet.gr

mit dem Auto

Die Anreise über Italien ist langwierig und teuer. Man muss von Venedig, Triest, Ancona oder Brindisi mit der Fähre nach Patras fahren, von dort über die Autobahn nach Piräus und dann wieder auf die Fähre. Auskunft in Reisebüros oder bei den Automobilclubs.

Apotheken

Apotheken (ΦΑΡΜΑΚΕΙΟΝ, farmakío) gibt es in Vathí, Pythagório, Karlóvassi, Marathókampos, Mytilinií und Kokkári. Dort erhält man zahlreiche Medikamente auch ohne Rezept, z. B. die Pille und sogar Antibiotika. Häufig sind jedoch nicht die deutschen Medikamente vorrätig, sondern vergleichbare Medikamente französischer oder britisch-amerikanischer Provenienz.

Ärztliche Versorgung

Niedergelassene Ärzte gibt es nur in den vier Inselstädten Vathí, Pythagório, Karlóvassi und Marathókampos. In den übrigen Orten halten staatliche Ärzte ein- bis dreimal wöchentlich Sprechstunden in sehr einfach eingerichteten Landarztpraxen ab. Ein kleines Krankenhaus steht in Vathí, ein staatliches Erste-Hilfe-Zentrum mit einigen Krankenzimmern (ESY, National Helath Center) in Karlóvassi.

Auto fahren

Die Verkehrsvorschriften in Griechenland ähneln den unseren, das Verkehrsverhalten unterscheidet sich jedoch stark. Vor allem dürfen die Griechen als Weltmeister im Kurvenschneiden gelten. Deswegen sollte man auf den gebirgigen und oft sehr schmalen Straßen der Insel immer langsam und äußerst rechts fahren und vor unübersichtlichen Kurven kräftig hupen. Die zulässige Höchstgeschwindigkeit beträgt innerorts 50 km/h, auf Landstraßen 110 km/h und auf den Festlandsautobahnen 120 km/h. Für Motorräder gelten 40/70/90 km/h. Die Promillegrenze liegt für Autofahrer bei 0,5, für Motorrad- und Wohnmobilfahrer bei 0,1.

Behinderte

Es gibt nur wenige behindertengerechte Hotels (z. B. Saint Nicholas of Samos in Mykáli, s. S. 98) und Restaurants, auch Busse und Museen sind kaum auf Rollstuhlfahrer eingestellt. Ohne Begleiter kommen Rollstuhlfahrer auf Sámos nicht zurecht.

Diplomatische Vertretungen

Deutsche Botschaft
Odós Karaóli & Dimítriou 3
10675 Athen
Tel. 21 07 28 51 11

Deutsches Honorarkonsulat
Odós Themistoklí Sofoúli 73
83100 Vathí/Sámos
Tel. 27 30 02 52 70
(der Honorarkonsul spricht kein Deutsch, aber gut Englisch)

Österreichische Botschaft
Leofóros Aléxandras 26
10683 Athen
Tel. 21 08 25 72 44

Schweizer Botschaft
Odós Jassíou 2
11521 Athen
Tel. 21 07 23 03 64

Einreisebestimmungen

Zur Einreise nach Griechenland genügt für EU-Bürger und Schweizer ein gültiger Personalausweis.

Bei Einreise mit dem eigenen Fahrzeug nach Griechenland müssen der nationale Führerschein und der Kraftfahrzeugschein mitgeführt werden. Die Internationale Grüne Versicherungskarte ist nicht mehr nötig, aber ebenso wie Zusatzversicherungen (Vollkasko und Auslandsschutzbrief) empfehlenswert.

Für Hunde müssen mitgeführt werden: ein internationaler Impfpass mit amtstierärztlichem Gesundheitszeugnis (max. 14 Tage alt) und eine Bescheinigung über Tollwutimpfung (max. 12 Monate alt) in Englisch oder Französisch.

Zollbestimmungen: Im Verkehr zwischen den EU-Ländern bestehen keine Mengenbegrenzungen für Waren, die zum persönlichen Verbrauch bestimmt sind. Es gibt jedoch so genannte ›Indikativmengen‹: Wer mehr als 800 Zigaretten, 10 Liter Spirituosen oder 90 Liter Wein mit sich führt, muss nachweisen, dass er damit nicht handeln will.

Für Schweizer Bürger gelten weiterhin die alten Mengenbegrenzungen: 200 Zigaretten, 1 Liter Spirituosen, 2 Liter Wein, 250 g Kaffee und 50 g Parfüm.

Eintrittspreise

Auf Sámos wird nur für wenige Museen und archäologische Stätten ein Eintrittsgeld erhoben. Das Ticket für das Archäologische Museum in Vathí kostet 3 €. Für den Tunnel des Eupalínos zahlt man 4 €, für das Heraíon 3 € Eintritt. Es gibt auch ein Kombi-Ticket für Tunnel und Heraíon, das 6 € kostet. Schüler und Studenten (mit internationalem Studentenausweis) aus EU-Ländern haben generell freien Eintritt. EU-Senioren ab 65 Jahren und Studenten aus der Schweiz erhalten eine Ermäßigung von meist 33 1/3 %.

Elektrizität

Überall 220 Volt Wechselstrom. Deutsche Stecker passen meist.

Feiertage

An den nationalen Feiertagen sind Behörden und Geschäfte geschlossen, zum Teil auch die Museen. Reisebüros, Autovermietungen und Souvenirgeschäfte verlegen das Feiern auf den Winter.

Neujahr (*Protochronjá,* 1. Januar)

Tag der Wasserweihe (*Epiphanía,* 6. Januar)

Nationalfeiertag (25. März): Beginn des Befreiungskampfs gegen die Türken 1821; Paraden und Kranzniederlegungen, an denen auch viele Schüler in Nationaltrachten teilnehmen.

Rosenmontag (*Kathará Deftéra):* Kinder tragen Kostüme, Picknicks im Freien, man lässt Drachen steigen (23. Februar 2004, 14. März 2005, 6. März 2006).

Karfreitag (*Megáli Paraskewí):* Prozessionen am Abend.

Ostern (*Páska):* oft an anderen Terminen als bei uns, da die orthodoxe Kirche noch nach dem Julianischen Kalender rechnet (Ostersonntag am 11. April 2004, 1. Mai 2005, 23. April 2006).

Tag der Arbeit (*Protomajá,* 1. Mai).

Pfingstmontag (*Deftéra tis Pendikósti):* 31. Mai 2004, 1. Juni 2005, 12. Juni 2006).

Mariä Entschlafung (*Kímisis tis Theotókou,* 15. August): nicht Mariä Himmelfahrt genannt, weil sie nach Vorstellung der orthodoxen Kirche nicht leibhaftig gen Himmel gefahren ist.

Tag des großen Neins (*I Méra toú megáli óchi,* Nationalfeiertag, 28. Oktober): gedacht wird der Ablehnung Mussolinis durch den griechischen Diktator Metaxás. Damit trat Griechenland auf Seiten der Alliierten in den Zweiten Weltkrieg ein.

Heiligabend (*Paramoní Christójennon,* 24. Dezember): halber Feiertag.

Weihnachten (*Chriostójenna,* 25. Dezember).

Silvester *(To Wrádi tis Protochronjás, 31. Dezember)*: halber Feiertag. Viele Männer widmen sich dem Glücksspiel.

Fotografieren

Filme sind in Griechenland teuer; spezielle Filme gar nicht oder nur selten zu bekommen. Man sollte deswegen einen ausreichenden Vorrat mitnehmen. Wer seine Ergebnisse nicht abwarten kann, findet in allen Urlaubsorten Geschäfte, die binnen einer Stunde Farbfilme entwickeln und Abzüge liefern.

Wegen der Intensität des Lichts gehört bei Farbaufnahmen grundsätzlich ein UV-Filter vors Objektiv. Gute Dienste leistet auch ein Polfilter.

Militärische Objekte dürfen nicht fotografiert werden. Entsprechende Hinweise gibt es aber meist nur im Umkreis von wenigen Metern. In den Museen ist das Fotografieren ohne Blitz und Stativ kostenlos. Für Aufnahmen mit Stativ und Videos ist eine nur in Athen erhältliche Sondergenehmigung erforderlich.

Frauen unterwegs

Sámos ist auch für alleinreisende Frauen ein sicheres Urlaubsziel. Die Griechen knüpfen zwar gern Kontakt, werden jedoch fast nie aufdringlich.

Geld

s. auch Umschlagklappe vorne. Landeswährung ist der Euro. Bargeld zieht man an den zahlreichen Automaten mit Maestro-Card und PIN-Nummer. Da die Bearbeitungsgebühr, die die Bank zu Hause erhebt, unabhängig von der Höhe des angehobenen Betrages ist (meist 5 €/Abhebung), ist es vorteilhafter, immer gleich größere Beträge abzuheben als viele kleine.

Bargeldabhebungen sind auch mit Kreditkarten möglich, aber viel teurer. Euroschecks werden nicht mehr akzeptiert. Abhebungen vom Postsparbuch sind nicht möglich. Mit der Spar-Card der Post sind Abhebungen von Bargeldautomaten der Banken möglich, die auch Visa-Karten akzeptieren.

Die Banken sind Mo–Do von 8–14 und Fr von 8–13.30 Uhr geöffnet. Banken und Bargeldautomaten gibt es in Vathí, Pythagório, Kokkári, Karlóvassi und Órmos Marathókampou und Automaten demnächst wahrscheinlich auch in weiteren Urlaubsorten.

Kreditkarten werden außer von großen Hotels und Olympic Airways nur ungern oder gar nicht akzeptiert. Am ehesten kommt man noch mit einer Visa- oder Mastercard klar.

Gesundheitsvorsorge

Besondere Schutzimpfungen müssen bei der Einreise nach Griechenland nicht nachgewiesen werden.

Krankenschein: Nach dem EU-Sozialversicherungsabkommen können sich deutsche Urlauber in Griechenland auf Krankenschein behandeln lassen. Man muss aber vor dem Besuch des Kassenarzts den Auslandskrankenschein E 111 (erhältlich bei der heimischen Krankenkasse) von der griechischen Krankenversicherung

IKA umschreiben lassen. Dadurch geht schnell ein Urlaubstag verloren. Man schließt besser eine Auslandskrankenversicherung ab, zahlt Arzt- und Arzneikosten selbst und lässt sie sich später erstatten.

Wer auch in Deutschland privat krankenversichert ist, braucht diese zusätzliche Versicherung nicht, da private Krankenversicherungen europaweit gültig sind.

Informationsstellen

Griechische Zentrale für Fremdenverkehr
... in Deutschland
60311 Frankfurt/Main
Neue Mainzer Str. 22
Tel. 069/23 65 61-63
Fax 069/23 65 76

10789 Berlin
Wittenbergplatz 3A
Tel. 030/217 62 62
Fax 030/217 79 65

20354 Hamburg
Neuer Wall 18
Tel. 040/45 44 98
Fax 040/45 44 04

80333 München
Pacellistr. 2
Tel. 089/22 20 35-36
Fax 089/29 70 58

... in Österreich
1010 Wien
Opernring 8
Tel. 01/512 53 17
Fax 01/513 91 89

... in der Schweiz
8001 Zürich
Löwenstr. 25
Tel. 01/221 01 05
Fax 01/212 05 16

Infos im Internet

www.gnto.gr Offizielle Website der Griechischen Zentrale für Fremdenverkehr.

www.samos.gr Offizielle Website der Präfektur Sámos, Infos überwiegend nur auf Griechisch, Englische Version im Aufbau.

www.samoshotels.de Offizielle Website der Hoteliersvereinigung von Sámos mit einigen Angaben zu Hotels, wenig hilfreich. Viele Links.

www.samos.de Viele Infos zum Waldbrand von 2000 und seinen Folgen.

www.samos-treff.de Chat-Forum für Sámos-Fans.

www.ekathimerini.gr Englischsprachige Website einer großen Athener Tageszeitung mit vielen Meldungen und Features.

www.ert.gr Überwiegend griechischsprachige Website des staatlichen Rundfunks und Fernsehns mit der Möglichkeit, Fernsehprogramme zu sehen und Rundfunkprogramme zu hören.

www.samos.pagina.nl Viele Links zu niederländischen Sámos-Sites.

Karten und Pläne

Für normale Bedürfnisse ist der aktuelle, in diesem Buch enthaltene Sámos-Atlas vollkommen ausreichend.

Wer dennoch eine Extra-Karte wünscht, ist mit der Sámos-Karte aus dem Athener Verlag Road Editions (Maßstab 1:50 000) am besten bedient.

Kioske

Griechische Kioske sind vom Boden bis unter die Decke mit Waren vollgestopft. Hier findet man alles, was man an Kleinigkeiten so braucht. Zigaretten, Streichhölzer und Feuerzeuge gehören ebenso zum Sortiment wie einzelne Aspirin-Tabletten, Zahnpasta, Kämme, Kondome oder Kaffee in Portionsbeuteln. Die Kioske sind bis in die späte Nacht geöffnet.

Literaturtipps

Baumann, Hellmut: Die griechische Pflanzenwelt in Mythos, Kunst und Literatur, München 1982: Ein Pflanzenbuch, das den botanischen Rahmen sprengt.

Beck, Hans-Georg (Hg.): Lust an der Geschichte: Byzanz, München 1992. Eine Auswahl kurzer, ernster und heiterer byzantinischer Texte, die Aufschluss geben über das tägliche Leben, Kunst, Politik, Kultur, Kirche und Verwaltung.

Fischer, Helmut: Die Welt der Ikonen. Ursprung, Sinn, Gestalt. Frankfurt/Main 1995 (Insel-Taschenbuch). Die beste Darstellung der Funktion und Geschichte der Ikonen.

Kästner, Erhart: Griechische Inseln, Frankfurt/M. 1975 (Insel-Taschenbuch). Literarischer, unpolitischer Reisebericht des deutschen Schriftstellers über eine Schiffsreise von Lesbos über Sámos und Pátmos nach Rhodos im Kriegsjahr 1944.

Herodot: Geschichte und Geschichten. 2 Bde., Zürich 1983. Dank der guten Übersetzung ein Lesevergnügen.

Papajoannou, Konstantinos Sp.: Griechische Traditionelle Architektur Samos, Athen o. J. Reich bebilderte Darstellung der Volksarchitektur des 17. bis frühen 20. Jh.

Staatliche Museen Kassel (Hg.): Samos – die Kasseler Grabung 1894 in der Nekropole der archaischen Stadt von Johannes Boehlau und Erward Habich, Kassel 1996. Ausstellungskatalog mit Beiträgen auch zur Archäologie in und um Pythagório.

Walter, Hans: Das Heraíon von Samos. Ursprung und Wandel eines griechischen Heiligtums, München 1976. Gut lesbares Werk eines deutschen Archäologen, das vor allem zu erklären versucht, was warum im Heraíon geschah.

Weidmann, Michael W.: Griechenland, Regensburg 1995. Kenntnisreiche und vorurteilsfreie Darstellung der Geschichte Griechenlands vom Frühmittelalter bis zur Gegenwart.

Notfälle

Deutschsprechender Rechtsanwalt:
in Athen,
Ilias S. Bissias,
Tel. 21 03 23 18 76,
Fax 21 03 23 23 30,
bissias3@otenet.gr
Geldtransfer: Innerhalb von 24 Stunden mit Western Union über alle Postämter in Griechenland und Deutschland.

Notruf

ADAC-Büro (in Athen): 21 07 77 56 44
Wer kein Griechisch kann, lässt besser
einen Einheimischen telefonieren.
Erste Hilfe, Polizei, Feuerwehr: 112
(landesweite gebührenfreie Notruf-
nummer). Hier wird zumindest englisch, oft auch deutsch gesprochen.

Öffnungszeiten

Kirchen und Klöster: Wenn nicht anders angegeben, sind die Klöster i. A.
von 7–13 Uhr und von 17 Uhr bis Sonnenuntergang geöffnet. Auf korrekte
Kleidung (bedeckte Knie und Schul-
tern) ist zu achten.
   Außerhalb der Städte sind Kirchen
wegen gelegentlicher Ikonendiebstäh-
le lediglich zu Gottesdiensten geöffnet.
Museen und Ausgrabungen: Die Öffnungszeiten könen sich ändern. Kern-
öffnungszeiten sind jedoch Di–So 9–15
Uhr.
Geschäfte: Mo–Sa ca. 9–14 Uhr,
außerdem 3x wöchentl. auch nachmittags zwischen 17 und 20 Uhr.

Post

Postämter sind Mo–Fr 7.30–15 Uhr geöffnet. Telefonämter (OTE) haben von
Ort zu Ort unterschiedliche Öffnungszeiten.

Radio und Fernsehen

Inselweit sind neben den Programmen
des staatlichen Senders ERT auch
viele Privatsender zu empfangen.

Einige große Hotels liefern via An-
tenne auch deutsche Programme in
die Zimmer.

Rauchen

Auch in Griechenland gibt es immer
mehr Beschränkungen für Raucher.
So muss es in allen Restaurants und
Bars seit Herbst 2002 Nichtraucher-
zonen geben. Nur traditionelle Kaffeehäuser sind von dieser Verpflich-
tung ausgenommen. In Flugzeugen
und Bussen darf generell nicht ge-
raucht werden.
   Zigaretten sind geringfügig preiswerter als in Deutschland. Tabak für
Selbstdreher sind in den Städten erhältlich, Pfeifentabak findet man nur
selten.

Reisekasse und Preise

Der ›Teuro‹ wird auch auf Sámos seinem Namen gerecht. Preiswerter als in
Deutschland sind nur noch öffentliche
Verkehrsmittel, Fähren, Flüge, Taxis,
Benzin und Arzneimittel sowie außerhalb der Hochsommermonate Zimmer
und Apartments. Die Preisunter-
schiede in Cafés und Tavernen sind
enorm: Bevor man sich niedersetzt,
sollte man einen Blick in die Speisekarte werfen!

Sicherheit

Die Kriminalitätsrate in Griechenland ist
die niedrigste innerhalb der EU; auf
einer Insel wie Sámos ist sie natur-
gemäß noch niedriger. Trotzdem sollte
man in parkenden Autos keine Wert-

gegenstände offen herumliegen lassen und sich bei Menschenansammlungen vor Taschendieben hüten.

Souvenirs

Das samiotische Souvenirangebot gefährdet das Portemonnaie kaum. Guten Gold- und Silberschmuck sowie moderne Kunstobjekte ersteht man am besten in Pythagório. Es gibt mehrere Töpfereien auf der Insel. Die meisten von ihnen produzieren auch den ›Gerechtigkeitsbecher des Pythagoras‹. Dieser nach dem Prinzip der kommunizierenden Röhren aufgebaute Trinkbecher erzieht zur Mäßigung. Schenkt man ihn über den Eichstrich voll, entleert er sich vollständig, so dass man gar nichts mehr im Becher hat.

Sámos-Wein, *oúzo* und Brandy von der Insel kauft man am besten in den Verkaufsstellen der Destillerien in Vathí oder in den beiden Weinkellereien. Samiotischen Honig und samiotische Kräuter werden besonders zahlreich in Koumaradéi und an der Straße von dort in Richtung Marathókampos angeboten.

Telefonieren

S. auch Umschlaginnenklappe vorne. Am preiswertesten telefoniert man von den zahlreichen Kartentelefonen aus, die auch im kleinsten Dorf und vor einsam gelegenen Klöstern zu finden sind. Telefonkarten erhält man an Kiosken, in vielen Supermärkten und in den Büros der Telefongesellschaft OTE. Samstags und sonntags sowie werktags zwischen 22 und 8 Uhr gilt für alle Gespräche ein ermäßigter Tarif.

Innerhalb Griechenlands sind seit dem Herbst 2002 alle Telefonnummern zehnstellig, eine Ortsnetzvorwahl gibt es nicht. Nur einige Notrufnummern sind dreistellig.

Wer von einem früheren Urlaub her noch die alten Telefonnummern von Bekannten, Lokalen oder Hotels aufgehoben hat, kann sie wie folgt aktualisieren:

Bei Festnetznummern wird die erste Null der Ortsvorwahl duch eine Zwei ersetzt. An die alte Ortsnetzvorwahl wird zudem eine Null angehängt. Beispiel: aus 0273/24356 wird 22 73 02 43 56.

Bei Handynummern wird die erste Null durch eine Sechs ersetzt. Beispiel: aus 0944/234567 wird nun 69 44 23 45 67.

Toiletten

In allen guten Hotels entsprechen die Toiletten westeuropäischem Standard. Anderswo sind sie zwar meist sauber, aber häufig unvollständig: Sitzbrillen fehlen oft. Außerdem wirft man außerhalb sehr guter Hotels das benutzte Toilettenpapier grundsätzlich in einen neben der Toilette stehenden Eimer oder Papierkorb, da die Abflussrohre nur über einen geringen Durchmesser verfügen und leicht verstopfen. Öffentliche Toiletten sind selten und in der Regel unzumutbar.

Toilettentüren sind durch die Aufschrift ANDRON (Männer) oder GYNAIKON (Frauen) oder durch die üblichen Piktogramme gekennzeichnet.

Trinkgeld

Handhabung wie bei uns; Beträge unter 50 Cent gelten als Beleidigung. In Kaffeehäusern gibt man kein Trinkgeld. Wer von einem fremden Einheimischen zu einem Kaffee oder Schnaps eingeladen wird, sollte sich bedanken, aber auf keinen Fall im Gegenzug eine Runde ausgeben; das Recht zur Einladung steht nur dem Ortsansässigen zu.

Unterkunft

Hotels

Alle griechischen Hotels sind staatlicherseits klassifiziert: von der Luxus- über die A- bis zur E-Kategorie. Sauberkeit, Lage des Hauses, Qualität und Freundlichkeit von Inhaber und Personal spielen bei dieser Einstufung freilich keine Rolle, so dass die Kategorisierung nur begrenzte Aussagekraft hat.

Für Hotels der Kategorien A–C werden vom Staat Mindestpreise festgesetzt. Die vom Hotelier nach dieser Richtlinie gestalteten Preise müssen dann wiederum vom Staat genehmigt und die Saison über eingehalten werden. In nachfrageschwachen Wochen jedoch hält sich kaum ein Hotelier daran. Oft offerieren sie in der Vor- und Nachsaison schon von sich aus erhebliche Preisnachlässe auf die offiziellen Tarife, die in dieser Zeit ohnehin schon um bis zu 40 % unter den Preisen für die Hauptsaison liegen.

Hotels der Kategorien D und E sind meist nur geringfügig billiger als einfache Häuser der C-Kategorie. Die in der Kategorie ›Luxus‹ eingestuften Anlagen sind oft doppelt so teuer wie die Hotels der A-Kategorie, entsprechen im internationalen Vergleich aber bestenfalls First-Class-Hotels.

Für ein Zusatzbett im Zimmer könen 20 % Aufschlag verlangt werden. Bei einem Aufenthalt von weniger als drei Nächten darf der Zimmerpreis um 10 % erhöht werden.

Pensionen und Privatzimmer

Offizielle Pensionen gibt es auf Sámos kaum. Dafür bezeichnen Privatleute, die mehrere Zimmer vermieten, ihr Haus oft als Pension oder schlicht als ›Rent rooms‹. Bei diesen Zimmern gibt es wie bei den Hotels staatlich festgesetzte Kategorien, die von A bis hinunter zu C reichen. Meist sind die Zimmer einfach, aber modern eingerichtet. Anders als auf vielen anderen griechischen Inseln stehen solche Zimmervermieter auf Sámos nur selten bei Schiffsankünften am Hafen – man muss sie sich selbst suchen.

Studios und Apartments

Diese Unterkunftsform findet immer weitere Verbreitung. Meist ist das Preis-/Leistungsverhältnis sehr viel besser als bei Hotels oder Pensionen.

Als Studio (gazoniéra) wird ein Zimmer mit Dusche/WC, Kühlschrank und kleiner Kochgelegenheit bezeichnet. Meist gibt es außer Bett und Schrank auch einen Esstisch.

Apartments (diamerísmata) verfügen über einen separaten Wohn- und Schlafbereich, eine besser eingerichtete Küche und oft auch über mehrere Schlafzimmer.

Ferienhäuser

Freistehende Ferienhäuser zur Alleinbenutzung werden auf Sámos nicht angeboten.

Jugendherbergen

Jugendherbergen gibt es auf Sámos nicht.

Camping

Auf Sámos gibt es keine offiziellen Campingplätze. Wildes Campen ist verboten.

Verkehrsmittel

Flugzeug

Der innergriechische Flugverkehr wird in der Zukunft durch die Schaffung neuer privater Fluggesellschaften Veränderungen erleben. Bei Redaktionsschluss (Juni 2003) ist Sámos nur mit Athen täglich verbunden. Flüge von und nach Thessaloníki und Rhodos gibt es 2x wöchentl., nach Chíos und Lesbos 1x wöchentl. Bisher wird Sámos nur von Olympic Airways bedient. Die Flüge sind relativ preiswert.

Bus

Auf Sámos ist der Linienbus das wichtigste öffentliche Verkehrsmittel. Das Linienbusnetz der Insel richtet sich jedoch überwiegend nach den Bedürfnissen der Einheimischen. Die größeren Orte sind leicht, viele Bergdörfer und abgelegene Orte an der Südküste sind nur selten oder gar nicht mit Bussen zu erreichen. Ausgangspunkt für die meisten Linien ist Sámos-Stadt (Vathí). Einige Orte im Westen der Insel werden nur von Karlóvassi aus angesteuert. Angaben über die Verbindungen zu den einzelnen Orten finden Sie in den jeweiligen Regionalkapiteln. Fahrkarten kauft man am Busbahnhof von Vathí oder direkt beim Schaffner. Die Busse sind einfach, aber zuverlässig und fahren zumeist pünktlich. Die Preise sind niedrig. Pro Kilometer zahlt man etwa 0,075 €. Die Fahrt von Vathí nach Karlóvassi kostet z. B. 2,60 €.

Taxi

Taxis sind zahlreich und preiswert. Es gibt zwei Arten von Taxis: das städtische Taxi, das mit einem Taxameter ausgerüstet ist, und das ländliche Agoraíon. Agoraía verfügen über kein Taxameter. Der Fahrpreis wird nach Entfernung abgerechnet, entspricht aber exakt dem des Taxis. Eine Fahrpreistabelle muss der Fahrer auf Verlangen vorzeigen können. Für längere Rundfahrten kann man versuchen, einen Festpreis auszuhandeln. Dabei sollte man die Dauer der Rundfahrt genau festlegen. Eine Taxirundfahrt zu viert ist meist preiswerter als die Teilnahme von vier Personen an von Reisebüros organisierten Busausflügen.

Aktuelle Taxitarife (Stand 2003): Taxameter-Stand beim Einsteigen: 0,75 €. Innerstädtische Fahrten (Tarif 1) 0,26 €/km. Nacht- und Überlandfahrten 0,40 €. Wartezeit 7,10 €/Std. Telefonische Bestellung 1,30 €. Telefonische Vorbestellung 2,20 €. Fahrten ab Häfen und Busbahnhöfen 0,70 €, ab Flughäfen 2 €. Mindestfahrpreis: 1,50 €.

Mietfahrzeuge

Mietwagen, Jeeps, Mopeds, Motorräder und Enduros werden in allen größeren

Urlaubsorten vermietet. Der nationale Führerschein reicht aus. In Griechenland gilt die gleiche Fahrklasseneinteilung wie bei uns. Allerdings muss der Führerschein mindestens ein Jahr alt sein (sonst Aufpreis).

Für Autos muss der Mieter mindestens 21 Jahre alt sein, wenn er eine Kreditkarte besitzt. Hat er keine, beträgt das Mindestalter 23 Jahre, für größere Fahrzeuge teilweise auch 25 Jahre. Vollkaskoversicherungen werden angeboten. Sie decken jedoch keine Schäden an den Reifen und der Wagenunterseite ab.

Bei Unfällen ist immer die Polizei zu rufen, da die Versicherung sonst nicht zahlt.

Schiff/Fähre

Wer auf Sámos Urlaub macht, keine andere Insel besuchen, aber dennoch einmal mit einem griechischen Linienschiff fahren will, kann mit der Fähre von Vathí nach Karlóvassi oder umgekehrt fahren.

Fährverbindungen zu anderen Inseln bestehen vor allem im Sommerhalbjahr. Von Sámos aus kommt man dann nach Agathonísi, Chíos, Foúrni, Ikaría, Kálymnos, Kos, Léros, Lesbos, Límnos, Lípsi, Mýkonos, Náxos, Páros, Pátmos, Rhodos, Santorin und Sýros. In Vathí und Karlóvassi kauft man die Fahrkarten am einfachsten in den Schifffahrtsbüros am Hafen. In Pythagório liegen solche Büros überwiegend an der Hauptstraße zum Hafen, der Odós L. Logothéti.

Für Tragflügelboote und kleine Fähren gibt es nur eine Art von Tickets. Auf den großen Autofähren hat man die Wahl zwischen Tourist Class, 2. und 1. Klasse. Für kürzere Fahrten reicht die Tourist Class völlig aus. Fährt man über Nacht, lohnen sich die 2. Klasse (Preis inkl. Koje in Vierbettkabine) oder in der 1. Klasse (Preis inkl. Bett in einer 2-Bett-Kabine mit Dusche/WC).

Zeit

In Griechenland ist es ganzjährig eine Stunde später als bei uns. Wenn es in Deutschland 12 Uhr ist, ist es in Griechenland also immer 13 Uhr.

Zeitungen

Zeitungen und Zeitschriften aus den deutschsprachigen Ländern sind auf Sámos einen Tag nach Erscheinen erhältlich. In größeren Zeitungsgeschäften erhält man auch die täglich außer sonntags erscheinende, englischsprachige ›Athens News‹ und die einmal wöchentlich erscheinende, deutschsprachige ›Athener Zeitung‹.

GLOSSAR

Agía/Ágios: Griechisch für Heilige/Heiliger

Ágii: Griechisch für Heilige (Plural)

Agorá: Wirtschaftlicher und politischer Versammlungsplatz der antiken Stadt; im Neugriechischen Markt. *Dimotikí Agorá* bezeichnet den Städtischen Markt oder die Markthalle, *Laikí Agorá* den Wochenmarkt an wechselnden Standorten.

Apsis: Halbrunder Raum, vorallem in Kirchen, der sich zum Hauptraum hin öffnet

Archontikó: Herrenhaus wohlhabender christlicher Bürger im Osmanischen Reich

Basilika: Meist lang gestreckte Halle, die durch Säulen- oder Pfeilerstellungen in drei oder fünf Schiffe unterteilt wird

Bouzoúki: Griechisches Saiteninstrument; auch Tanzlokal mit griechischer Live-Musik

Cella: Hauptraum des antiken Tempels, der das Kultbild barg

Dípteros: Tempel mit doppeltem Säulenring

Evangeliar: Mittelalterliche Handschrift mit den vier Evangelien

Evangelismós: Verkündigung Mariä

Exedra: Halbrunde Nische ohne Dach

Fresko: Wandmalerei, auf den noch feuchten Putz aufgetragen

Ikone: Geweihtes Tafelbild in der orthodoxen Kirchenmalerei

Ikonostase: Im Westen übliche Bezeichnung für das Templon, also die Bilderwand zwischen dem Altar- und Gemeinderaum der orthodoxen Kirche

Jortí: Die samiotische Festtagssuppe, die bei Kirchweihfesten an alle ausgeschenkt wird

Kaiki: Griechischer Bootstyp

Kapitell: Das ausladende Kopfstück eines Pfeilers oder einer Säule

Kímesis tis Theotókou: Entschlafung der Gottesmutter; Marientod. Die leibliche Himmelfahrt ist in der orthodoxen Kirche kein Dogma.

Kirchenväter: Für die Herausbildung der christlichen Lehre bedeutende kirchliche Schriftsteller der ersten sieben nachchristlichen Jahrhunderte. In der orthodoxen Kirche sind das insbesondere Basilius der Große, Gregor der Theologe, Johannes Chrysostomos (alle aus Antiochia) sowie Athanasius und Kyrillos (beide aus Alexandria).

Konche: Halbkreisförmige Nische mit Halbkuppel als oberem Abschluss

Kore: Bekleidete Mädchenstatue der frühen Antike

Koúros: Monumentale, nackte Jünglingsstatue der frühen Antike

Kreuzkuppelkirche: Kirchenbau in Form eines griechischen Kreuzes (mit vier gleichlangen Armen) und einer Kuppel über dem Zentralraum

Leofóros: Neugriechisch für ›Boulevard‹

Levante: Bezeichnung für die Länder am östlichen Mittelmeer

Metamórfosis: Christi Verklärung auf dem Berg Tabor

Mitrópolis: Orthodoxe Bischofskirche

Moní: Neugriechisch für ›Kloster‹

Mythologie: Der gesamte Stoffkomplex überlieferter antiker Götter- und Heldensagen

Naós: Gemeinderaum in der orthodoxen Kirche; antikes Wort für ›Tempel‹

Narthex: Vorhalle der orthodoxen Kirche. Besitzt die Kirche zwei solcher Vorhallen, spricht man von Exonarthex (äußerer Narthex) und Esonarthex (innerer Narthex).

Nymphen: In der antiken Mythologie niedere weibliche Naturgottheiten, oft Töchter des Zeus. Sie gleichen jungen, schönen Mädchen und halten sich am liebsten in der Nähe von Quellen auf.

Odós: Neugriechisch für ›Gasse‹, ›Straße‹

Oklad: Verkleidung von Ikonen aus ziseliertem, oft auch vergoldetem Silberblech, die die Darstellung der Ikone reliefartig wiederholt und meist nur die unbekleideten Teile der Figuren, also Gesicht und Hände, freilässt

Panagía: Die Allheilige, Bezeichnung für Maria

Pantokrátor(as): Der Allesbeherrscher (Weltenherrscher), Bezeichnung für Christus. Meist als Brustbild mit Evangelienbuch und erhobener Rechten dargestellt, vor allem in der Kirchenkuppel

Platía: Neugriechisch für ›Platz‹

Relief: Halbplastisch aus einer Fläche herausgearbeitetes Bild aus Stein, Metall, Gips, Holz oder Ton

Reliquie: Körperliche Überreste von Heiligen oder Gegenstände, die in naher Beziehung zu ihnen standen. Aufbewahrt werden sie in einem Reliquiar.

Ringhalle: Um die Cella eines Tempels laufende Säulenstellung

Sarkophag: Prunksarg, wörtlich: ›Fleischfresser‹

Spolien: Wiederverwendete Teile aus älteren Gebäuden, z. B. Säulentrommeln, Quader, Statuenfragmente oder Grabplatten

Stele: Frei stehende, mit einem Relief oder einer Inschrift versehene Säule oder Platte als Gedenkstein oder Grabmal

Tamatá: Kleine Täfelchen aus Blech oder Silber, die als Weihgeschenk an Ikonen gehängt werden

Tambour: Zylindrischer Unterbau einer Kuppel

Taxiarchen: Erzengel

Theotókos: Die Gottesgebärerin, Bezeichnung für Maria

Tonnengewölbe: Gewölbe mit halbkreisförmigem Querschnitt; einfachste Gewölbeform

Vólta: Das in griechischen Städten übliche abendliche Flanieren zum Sehen und Gesehenwerden

Votiv: Weihgeschenk

SPRACHFÜHRER

In Griechenland kommt man auch ohne griechische Sprachkenntnisse gut zurecht. In der Schule und durch die vielen angloamerikanischen Filme im Fernsehen sowie durch die mancherorts zahlreichen britischen Touristen ist Englisch die Fremdsprache Nummer Eins. Man spricht aber auch Deutsch. Viele ältere Insulaner haben einmal in Deutschland gearbeitet, manche waren dort auch in Kriegsgefangenschaft, die jüngeren lernen es auf einer Abendschule, in Hotels, Restaurants und Diskotheken.

Fast alle Hinweisschilder sind in griechischer und in lateinischer Schrift abgefasst, so dass auch die Orientierung keinerlei Schwierigkeiten bereitet. Vor Abzweigungen und Kreuzungen folgt die lateinische Umschrift allerdings oft erst dann auf die griechischen Hinweise, wenn es schon fast zu spät ist. Daher lohnt es sich, das griechische Alphabet ein wenig zu üben. Man fühlt sich dann auch nicht mehr als völliger Analphabet. Außerdem macht es Spaß, ein paar griechische Wörter und Sätze zu sprechen, denn gerade die Landbevölkerung freut sich über Besucher, die auf diese Weise Interesse für ihre Gastgeber bekunden.

Doch bietet gerade die Umschrift der griechischen Buchstaben einige Schwierigkeiten. Für die internationalen Organisationen der Vereinten Nationen und der Europäischen Union existiert zwar ein verbindliches Umschriftsystem, doch in Griechenland selbst scheint diese Regelung unbekannt zu sein. Sie hat zudem den Nachteil, deutschsprachige Besucher zu einer falschen Aussprache griechischer Wörter zu animieren.

Diesem Buch liegt eine Umschrift zugrunde, die sowohl der Aussprache wie der Orientierung vor Ort Rechnung tragen soll. Um das Entziffern griechischer Ortsschilder und Karten zu erleichtern, werden im Routenteil Ortsangaben möglichst nah an der griechischen Schreibweise umschrieben; die im praktischen Teil gegebenen Sprachhilfen orientieren sich hingegen an der möglichst korrekten Aussprache, Akzente markieren die betonte Silbe.

Das griechische Alphabet

	Aussprache	Umschrift
A/α	**a**	a
B/β	**w**	v (w)
Γ/γ	**j** vor I/E, sonst weiches **g**	g (gh)
Δ/δ	wie engl. ›the‹	d (dh)
E/ε	**ä**	e (ä)
Z/ζ	**s**	z (s)
H/η	**i**	i
Θ/θ	wie engl. ›**th**anks‹	th
I/ι	**i,** vor A wie **j**	i (j)
K/κ	**k**	k
Λ/λ	**l**	l
M/μ	**m**	m
N/ν	**n**	n
Ξ/ξ	**x**	x (ks)
O/o	wie in ›**o**ft‹	0
Π/π	**p**	p
P/ρ	**r** gerollt wie im Ital.	r
Σ/σ	wie in ›Ta**ss**e‹	ss (s)
T/τ	**t**	t

Y/υ	**i;** nach A/E	y (i)
	wie **w** vor	f (v)
	stimmhaftem	
	Konsonant, wie	
	f vor stimmlosem	
Φ/φ	**f**	f
X/χ	wie in ›**ich**‹	ch
	vor Konsonan-	
	ten und dunklen	
	Vokalen, wie in	
	›**ach**‹ vor hellen	
	Vokalen	
Ψ/ψ	ps	ps
Ω/ω	wie in ›**oft**‹	o

Buchstabenkombinationen

ΑΙ/αι	**ä**	e (ä)
ΓΓ/γγ	**ng**	ng
ΕΙ/ει	**ie**	i
ΜΠ/μπ	**b** im Anlaut,	mb
	mb im Wort	
ΝΤ/ντ	**d** im Anlaut,	d
	nd im Wort	
ΟΙ/οι	**i**	i
ΟΥ/ου	**u**	ou (u)
ΤΖ/τζ	**ds**	tz (ds)

Die wichtigsten Redewendungen

Ausspracheorientierte Umschrift; die richtige Betonung ist sehr wichtig, um verstanden zu werden.

Begrüßungsformeln

Guten Tag	káli méra
(bis etwa 17 Uhr)	
Guten Abend	káli spéra
(ab etwa 17 Uhr)	
Gute Nacht	káli níchta
(ab 22 Uhr, nur beim Abschied zu	
verwenden)	

Hallo, Tschüss, Prost	jássu (einem einzelnen gegen- über, Du-Form)
Hallo, Tschüss, Prost	jássas (mehreren gegenüber, zu- gleich Sie-Form)
Prost	jámmas
(wörtlich: auf unsere Gesundheit)	
Seien Sie gegrüßt	chérete
(nur auf dem Lande üblich)	
Wie geht es Dir/Ihnen?	ti kánis/ ti kánete?
Auf Wiedersehen	adío/adíosas
(gegenüber einem/mehreren)	

Höflichkeitsformeln

Bitte/Danke	parakaló/efcharistó
Ja/Nein	nä/óchi
Nichts	típota
Entschuldigung	singnómi
Macht nichts	den pirási
In Ordnung, okay	endáxi
Gut (männlich/ weiblich)	kaló/ kalí
Schlecht (männ- lich/weiblich)	kakó/ kakí
Ich habe nicht verstanden	den katálawa

Nationalitäten

Deutscher, Deutsche, Deutschland	jermanós, jermanída, jermanía
Österreicher, Österreicherin, Österreich	afstriakós, afstriakí (afstriakiá), afstría
Schweizer, Schweizerin, Schweiz	elwetós, elwetída, elwetía
Woher kommst Du?	apó pú ísse?

Reisen

Hafen/Schiff	limáni/karáwi
Station/Bus	stathmós/leoforío
Flughafen/	aerodrómio/
Flugzeug	aeropláno
Fahrkarte/	isitírio/
Fahrkarten-	ispráktoros
verkäufer	
Motorrad/	motosikléta/
Fahrrad	podílato
Wann fährt er/	póte thá féwji?
es ab?	
Wann kommt er/	póte thá ftáni?
es an?	
Wieviel Kilometer	póssa chiliómetra
bis …?	sto …?
Wo fährt der	pú féwji tó leoforío
Bus nach …?	já …?
Wann fährt der	póte féwji tó
letzte Bus	teleftéo leoforío
nach …?	já …?
Ist das der Weg	íne aftós ó drómos
nach …?	já …?
Gute Reise!	kaló taxídi!

Bank, Post, Arzt

Bank/Geld-	trápesa/sinállagma
wechsel	
Post/	tachidromío/
Briefmarken	grammatósima (Pl.)
Ich möchte tele-	thélo ná tilefonísso
fonieren	
Arzt/Praxis/	jatrós/jatrío/
Krankenhaus	nosokomío
Ich suche eine	thélo na wró éna
Apotheke	farmakío

Einkaufen/Essen

Kiosk/Laden	períptero/magasí
Gemischtwaren-	pandopolío/
handel/	
Bäckerei	fúrnos

Restaurant/	estiatório/
Taverne	tawérna
Kaffeehaus/	kafenío/
Konditorei	sacharoplastío
Fleisch/Fisch	kréas/psári
Milch/Käse/Eier	gála/tirí/awgá
Brot/Obst/	psomí/frúta/
Gemüse	lachaniká
Was wünschen Sie?	tí thélete?
Bitte, ich	parakaló
möchte …	thélo …
Wieviel kostet	pósso káni
das?	aftó?
Es ist teuer!	íne akriwós!
Die Rechnung,	to logarjasmó
bitte!	parakaló!

Auskünfte, Adjektive

Wo ist …?	pú íne …?
Wie spät ist es?	tí óra íne?
Ich suche eine …	thélo ná wró éna …
Wo finde ich die	pú íne í tualéta
Toilette, bitte?	parakaló?
groß/klein	megálos/mikrós
neu/alt	néos/paliós
mit/ohne	mé/chorís

Wochentage

Montag	deftéra
Dienstag	tríti
Mittwoch	tetárti
Donnerstag	pémpti
Freitag	paraskewí
Samstag	sáwato
Sonntag	kiriakí

Tageszeiten

Der Vormittag/	to proí/
Der Mittag	to mesiméri
Der Nachmittag	to apógewma
Der Abend	to wrádi
Die Nacht	i níchta

Zahlen

1	éna, mía (w.)
2	dío
3	tría, tris
4	téssera, tésseris
5	pénde
6	éxi
7	eftá
8	októ
9	enéa
10	déka
11	éndeka
12	dódeka
13	dekatría
14	dekatéssera, usw.
20	íkossi
21	íkossi éna, usw.
30	triánda
40	saránda
50	penínda
60	exínda
70	eftomínda
80	októnda
90	enenínda
100	ekató
200	diakósja
300	triakósja
400	tetrakósja
500	pendakósja
600	exakósja
700	eptakósja
800	oktakósja
900	enjakósja
1000	chílja
2000	dio chiljádes

Speiselexikon

Suppen

Domatósoupa	Tomatensuppe
Fasoláda	Bohnensuppe
Kakavjá	Eine Art Bouillabaisse mit Fisch nach Wahl, der auf einem getrennten Teller zur Suppe serviert wird
Kreatósoupa	Eine trübe Fleischbrühe
Patsá	Deftige Kuttelsuppe mit Innereien, besonders beliebt nach kräftigen Zechgelagen und als Frühstück für Marktbeschicker und -besucher
Psarósoupa	Eine fischarme Fischbrühe

Salate

Angoúri saláta	Gurkensalat
Domáto saláta	Tomatensalat
Hórta saláta	Mangoldsalat
Koriátiki saláta	Gemischter Salat mit Schafskäse
Láchano saláta	Krautsalat
Maroúli saláta	Endiviensalat
Patsárja saláta	Rote-Bete-Salat

Fisch und Meeresfrüchte

Astakós	Languste
Bakaljáros	Kabeljau
Barboúnja	Rotbarbe, ein kleiner und grätenreicher, aber feiner und bei Griechen besonders beliebter Seefisch der besten Kategorie
Garídes	Scampi
Glóssa	Scholle, Seezunge
Kalamarákja	Tintenfisch, meist fritiert oder in der

	Pfanne gebraten serviert (häufig in Ringform)		blätter genommen werden
Kolljós	Makrele	Kreatópitta	Blätterteigtasche mit Fleischfüllung
Ksifías	Schwertfisch	Loukániko	Wurst
Lavráki	Barsch	Makarónja kar-	Spaghetti mit einer
Mídja	Muscheln	bonára	Sahne-Schinken-
Oktapódi	Krake (erhältlich als köstlicher Salat, gegrillt oder mit Gemüse gekocht)		Pilz-Soße
		Makarónja me	Spaghetti mit
		kimá	Hackfleischsoße
		Moskári	Rindfleisch
Soupjés	Den *kalamáres* ähnlicher Tinten- fisch, der meist im Ganzen und manchmal auch gefüllt serviert wird	Moussaká	Auberginenauflauf
		Paidákja	Lammkoteletts
		Pastítsio	Nudelauflauf mit Hackfleisch
		Sikóti	Gebratene Leber
		Souvláki	Fleischspieß (vom Rind oder Schwein)
Tónnos	Thunfisch		
		Stífado	Rindfleisch (manchmal auch Kaninchenfleisch) mit Zwiebelgemü- se in einer Toma- ten-Zimt-Soße

Fleischgerichte

Arnáki, arní	Lammfleisch
Biftéki	Frikadelle
Brisóla	Kotelett (vom Rind oder vom Schwein)
Dolmádes	Warm in einer Ei- Zitronen-Soße ser- vierte, mit Reis und Hackfleisch gefüll- te Weinblätter
Gourounópoulo	Spanferkel
Jemistés	Mit Reis und Hack- fleisch gefüllte To- maten und/oder Paprikaschoten
Katsíki	Zicklein
Kefaláki	Gegrillter Lammkopf
Keftédes	Hackfleischbällchen
Kirinó	Schweinefleisch
Kokorétsi	Innereien am Spieß
Kounélli	Kaninchen
Láchano dolmá- des	Dolmádes, für die Kohl- statt Wein-

Vegetarische Gerichte

Bamjés	Okraschoten
Fassólja	Grüne Bohnen
Kolokithákja	Zucchini
Melindsánes	Auberginen
Tirópitta	Blätterteigtaschen mit Käsefüllung

Obst

Achládi	Birne
Fráules	Erdbeeren
Karpoúsi	Wassermelone
Mílo	Apfel
Peppóni	Honigmelone
Portokáli	Orange
Síka	Feigen
Stafílja	Weintrauben

REGISTER

Agathonísi, Insel   142, 219
Agía Kyriakí   180
Agía Matróna   155
Agía Paraskeví   92, 93f.
Agía Triáda, Kloster   100f.
Agía Zóni, Kloster   65, **90f.**
Ágii Theódori   173f.
Ágios Ioánnis Eleímonas, Kloster
   180f.
Ágios Ioánnis ke Geórgios, Doppelkir-
   che   131
Ágios Isídoros   65, **182f.**
Ágios Konstantínos   158f.
Ágios Nikólaos   161
Ágios Raffaíl   83, 106, **153**
Alexander der Große   27
Amalia, Gemahlin König Ottos I.
   28
Ámpelos, Ort   159f.
Ámpelos-Massiv   15, 142, 164
Anakreon   26
Áno Vathí   s. Vathí
Arkoudolákka   92
Asprochóri   93
Athen   13, 24, 25, 27, 29, 46, 124,
   138
Avlákia   151f.

Bállos   144
Bayrak Adasi   95
Bergama   15
Bodrum   15, 202
Byzantinisches Reich   27, 47ff.

Chíos   27
Chóra   73, 101

Delphi   122
Demokedes von Kroton   26

Demoteles   25
Deutsches Archäologisches Institut
   78, 80, 109, 128
Dodékanes   28f., 188
Doryssa Bay, Hotel   s. Pythagório
Drakéi   179, 180, **181f.**

EOSS   20ff.
Ephesos   202ff.
Eupálinos   108f.
Eupálinos-Tunnel   s. Tunnel des
   Eupálinos
Evangelístra, Kloster   177
Evangelístrias Pagóndou, Kloster
   140

Foúrni   197ff.
– Chryssomiliá   199
– Kámbi   200f.

Geneleos-Gruppe   46, **77ff.,** 129
Griechenland   13, 18, 23, 25f., 27,
   28f., 32, 33ff., 46, 53

Hera-Heiligtum   s. Heraíon
Heraíon   46, 65, 77, 78f., **122ff.**
Herodot   26, 81, 107, 109, 214

Ibykos von Rhegion   26
Imvrássos, Fluss   15, 122, 124, 132
Iréo   60, **120ff.**
Istanbul   27f., 77
Italien   28f., 45, 49, 188
Izmir   15, 88

Johannes, Evangelist   27, **190**

Kallithéa   181f.
Kalomíris, Manólis   88

Kamára, Dorf   91
Kamára-Hochebene   15, 91
Kámpos   154ff.
Kámpos Chóras (Heraíon-Ebene)
   112
Kap Mykale   97, 104
Karlóvassi   60, 67, **163ff.**
– Agía Triáda, Kirche   167
– Ágios Antónios, Höhlenkirche   167
– Folklore History Museum   167
– Isódia tis Theotókou   167
– Kímisis tis Theotókou, Hauptkirche
   166
– Limáni   165
– Meséo   165, **167**
– Néo   165
– Órmos   164
– Paleó   65, 165, **167**
– Platía Valaskátsi   165
– Universität   166f.
Kastanéa   173f.
Kérkis-Massiv   12, 15, 164, **175ff.**
Kérveli   95f.
Kleinasien   14, 24, 25, 27, 45, 96,
   190, 202
Klíma   96
Kokkári   60, 65, **147ff.**
Kondéika   172
Konstantinopel   27, 49, 133, 195
Kontakéika   161
Kosmadéi   174
Koumaradéi   65, **136f.**
Kouméika   143
Koúros von Sámos   46, **78f.,** 80
Kreta, Insel   12, 24, 28, 46, 49
Kuşadası   202
Kykladen, Inselgruppe   28, 181

Léka   174
Lemonákia Beach   63, **149f.**
Léros, Insel   142
Lesbos, Insel   12, 26, 49, 98, 153, 166

Limniónas   179
Lípsi, Insel   142
Logothétis, Lykoúrgos   106

Makedonisches Reich   27
Manolátes   65, 156, **158**
Marathókampos   175
Mavratzéi   135f.
Megális Panagías, Kloster   65,
   137ff.
Megálo Seitáni Beach   63, **170f.**
Megará bei Athen   108
Mesógio   142
Metaxás, Ioánnis   28, 45
Mikrí Ámmos, Bucht   93
Mikró Seitáni Beach   63, **170f.**
Mourtiá, Strand   91
Mykáli, Strand   60, **97f.**
Mykáli, Halbinsel   s. Kap Mykale
Mykáli, Küstenebene   94, 97f.
Mytilinií   65, **98ff.**
Mytilinií-Hochebene   15, 98f.
Mýli   65, 132

Nachtigallental   65, 156
Náxos, Insel   181
Neochóri   143
Nikoloúdes   174
Nördliche Sporaden, Inselgruppe
   28

Órmos Marathókampou   144, **175ff.,**
   179
Oroites   26
Osmanisches Reich   27f., 49
Oströmisches Reich   s. Byzantini-
   sches Reich
Otto I., von Wittelsbach   28

Pagóndas   120, **141**
Paleochóri (Südküste)   180f.
Paleochóri (Nordküste)   155

Paleókastro   92, 95
Panagía Spilianí, Kloster   65,
   110ff.
Pándroso   142
Papá Beach   120
Pátmos   65, **186ff.**
– Chóra   188, **195ff.**
– Gríkos   197
– Grotte der Offenbarung   191
– Johanneskloster   131, **192ff.**
– Kámpos   187
– Kloster der Apokalypse   191
– Panagía Diasósousan (Chóra)   196
– Rathaus (Chóra)   196
– Simandíri-Haus (Chóra)   196
– Skála   187, **188ff.**
– Zoodóchos Pigí, Kloster   (Chóra)
   196
Patniótes   179
Paulus, Apostel   27, 202
Péfkos Beach   143
Peloponnes   24, 28
Persisches Reich   24, 96
Pírgos   133ff., **142**
Pírgos Sarakinís   131f.
Plátanos   65, 171f.
Platäa   24
Pnáka-Quelle   152
Polykrates   24, 25, **26,** 97, 105, 107,
   109, 124, 130f.
Posidónio   65, 94, **96,** 97
Potámi Beach   63, 165, **170f.**
Potámi-Wasserfälle   170f.
Profítis Ilías, Berg   92
Profítis Ilías (Karvoúni), Berg   142
Profítis Ilías, Kloster   171
Psilí Ámmos Ost   64, 94, **97**
Psilí Ámmos West   62, **179**
Pythagoras   26, 104, 107
Pythagório   60, 65, **103ff.**
– Antike Stadtmauer   112
– Archäologisches Museum   110

– Ausgrabungsareal am Kástro   106f.
– Brackwassersee Glyfáda   114
– Dorffriedhof   106
– Doryssa Bay, Hotel   112ff., **115f.**
– Hafen   65, **104ff.**
– Kástro   65, **105f.**
– Metamórfosis tou Sotiroú   106
– Panagítsa, Kapelle   114
– Pythagoras-Denkmal   107
– Rematáki Beach   107f.
– Römische Thermen   65, **114**
– Südmole   107
– Tría Dóndia   115
– Volkskundliches Museum (Doryssa
   Bay Hotel)   65, **115f.**

Samiopoúla   201
Sámos, antike Stadt   s. Pythagório
Sámos- Stadt   s. Vathí
Schlacht von Marathon   24
Schlacht von Sálamis   24
Seitáni-Strände   63, **170f.**
Simítis, Kóstas   13, 29
Skouréika   143
Smýrna   s. Izmir
Spatharéi   142
Stavrinídes   159f.
Stenón Samoú (Kanal von Sámos)   15

Tempel des Polykrates   s. Heraíon
Thýmanina   199
Timíou Stavroú, Kloster   65, **133ff.**
Tris Ekklisíes   95
Tsabou Beach   s. Tsampoú Beach
Tsamadoú Beach   63, **149f.**
Tsampoú Beach   63, **152**
Tsópela Beach   63, **140f.**
Tunnel des Eupálinos   65, **108f.,**
   110ff.
Türkei   65, **202ff.**

Universität der Ägäis   s. Karlóvassi

Register

Valeontátes   s. Nachtigallental
Valsamós-Bucht   182f.
Vareloúdi, Nísi   95
Vathí   60, 67, **71ff.**
– Ágios Nikólaos, Kirche   44, **82f.**
– Ágios Spyrídonas, Kirche   74ff.
– Áno Vathí   65, 72, **83ff.**
– Archäologisches Museum   46, 65, **76ff.,** 122, 123, 129
– Byzantinisches Museum   83
– Kalámi   92
– Katholische Kirche   83

– Platía Pythágoras   82
– Rathaus   74ff.
– Stadtpark   81f.
Vígla, Gipfel   164
Vlamári-Hochebene   90ff.
Votsalákia   60, **175ff.**
Vourliótes   65, **152ff.,** 155
Vrontá, Kloster   154

Ydroússa   161

Zoodóchos Pigí, Kloster   65, **91f.**

SAMOS-ATLAS

LEGENDE

1 : 80.000

0   3 km

Hauptstraße	Hafen	Information
Verbindungsstraße	Burgruine	Museum
Nebenstraße	Kloster	Badestrand
Straße ungeteert	Kirche	Wasserski
Fahrweg	Kapelle	Windsurfing
Fußweg	Leuchtturm	Aussichtspunkt
Fähre, Schiffahrtslinie	Archäologische Stätte	Sehenswürdigkeit
Staatsgrenze	Höhle	Berggipfel, Höhenpunkt
Flughafen	Wasserfall	Tankstelle

A **B** **C**

1

Ägäisches Meer
Αιγαίο Πέλαγος

Foúrni Φούρνοι

Ákr. Karávi
Ακρ. Καράβι

Órmos Mikró Seitáni
Ό. Μικρό Σεϊτάνι

Órmos
Megálo Seitáni
Ό. Μεγάλο Σεϊτάνι

Akr. Seitáni
Ακρ. Σεϊτάνι

249 m

Ágios
Ioánnis

Ági
Órmos Potámi
Όρμος Ποτάμι

Saitanoú Σαϊτανού

Níkoloúde
Νίκολούδε

701 m

Drakéi
Δρακαίοι

Ágios Isídoros
Άγιος Ισίδωρος

2

Órmos Ágioú Isidórou
Όρμος Αγίου Ισιδώρου

Órmos Valsamós
Όρμος Βαλσαμός

Akr. Valsamós
Ακρ. Βαλσαμός

835 m

Ágios Dimítrios

Όρος Κέρκις

Panagía
Kakoperáto

Zéstani
Ζέστανι

1195 m

Ágios Ioánnis
Katsikás

Akr. Christéli
Ακρ. Χριστέλι

610 m

Kallithéa
Καλλιθέα

1075 m

Spiliá Pythagora

Akr.
Katávasi
Ακρ. Κατάβαση

Ó. Katsoúni
Ό. Κατσούνι

Vígla
Βίγλα
1433 m

1241 m

Profítis Ilías

3

Megálo Réma Μεγάλο Ρέμα

Moní Evangelístria

Xerórema Ξερόρεμα

271 m

Órmos Fangrí
Όρμος Φανκρί

Órmos O
Όρμος Χ

Órmos Psilí Ámmos
Όρμος Ψιλή Άμμος

Pláka
Πλάκα

Órmos Pláka
Όρμος Πλάκα

100 m

289 m

375 m

272 m

Agía Kyriakí
Αγία Κυριακή

Limniónas
Λιμνιώνας

Órmos Limniónas
Όρμος Λιμνιώνας

Paleochóri
Παλαιοχώρι

Akr. Tsipilíki Ακρ. Τσιπιλίκι

Akr. Manoláki
Ακρ. Μανολάκι

50 m

Kokkinóvrachos
Κοκκινόβραχος
329 m

Akr. Chóndros Kávos
Ακρ. Χόνδρος Κάβος

4

Moní Ágios Ioánnis
Eleímonas

Órmos Aigiánni
Όρμος Αηγιάννη

Nísi Katérgo
Νήσοι Κατέργο

Akr.
Ag.Doménikou
Ακρ. Αγ. Δομένικου

Ó. Patniótes
Ό. Πατνιώτες

Akr. Patniótes
Ακρ. Πατνιώτες

Akr. Makriá Roúnta
Ακρ. Μακριά Πούντα

Ákra Ámpos
Akra Ámpos

Meséo Karlóvassi
Μεσαίο Καρλόβασι
Órmo Karlóvassi
Όρμο Καρλόβασι

Karlóvassi
Καρλ E ασι

D Limáni
Karlóvassi
Λιμάνι Καρλόβασι

S. 234

F

Paleó Karlóvassi
Παλαιό Καρλόβασι

Volkskundliches
Museum

Metamórphosis

Néo Karlóvassi
Νέο Καρλόβασι

177 m

Mourterá
Μουρτερά

Agía Ekateríni
Αγία Αικατερίνη

Ydroúsa
Υδρούσσα

1

S. 234

sourléi
Σουρλέι

Léka
Λέκα

Moni Profitis Ilías

Kiládes
Κοιλάδες

Paliás
Παλιάς

783

124 m

661 m

344 m

Sourídes
Σουρήδες

Kondéika
Κονταϊκα

2

Kastanéa
Καστανέα

Sakoulíka
Σακουλαίικα

Agíi Theódori
Αγίι Θεόδωροι

Sevastíka
Σεβασταίικα

442 m

Óros Fteriás
Όρος Φτεριάς

Plátanos
Πλάτανος

673

722 m

572 m

Kiparísia
Κιπαρίσια

656 m

Marathókampos
Μαραθόκαμπος

125 m

3

oní Ágiou Geórgiou

Kouméika
Κουμαίικα

Votsalákia (Kámpos)
Βοτσαλάκια (Κάμπος)

S. 236

Órmos Kámpos
Όρμος Κάμπος

Órmos Marathokámpou
Όρμος Μαραθοκάμπου

Órmos Velanídia
Όρμος Βελανίδια

Órmos Koumíkon
Όρμος Κουμαίικων

Bálos Beach
Παραλία Μπάλος

Órmos Koumíkon
Όρμος Κοθμαίικων

Órmos Kámpos
Όρμος Κάμπος

Péfkos Beach
Παραλία Πέφκος

Kámpos
Κάμπος

4

S. 236

Órmos Psilí Ámmos
Όρμος Ψιλή Άμμος

Samiopoúla Σαμιοπούλα

Kólpos Marathokámpou
Κόλπος Μαραθοκάμπου

Órmos Perí

233

A   B   C

Ägäisches Meer

100 m
50 m

Akr. Kondáki
Akr. Κοντάκι

Órmos Piáki
Όρμος Πιάκη

Ágios Nikólaos
Άγιος Νικόλαος

Órm
Όρμ

1

Ágios Dimítrios
Άγιος Δημήτριος

Ágios Ilías
Άγιος Ηλίας

Órmo Karlóvassi
Όρμο Καρλόβασι
βασι

Kontakéika
Κοντακαίικα

712 m

Ámper
Άμπελ

Prióni
Πριόνι

Karlóvassi
Καρλόβασι

Chatzistamúlides
Χατζησταμώλιδες

879 m

Volkskundliches
Museum

Mourterá
Μουρτερά

Petaloúda
Πεταλούδα
769 m

981 m

Néo Karlóvassi
Νέο Καρλόβασι
• 177 m

Agía Ekateríni
Αγία Αικατερίνη

Ydroúsa
Υδρούσα

Psiló Alóni
Ψηλό Αλώνι
1039 m

2

Moni Profítis Ilías

Paliás
Παλιάς

Kiládes
Κοιλάδες

• 124 m

783 m

827 m

S. 233

344 m

923 m

Ó
r
o
ρ

Sourídes
Σουρήδες

Kondéika
Κοντέικα

3

Sakoulika
Σακουλαίικα

Agii Theodóri
Άγιι Θεόδωροι

973 m

Sevastika
Σεβαστέικα

• 442 m

Plátanos
Πλάτανος

673 m

rathókampos
ραθόκαμπος

572 m

Kiparísia
Κιπαρίσια
656 m

• 125 m

Sírachos
Σύρραχος
637 m

4

Órmos Velanídia
Όρμος Βελανίδια
οκάμπου

Kouméika
Κουμέικα

S. 236

Neochóri
Νεοχώρι

Réma Pyrgou

593

D   E   F

1

Αιγαίο Πέλαγος

δάκι
ιδάκι

Ágios Konstantínos
Άγιος Κωνσταντίνος

Platanákia Beach
Παραλία Πλατανάκια
Platanákia
Πλαταγάκια

Tsampoú Beach
Παραλία Τσαμπού

Kámpos
Κάμπος

Paleochóri
Παλαιοχώρι

Akr. Avlákia
Ακρ. Αυλάκια
Avlákia
Αυλάκια

Stavrinídes
Σταυρινήδες

266 m

Priáka-
Quelle

362 m

Tsamadoú Beach
Παραλία Τσαμαδού

Vourliótes
Βουρλιώτες

Lemonákia Beach
Παραλία Λεμονάκια

Long Beach
Παραλία Κοκκάρι

Manolátes
Μανωλάτες

Karsinós
Καρσινός

Kokkári
Κοκκάρι

2

985 m

Moní Vrontá

1110 m

Agia Marína

Kástro Louloúdes

S. 238

302 m

Lazarós
Λάζαρός
1025

áchos
άχος
m

Karnoúni
Καρηούνη
1153 m

3

1055 m

Zoodóchos Pigí

366 m

Agía Triáda

Pándroso
Πάνδροσο

590 m

Mesógio
Μεσόγειο

645 m

355 m

Rema Agiou Io

424 m

4

532 m

Mavratzéi
Μαυρατζαίοι

295 m

Pírgos
Πύργος

Koumaradéi
Κουμαδαραίοι

S. 237

Moní Timíou Stavroú

235

S. 234

S. 233

A
673 m
Kiparísia
Κιπαρίσια
656 m

Sírachos
Σύραχος
637 m

Kouméika
Κουμαίικα

Neochóri
Νεοχώρι

Réma Pyrgou

593 m

B
Pírgos
Πύργος

C
Pándroso
Πάνδροσο

Mesógio
Μεσόγειο
645 m

532 m

Koumaradé
Κουμαδάρα

M
Pa

Skouréika
Σκουραίικα

622 m

Óros Bourliás
Óros Μπουρνιάς

Potámos Ipnáxos

míkon
αίίκων

Kámpos
Κάμπος

ekos Beach
λία Πεφκος
s Psili Ammos
ος Ψιλή Άμμος

Kámpos
Κάμπος

Perrí
Πέρι

Spatharéi
Σπαθαραίοι

Pagóndas
Παγώνδας

Órmos Perrí
Όρμος Πέρι
Órmos Kalogerá
Όρμος Καλογερά

Kakoréma

435 m

Órmos Kirgiáni
Όρμος Κυργιάννη
Órmos Limnonáki
Όρμος Λιμνονάκι

778 m

Limnonáki
Λιμνονάκι
Órmos Arápis
Όρμος Αράπης

Moní Evangelístria

Órmos Kalonéri
Όρμος Καλονέρι

Órmos Vergí
Όρμος Βεργή

Votsaláki̱a, Órmos Marathokámpou
Βοτσαλάκια, Όρμος Μαραθοκάμπου

Pagónia
Παγώνια
516 m

Órmos Anándi
Όρμος Αβάντι

Akr. Kefáli
Ακρ. Κεφάλι

Órmos
Pavlou
Ό. Παύλου

Órmos
Sikiá
Ό. Συκιά

Akr. Sikiá
Ακρ. Συκιά

Tsópela
Beach
Παραλία
Τσόπελα

Akr. Tsópela
Ακρ. Τσόπελα

Samiopoúla
Σαμιοπούλα

Nísi Samiopoúla
Νήσι Σαμιοπούλα

154 m

1 cm = 800 m   **1 : 80.000**

0   3 km

D   **E**   **F**

590 m

βού.

S. 235

Réma Agíou Ioánnou

Mytilinií
Μυτιληνιοί

.355 m

.197 m

1

424 m
▲

Mavratzéi
Μαυρατζαίοι

Naturgeschichtliches
Museum der Ägäis

M

Réma

Moní Timíou Stavroú

.295 m

Moní
Agía Triáda

S. 238

Chóra
Χώρα

192 m

Ágios Ioánnis

.27

Spiliani

Kástro

Ágios Elefthérios

234 m

Moní Spilianís

Eupalínos-Tunnel

Pythagóri
Πυθαγόρειο

Kámpos Chóras
Κάμπος Χώρας

Agía Pelagía
Αγία Πελαγία

Folklore-
Museum

M

2

taxiárchis

Ágios Nikólaos

50 m

Potokáki
Ποτοκάκι

Logothétis-
Burg

Mýli
Μύλοι

Órmos Potokáki
Όρμος Ποτοκάκι

Órmos
Pythagoríou
Ό. Πυθαγορείου

Agathonísi
Αγαθονήσι

Ágios Ioánnis
ke Geórgios

50 m

50 m

Pírgos Sarakínis

Heraíon

0   5 km

50 m

Iréo
Ηραίο

Akr. Tsouloúfi
Ακρ. Τσουλούφι

Ό. Ágios
Nikólaou
Ό. Άγιος
Νικολάου

Akr. Sardéla
Ακρ. Σαρδέλα

Órmos Lámbi
Όρμος Λάμπη

3

181 m

Ágios Nikólaos

Pátmos
Πάτμος

213 m

Lámbi
Λάμπη

228 m

Moní Agíi Pántes

Kámpos
Κάμπος

Vagiá
Βαγιά

303 m
▲

Akr. Asprokános
Ακρ. Ασπροκάβος

Nísi Nioví
Νήσι Νιόβι

Nísi
Ág. Geórgios
Νήσι Άγ. Γεώργιος

Akr. Tripití
Ακρ. Τρυπιτή

Panagía Geranoú

Akr. Aspropétra
Ακρ. Ασπροπέτρα

Nísi Pétra
Νήσι Πέτρα

Skála
Σκάλα

Órmos Kámpou
Όρμος Κάμπου

Sámos (Vathí)
Σάμος (Βαθύ)

Ό. Kolóna
ρ. Κολόνα

Órmos
Kyriakoú
Όρμος Κυριακού

Nísi Nioví
Νήσι Νιόβι

Tís Apokálipsis

Chóra Χώρα

Ágios Ioánnis

Chiliomódi
Χιλιομόδι

Nísi Chiliomódi
Νήσι Χιλιομόδι

Lipsí
Λειψοί

Moní
Evangelístria

269 m

Grígos
Γροίκος

4

Tragonísi
Τραγονήσι

Órmos
Stavroú
Ό. Σταυρού

Stavrós

243 m

Piraiás
Πειραιάς

Léros, Kálymnos
Λέρος, Κάλυμνος

Foúrni Φούρνοι

Pátmos, Lipsí, Léros, Kálymnos
Πάτμος, Λειψοί, Λέρος, Κάλυμνος

100 m

50 m

Akr. Vitsiliá
Ακρ. Βιτσιλιά

237

SAMOS

Ägäisches Meer

Chíos, Ágios Kírikos (Ikaría), Foúrni, Piräus
Χίος, Άγιος Κήρικος (Ικαρία), Φούρνοι, Πειραιάς

Kusadasi, Pythagório
Πυθαγόρειο

Prasonísi
Πρασονήσι

Nísi Ágios Nikólaos
Νήσοι Άγιος Νικόλαος

Moní Panagía Kótsika

Akr. Kótsikas
Άκρ. Κότσικας

Kalogírou
Καλογήρου
244 m

Órmos Ornú
Órmos

Kamára

Kalé
Καλ

1 Tsamadoú Beach
Παραλία Τσαμαδού

Lemonákia Beach
Παραλία Λεμονάκια

Long Beach
Παραλία Κοκκάρι

Kokkári
Κοκκάρι

S. 235

Kástro Louloúdes

Kédros
Κέδρος

Agía Markéla

Órmos Kalámi
Όρμος Καλάμι

Kólpos Vathéos
Κόλπος Βαθέος

Gángou Beach
Παραλία Γάνκου

Floka
Φλόκα

2 Vígla
Βίγλα
315 m

302 m

Ágios Geórgios

SAMOS
ΣΑΜΟΣ

Malagár
Μαλαγά

Zoodóchos Pigí
366 m

Óros Paliómilos
Όρος Παλιόμιλος

381 m

384

Ágios Ioánnis

Óros Tsa
Όρος Τσακ

Óros Stefána
Όρος Στεφάνα

Zervoú
Ζερβού

3 Réma Agíou Ioánnou

355 m

Mytilinií
Μυτιληνιοί

Naturgeschichtliches
Museum der Ägäis

197 m

Réma Mytilínion

4 m

vratzéi
ρατζαίοι

S. 237

ní Timíou Stavroú

295 m

Chóra
Χώρα

192 m

Ágios Ioánnis

Moní
Agía Triáda

271 m

Ágios Elefthérios

Spiljaní

Kástro

Moní Spilianís

4 Kámpos Chóras
Κάμπος Χώρας

Eupalinos-Tunnel

Pythagório
Πυθαγόρειο

Ak
Άκρ

Agía Pelagía
Αγία Πελαγία

Folklore-
Museum

Logothétis-
Burg

Akr. Foniás
Άκρ. Φονιάς

aos

S. 237

Potokáki
Ποτοκάκι

Órmos Potokáki
Όρμος Ποτοκάκι

Órmos
Pythagoríou
Όρμος Πυθαγορείου

D   **E**   **F**

Makronísi
Μακρονήσι

Αιγαίο

r. Nísi
Νήσι

Nísi Strongyló
Νήσοι Στρογγυλό

Πέλαγος

Akr. Daskálio
Ακρ. Δασκάλιο

100 m

pori
άπορι

1

Órmos Agía Paraskeví
Όρμος Αγία Παρασκευή

50 m

Agía Paraskeví   **Agía Paraskeví**
Αγία Παρασκευή

Akr. Práso
Ακρ. Πράσο

Órmos Galázio
Όρμος Γαλάζιο

Órmos Mikrí Ámmos
Όρμος Μικρή Άμμος

Galázio
Γαλάζιο

Psilí Vígla   203 m
Ψηλή Βίγλα

tis Ilías
ς Ηλίας

303 m

Katsaríni
Κατσαρίνι

308 m

326 m

343 m

Arkoudolákka
Αρκουδολάκκα

368 m

Moní Zoodóchos Pigí

2

Thíos Θείος
432 m

Kamára
Καμάρα

Órmos Mourtiá Όρμος Μουρτιά

Mourtiá
Μουρτιά

ntinisches
eum

Vlamári-
Hochebene
Βλαμάρη

Órmos Mikrí Láka
Όρμος Μικρή Λάκκα

M   **Archäologisches
Museum**

Moní Agía Zóni

Agía Zóni
Αγία Ζώνη

Órmos Megáli Láka
Όρμος Μεγάλη Λάκκα

Ano Vathí
Άνω Βαθύ

Kasonísi
Κασονήσι

376 m

Paleókastro
Παλαιόκαστρο

3

Trís Ekklisíes

293 m

Drosiá
Δροσιά

Órmos Kérvelis
Όρμος Κέρβελις

Akr. Gatós
Ακρ. Γατός

Kérveli
Κέρβελι

Mavroskiá
Μαυροσκιά
381 m

Sírachòs
Σύραχος
362 m

Chondró Vounó
Χονδρό Βουνό

239 m

279 m   Akr.
Rúsou

K
a
m
p
o
s
ο κ α μ π ο ς
ος
πος

Akr.
Siderás
Ó. Siderás
Ό. Σιδεράς

Psilí Ámmos
Ψηλή Άμμος

Klíma
Κλήμα

Posidónio
Ποσειδώνιο

Akr. Katsoúni
Ακρ. Κατσούνι

4

Mykáli Beach
Παραλία Μυκάλη

Alikes
Αλυκές

161 m

Órmos
Psilí Ámmos
Ό. Ψηλή Άμμος

Ó. Klíma
Ό. Κλήμα

Órmos
Posidonio
Όρμος Ποσειδώνιο

Potámi
Ποτάμι

Akr. Katsoúni
Ακρ. Κατσούνι

Nísi
Vareloúdi
Ν. Βαρελούδι

Kávos Metziki

Akr. Gría Pódia
Ακρ. Γρία Πόδια

mos
πος

Stenón Samoú
Στενόν Σάμου

**GRIECHENLAND
TÜRKEI**

Sámos (Vathí)   Σάμος (Βαθύ)

Bayrak Adası

Karakol Burnu

101 m

Zeytin Burnu

239

Abbildungsnachweis

Klaus Bötig, Bremen: S. 10, 39, 42, 48/49, 93, 134, 146, 149, 182/183, 198/199, 200

Rainer Hackenberg, Köln: Titel, Umschlaginnenklappe vorne, Umschalginnenklappe hinten, S. 2/3, 14, 16/17, 18, 22, 33, 35, 50, 56, 58, 62/63, 66/67, 84, 86/87, 91, 94/95, 98/99, 100, 105, 109, 110, 115, 121, 123, 130/131, 141, 145, 151, 157, 160/161, 162, 166, 172/173, 176/177, 181, 187, 189, 206

Loukas Hapsis/On Location Laif, Athen: S. 78

Jo Kirchherr, Köln: Vignette, S. 30, 61, 68, 82, 170, 184

Anja Kreder/LOOK, Hamburg: S. 73, 102

Arved von der Ropp, Vachendorf: S. 139

Dirk Schönrock, Weinheim: S. 118, 137

Marion Steinhoff, Krefeld: S. 54, 70

Ugando/Laif, Köln: S. 204/205

Abbildungen

Titelbild: Kokkári

Umschlagklappe vorn: Pápa Beach bei Iréo

Umschlagklappe hinten: Potámi-Wasserfälle bei Karlóvassi

Vignette S. 1: Oliven

Seite 2/3: Boote vor der Nordostküste

Kartografie

DuMont Reisekartografie
© DuMont Reiseverlag, Köln

Quellennachweis

Zitat S. 138: Erhart Kästner, Griechische Inseln, © Insel Verlag Frankfurt/M. 1975

© 2003 DuMont Reiseverlag, Köln

Alle Rechte vorbehalten

Grafisches Konzept: Groschwitz, Hamburg

Druck: Rasch, Bramsche

Buchbinderische Verarbeitung: Bramscher Buchbinder Betriebe

Printed in Germany ISBN 3-7701-6059-2